Empirische Untersuchung über den Einfluss des technischen Fortschritts auf die Verteilung der Löhne in Deutschland unter Berücksichtigung der Tarifbindung

Sozialökonomische Schriften

Herausgegeben von
Bert Rürup und Werner Sesselmeier

Band 56

Zu Qualitätssicherung und Peer Review
der vorliegenden Publikation

Die Qualität der in dieser Reihe
erscheinenden Arbeiten wird vor der
Publikation durch einen Herausgeber
der Reihe geprüft.

Notes on the quality assurance and peer
review of this publication

Prior to publication, the quality of the
work published in this series is
reviewed by one of the editors
of the series.

Sabrina Monika Spies

Empirische Untersuchung über den Einfluss des technischen Fortschritts auf die Verteilung der Löhne in Deutschland unter Berücksichtigung der Tarifbindung

Eine Analyse der Lohnungleichheit in Deutschland zwischen 1996 und 2017

PETER LANG

Bibliografische Information der Deutschen Nationalbibliothek
Die Deutsche Nationalbibliothek verzeichnet diese Publikation in der Deutschen Nationalbibliografie; detaillierte bibliografische Daten sind im Internet über http://dnb.d-nb.de abrufbar.

Zugl.: Universität Koblenz-Landau, Abt. Landau, Diss., 2020

Diese Publikation wurde gefördert durch das WifOR Institute.

WifOR INSTITUTE

Kob 7
ISSN 0172-1747
ISBN 978-3-631-84020-7 (Print)
E-ISBN 978-3-631-84824-1 (E-PDF)
E-ISBN 978-3-631-84825-8 (EPUB)
E-ISBN 978-3-631-84826-5 (MOBI)
DOI 10.3726/b18079

Peter Lang – Berlin · Bern · Bruxelles · New York · Oxford · Warszawa · Wien

Diese Publikation wurde begutachtet.

www.peterlang.com

Inhaltsverzeichnis

Abbildungsverzeichnis

Tabellenverzeichnis

Abkürzungsverzeichnis

AFG	Arbeitsförderungsgesetz
AVE	Allgemeinverbindlichkeitserklärung
BA	Bundesagentur für Arbeit
BAuA	Bundesanstalt für Arbeitsschutz und Arbeitsmedizin
BIBB	Bundesinstitut für Berufsbildung
BMAS	Bundesministerium für Arbeit und Soziales
BMWi	Bundesministerium für Wirtschaft und Energie
bspw.	beispielsweise
IAB	Institut für Arbeitsmarkt- und Berufsforschung
LIAB7517	Linked-Employer-Employee-Datensatz des IAB
PIAAC	Programme for the International Assessment of Adult Competencies
SGB III	Drittes Sozialgesetzbuch
SOEP	Sozioökonomisches Panel
u.a.	unter anderem
z.B.	zum Beispiel

1. Einleitung

„Die Geschichte der Ungleichheit hängt von den Vorstellungen der ökonomischen, politischen und sozialen Akteure über Gerechtigkeit und Ungerechtigkeit sowie von den Kräfteverhältnissen zwischen ihnen ab (Piketty 2016a:18).“

Durch dieses Zitat von einem bekannten französischen Ökonomen wird der Begriff der Ungleichheit näher beleuchtet. Drei entscheidende Faktoren nennt Piketty in seiner Definition. Das Wort Geschichte suggeriert, dass das Thema Ungleichheit eines ist, womit sich die Menschheit bereits seit einiger Zeit befasst. Weiterhin ist von ökonomischen, politischen und sozialen Akteuren die Rede, was zeigt, dass Ungleichheit immer dann auftritt, wenn mehrere Parteien mit divergenten Interessenlagen aufeinandertreffen, die anhand von ihrer Position die Interessen besser oder schlechter durchsetzen können. Und drittens findet eine subjektive Bewertung darüber statt, was gerecht und was ungerecht ist.

So viele Informationen uns dieses Zitat auch liefert, so wirft es auch viele Fragen auf. Es macht deutlich, dass es sehr schwerfällt, den Begriff der Ungleichheit genauer zu fassen und zu definieren. Durch die Beantwortung der im Folgenden aufgestellten Frage, soll ein Beitrag dazu geleistet werden, den Begriff der Ungleichheit und dessen Einflussfaktoren näher zu beleuchten.

1.1. Motivation und Fragestellung

Die Verteilung der Löhne und ihre Entwicklung steht oftmals im Mittelpunkt sozialer und politischer Probleme. Diese Diskussion wird häufig unter dem Kontext der sozialen Ungleichheit geführt. Die Verteilung der Löhne ist neben der Verteilung der Vermögen ein zentraler Bestandteil der sozialen Ungleichheit. Einige Autoren[1] kommen sogar zu dem Schluss, dass die Lohnverteilung als wichtigste Dimension der sozialen Ungleichheit gilt (Spannagel und Molitor 2019:2). Das Thema der Lohnungleichheit wird auch in der Forschung diskutiert.

---

1 In der folgenden Arbeit wird generell auf eine neutrale Schreibweise geachtet. Sollte dies bei bestimmten Begriffen nicht möglich sein oder den Lesefluss negativ beeinträchtigen, wird ausschließlich die männliche Form verwendet. Sie bezieht sich auf Personen aller Geschlechter.

Es gibt viele Forschungsarbeiten zum Thema Lohnungleichheit, die allerdings oftmals zu uneinheitlichen Ergebnissen kommen. Als Konsens können die folgenden Punkte identifiziert werden (Spannagel und Molitor 2019:2):

- Die Lohnungleichheit hat seit der Wiedervereinigung zugenommen.
- Der Anstieg der Ungleichheit ist vorrangig in den Jahren bis 2005 zu finden.

Ab dem Jahr 2005 werden die empirischen Ergebnisse uneindeutig und es bilden sich zwei Lager. Ein Forschungsstrang kommt zu dem Schluss, dass seit dem Jahr 2005 die Ungleichheit nicht weiter zugenommen hat (Beznoska u. a. 2016; Feld und Schmidt 2016; Klös und Niehues 2018; Sachverständigenrat zur Begutachtung der Gesamtwirtschaftlichen Entwicklung 2018). Andere kommen zu dem Ergebnis, dass die Ungleichheit seit 2005 eher zugenommen hat (vgl. Fratzscher 2016; Grabka, Goebel, und Liebig 2019; Spannagel und Molitor 2019). Nach Sichtung der Forschungsergebnisse können vier Entwicklungen festgehalten werden, die einem Großteil der Studien entsprechen (Spannagel und Molitor 2019:3):

- Der Anstieg der Lohnungleichheit hat sich seit den 2000ern deutlich verlangsamt.
- Zwischen den Jahren 2005 und 2010 verläuft die Lohnungleichheit stabil.
- Seit dem Jahr 2010 scheint die Lohnungleichheit zumindest nicht mehr gesunken zu sein.
- Die Entwicklung der Lohnungleichheit ist vor allem auf die Entwicklung der Löhne an den Rändern der Verteilung zurückzuführen.

Die Forschungsergebnisse scheinen somit aufzuzeigen, dass die Lohnungleichheit in den letzten zehn Jahren zugenommen hat. Die gute wirtschaftliche Lage scheint grundsätzlich nicht ungleichheitsreduzierend zu wirken. Es stellt sich folglich die Frage, welche Faktoren dafür verantwortlich sind, dass die Lohnungleichheit weiter ansteigt.

Diese Frage soll in dieser Arbeit unter Berücksichtigung des technischen Fortschritts untersucht werden. Der technische Fortschritt wird seit einigen Jahren vor allem unter dem Schlagwort der Digitalisierung kontrovers diskutiert. Gerade seit dem Beginn der sogenannten vierten Industriellen Revolution hat das Thema Digitalisierung an Fahrt aufgenommen. Auch in Bezug auf die Lohnungleichheit wurde das Thema immer wieder empirisch untersucht. Hier kommen Autoren national als auch international zu unterschiedlichen Ergebnissen, die im Laufe dieser Arbeit noch näher ausgeführt werden (vgl. Autor, Levy, und Murnane 2003; Eichhorst u. a. 2015; Südekum 2018). Abweichende Ergebnisse kommen unter anderem durch die unterschiedliche Operationalisierung des technischen Fortschritts, der Nutzung unterschiedlicher Datenquellen sowie unterschiedlicher empirischer Methoden zustande.

Ein zentraler Punkt lässt sich allerdings herauslösen: Die Ergebnisse zum Einfluss des technischen Fortschritts auf die Lohnungleichheit scheinen sich wesentlich von Ergebnissen aus anderen Ländern wie etwa den USA oder dem UK zu unterscheiden (vgl. Dustmann, Ludsteck, und Schönberg 2009; Eichhorst u. a. 2015; Goos, Manning, und Salomons 2014). Hierbei stellt sich die Frage, was den deutschen Arbeitsmarkt von anderen Arbeitsmärkten unterscheidet. Zentrale Faktoren des deutschen Arbeitsmarkts sind bestimmte institutionelle Rahmenbedingungen, die in dieser Form auf keinem anderen Arbeitsmarkt zu finden sind (Eichhorst, Marx, und Thode 2009:6). Hierzu zählen bspw. die Entwicklung der tariflichen Deckungsrate, sowie wesentliche Arbeitsmarktreformen, die in den 2000er Jahren stattgefunden haben und zu einer Regulierung des Arbeitsmarktes geführt haben (Eichhorst u. a. 2009:6).

Die Entwicklung der Tarifbindung ist in Deutschland im Vergleich zu anderen Ländern sehr interessant. Noch immer wird die Mehrheit der Löhne von sozialversicherungspflichtig Beschäftigten durch Tarifverträge geregelt. Die Zahl der durch Tarifvertrag geregelte Löhne ist allerdings in den letzten 20 Jahren stark zurückgegangen (Ellguth und Kohaut 2019:292). Tariflöhne können maßgeblich dazu beitragen, die inner- und zwischenbetriebliche Streuung der Löhne zu verringern (Freeman 1982:1). Geht allerdings die Tarifbindung immer weiter zurück, könnte dies die Lohnungleichheit weiter erhöhen, vor allem im Bereich der geringen und mittleren Qualifizierung

Es stellt sich die Frage, ob die für Deutschland speziellen institutionellen Faktoren den Einfluss des technischen Fortschritts auf die Lohnverteilung und deren Entwicklung verändern. Dies könnte ein Erklärungsansatz dafür sein, warum der technische Fortschritt in Deutschland nicht wie in anderen Ländern auf die Lohnverteilung zu wirken scheint.

Beide Einflussfaktoren wurden bisher nur unzureichend gemeinsam hinsichtlich des Effekts auf die Lohnverteilung untersucht. Daher stellt sich in diesem Forschungsvorhaben die Frage:

> *„Welchen Einfluss hat der technische Fortschritt auf die Verteilung der Löhne in Deutschland unter Berücksichtigung der Tarifbindung?“*

Die Ergebnisse dieser Arbeit leisten somit einen wesentlichen Beitrag zur Ungleichheitsforschung in Deutschland. Nur wenn die Mechanismen der Ungleichheit klar sind, können politische und gesellschaftliche Maßnahmen gegen eine Vergrößerung der Ungleichheit ergriffen werden.

1.2. Aufbau der Arbeit

Um die aufgeworfene Fragestellung zu beantworten, ist es zunächst notwendig, die beiden zentral zu untersuchenden Variablen näher zu beleuchten und zu definieren. Daher wird zunächst die zentral abhängige Variable, der Lohn, definiert und aufgezeigt welche Determinanten einen Einfluss auf die Verteilung der Löhne haben.

Danach wird die zentrale unabhängige Variable des technischen Fortschritts definiert und dessen Historie aufgezeigt. Anschließend erfolgt eine empirische und theoretische Bestandsaufnahme über den Einfluss des technischen Fortschritts auf die Lohnverteilung in Deutschland. In diesem Kapitel erfolgt auch eine theoretische Verknüpfung des Einflusses des technischen Fortschritts und der tariflichen Deckungsrate auf die Lohnverteilung.

Danach werden sowohl der zugrunde gelegte Datensatz als auch die verwendete Methode näher dargestellt. Im darauffolgenden Kapitel erfolgt die empirische Analyse mittels deskriptiver Statistik und multivariater Regressionsmodelle.

Abschließend wird ein Fazit gezogen, in dem eine Überprüfung der aufgestellten Hypothesen stattfindet und die aufgezeigte Fragestellung beantwortet wird. Weiterhin erfolgt ein Versuch, politische Maßnahmen aus den Ergebnissen abzuleiten, die einer möglichen Vergrößerung der Lohnungleichheit in Deutschland entgegenwirken können.

2. Zum besseren Verständnis von Lohnungleichheit und technischem Fortschritt

Ziel dieses Kapitels ist es, zunächst die zentrale zu analysierende Variable (Verteilung der Löhne) näher zu beleuchten und danach eine Definition des zentralen Einflussfaktors (technischer Fortschritt) zu geben, damit ein allgemeines Verständnis über den Untersuchungsgegenstand hergestellt werden kann.

2.1. Determinanten der Lohnverteilung

Die Verteilung der Löhne gilt als ein Teilaspekt der sozialen Ungleichheit. In den Wirtschafts- und Sozialwissenschaften wird dieser Begriff in vielen Arbeiten thematisiert, da diese eine wichtige Kenngröße für ökonomische und gesellschaftliche Prozesse darstellt (Gottschall 2013; Kreckel 1983; Piketty 2016b; Winker und Degele 2015).

Soziale Ungleichheit ist nach Burzan (2011) ein gesellschaftlicher Zustand, in dem die Ressourcenausstattung oder die Lebensbedingungen aus gesellschaftlich erzeugten Gründen so beschaffen sind, dass nicht alle Menschen die gleichen Möglichkeiten zur Verwirklichung ihrer Lebensziele haben (Burzan 2011:7). Soziale Ungleichheit liegt dann vor, wenn

> *„Menschen aufgrund ihrer Stellung in sozialen Beziehungsgefügen von den wertvollen Gütern einer Gesellschaft regelmäßig mehr als andere erhalten“* (Hradil und Schiener 2001:30)

Unter wertvollen Gütern können sowohl materielle (Geld, Immobilien) als auch immaterielle Güter (Macht, Glück) verstanden werden. Den materiellen Gütern in Form von Einkommen und Vermögen kommt im Allgemeinen die größte Aufmerksamkeit zu (Hradil und Schiener 2001:31). Dies hat mehrere Gründe: zum einen sind von diesen Gütern viele andere materielle als auch immaterielle Güter abhängig, zum anderen lassen sich diese beiden Güter gut quantifizieren und messen. Daher werden das Einkommen und Vermögen in vielen empirischen Studien als Variable für die soziale Ungleichheit verwendet. Die materielle Ressourcenausstattung wird häufig über die Verteilung der Einkommen gemessen (Hradil und Schiener 2001:32). Dies kann aus volkswirtschaftlicher Sicht über die funktionale oder die personelle Einkommensverteilung betrachtet werden.

Die funktionale Einkommensverteilung gibt an, wie sich das gesamtwirtschaftliche Einkommen auf die Produktionsfaktoren Arbeit und Kapital aufteilt. Die personelle Einkommensverteilung sagt aus, wie sich das gesamtgesellschaftliche Einkommen auf Personen oder Haushalte verteilt. Die Einkommensquelle spielt hierbei keine Rolle (Hradil und Schiener 2001:35).

Entgegen der historischen Auffassung ist soziale Ungleichheit in einer Gesellschaft keine unausweichliche Folge wirtschaftlicher Zwänge, sondern vielmehr eine Frage des gesellschaftlichen und politischen Willens (Burzan 2011:7). Ob die vorherrschende Ungleichheit gesellschaftlich als akzeptabel angesehen wird, ist zumeist abhängig von den vorherrschenden Wertvorstellungen und Ideologien. Aus volkswirtschaftlicher Sicht wirkt sich zumindest eine gewisse Senkung der Ungleichheit positiv auf die Gesellschaft und das Wirtschaftswachstum aus (Behringer, Theobald, und van Treeck 2016:24). In einkommensgerechteren Gesellschaften bewerten die Menschen nicht nur ihre Lebensqualität höher, sondern es liegt auch eine erhöhte wirtschaftliche Produktivität vor (Arbeitskreis Armutsforschung 2017:151). Es gibt hierzu allerdings auch Gegenstimmen, die andeuten, dass ein gewisses Maß an Ungleichheit eine notwendige Voraussetzung für ein produktives Wirtschafts- und Gesellschaftssystem darstellt, da die Beschäftigten durch weniger Umverteilung zu einer verstärkten Arbeitsbereitschaft veranlasst werden (Fuest, Neumeier, und Stöhlker 2018:24). Diesem Argument kann allerdings entgegengehalten werden, dass verstärkte Ungleichheit potenziell als wachstumshemmend bzw. makroökonomisch destabilisierend wirken kann, da sich einkommensschwache Haushalte produktivitätssteigernde Investitionen in Bildung und Gesundheit nicht leisten können und auch die Binnennachfrage stark von den verfügbaren Einkommen und den Einkommensausichten für die große Masse der Bevölkerung abhängt (Albig u. a. 2016:21).

Diese Arbeit fokussiert sich auf die erwirtschafteten Einkommen durch den Produktionsfaktor Arbeit, also den Lohn. Diese Entscheidung beruht auf zwei wesentlichen Zusammenhängen. Zum einem bildet der Lohn die wichtigste Einkommensquelle für Haushalte. So lag der Anteil der Löhne am Gesamthaushaltseinkommen im Jahr 2014 bei 72 Prozent (Stein 2018:372)[2]. Zum anderen verändert bzw. beeinflusst der technische Fortschritt vor allem die Arbeitsabläufe und Arbeitsprozesse (Dengler und Matthes 2015:6). Somit erscheint es logisch und sinnvoll, einen Fokus auf den direkten Output durch den Produktionsfaktor

2 Als weitere Einkommensquellen für Haushalte gelten Sozialversicherungsrenten (14 Prozent), private Renten (zwei Prozent), staatliche Transfers (sechs Prozent), Kapitaleinkünfte (drei Prozent) sowie der Mietwert des selbstgenutzten Eigentums (vier Prozent) (Stein 2018:372).

Arbeit zu legen. Daher wird der Einfluss des technischen Fortschritts unter Berücksichtigung der Tarifbindung auf die Löhne untersucht. Wissenschaftliche Analysen über den Einfluss des technischen Fortschritts auf die Vermögen oder auf die funktionale Einkommensentwicklung wie bspw. der Lohnquote sind ebenfalls wichtig und relevant, übersteigen allerdings den Rahmen dieser Arbeit. Erste Untersuchungen hierzu sind z.B. bei Ferschli u. a. 2019; Ponattu u. a. 2018 oder Südekum 2018 zu finden.

Im Grunde können die Einflüsse auf die Verteilung der Löhne in vier Faktoren unterteilt werden. Die nachstehende Abbildung gibt hierzu einen Überblick.

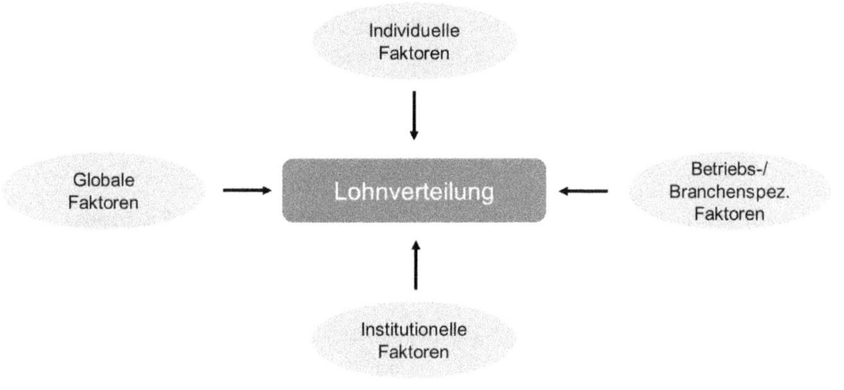

Abbildung 1: Übersicht der Einflussfaktoren auf die Verteilung der Löhne
Quelle: eigene Darstellung, 2020

So können individuelle, betriebs- bzw. branchenspezifische, institutionelle und globale Faktoren unterschieden werden. Die Betrachtung der Verteilung der Löhne erfolgt zumeist entweder differenziert nach bestimmten gesellschaftlichen Gruppen oder nach Berufen.

Weiterhin spielen die Faktoren Ersetzbarkeit und Produktivität eine wichtige Rolle für die Lohnungleichheit. Die mit den Berufen verbundenen Tätigkeiten können über die Zeit für das Unternehmen mehr oder weniger stark ersetzbar werden. Diese Tätigkeiten können weiterhin eine unterschiedliche Produktivität aufweisen (Haupt 2014:6). Daher sind vor allem zwei Fragen von Bedeutung, wenn die Einflussfaktoren auf die Verteilung der Löhne näher betrachtet werden:

1.) Wie stark ist für einen Beruf die Konkurrenz auf dem Arbeitsmarkt?
2.) Sind die mit dem Beruf verbundenen Tätigkeiten mit einer hohen oder niedrigen Wertschöpfung verbunden?

Diese beiden Gesichtspunkte kommen bei der näheren Ausführung der einzelnen Einflussfaktoren auf die Lohnverteilung immer wieder als Erklärungsvariablen vor.

2.1.1. Individuelle Faktoren

Die individuellen Faktoren können in erworbene und zugeschriebene individuelle Merkmale unterteilt werden (Hadler 2005:82). Unter die erworbenen Merkmale fallen Bildung oder Qualifikationen, die im Lebensverlauf angeeignet werden. Diese Faktoren können unter dem Aspekt des Humankapitals diskutiert werden (Hadler 2005:82). Zugeschriebene individuelle Merkmale sind bspw. Alter, Geschlecht oder Nationalität. Die Einflüsse dieser Aspekte können mit Hilfe der Diskriminierungstheorie aufgezeigt werden (Hadler 2005:82).

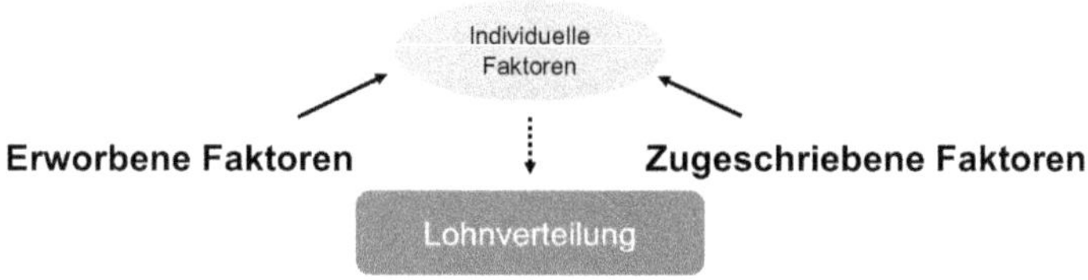

Abbildung 2: Übersicht der individuellen Faktoren
Quelle: eigene Darstellung, 2020

2.1.1.1. Erworbene individuelle Faktoren

Erworbene individuelle Faktoren erlangt eine Person im Lebensverlauf, womit diese nicht von Geburt an gegeben sind. Diese Faktoren können durch das Individuum und dessen Umfeld beeinflusst werden. Daher zählen zu diesen etwa der erworbene Bildungsabschluss oder die erlangte formale Qualifikation.

In der ökonomischen Literatur werden für den Zusammenhang zwischen erworbenen individuellen Faktoren und der Lohnungleichheit häufig humankapitaltheoretische Begründungen angeführt. Geprägt wurde diese Theorie vor allem durch Becker (1964) und Mincer (1974). In der Humankapitaltheorie wird postuliert, dass ein positiver Zusammenhang zwischen individuell durch Ausbildung bzw. Berufserfahrung erworbenen Fähigkeiten und der Lohnhöhe besteht (Becker 1964; Mincer 1974).

Es kann zwischen allgemeinem und spezifischem Humankapital unterschieden werden. Unter dem allgemeinen Humankapital ist der Bildungsabschluss, also die formale Qualifikation zu verstehen. Spezifisches Humankapital wird bspw. durch die Erfahrung innerhalb der Betriebe erworben (Sesselmeier 2007:71). Sowohl das spezifische als auch das allgemeine Humankapital können durch persönliche Investitionen erlangt und gesteigert werden. Die Humankapitaltheorie besagt, dass der erworbene Lohn mit den persönlichen Investitionen in Verbindung steht (Becker 1964:30). Im Lebensverlauf tätigen Individuen Investitionen in ihr Arbeitsvermögen, die zu einer unterschiedlich hohen Arbeitsproduktivität führen. Investitionen in Bildung erhöhen das allgemeine Humankapital und haben somit einen positiven Einfluss auf den Lohn (Becker 1964:30). Ein stabiles und langfristiges Arbeitsverhältnis steigert das spezifische Humankapital und wirkt sich somit positiv auf den Lohn aus. Weiterhin wirken sich Weiterbildungsmaßnahmen positiv auf das spezifische Humankapital aus (Hubert und Wolf 2007:6; Leber 2000:136). Im Gegensatz dazu wirken sich Erwerbsunterbrechungen negativ auf die Entlohnung aus (Becker 1964:38).

Weiterhin besagt die Humankapitaltheorie, dass mit zunehmendem Alter der Lohn ansteigt, da im Laufe des Erwerbslebens immer neue persönliche Kompetenzen angeeignet werden können, die sowohl das allgemeine als auch das spezifische Humankapital steigern (Hadler 2005:82). Dies geschieht allerdings nur bis zu einer gewissen Sättigungsgrenze, bei dieser kein neues Humankapital mehr gebildet werden kann. Dadurch flacht sich die Lohnkurve ab einem gewissen Alter ab und stagniert schließlich komplett (Hadler 2005:82).

Der humankapitaltheoretische Ansatz kann vor allem dazu genutzt werden, Unterschiede innerhalb der Lohnverteilung zu einem Zeitpunkt zu erklären. Veränderungen der Lohnungleichheit im Zeitverlauf können hingegen nicht adäquat durch humankapitaltheoretische Ansätze erklärt werden. Hier spielen andere Einflussfaktoren wie institutionelle Veränderungen oder der technische Fortschritt eine entscheidendere Rolle (Giesecke und Verwiebe 2008:411). So zeigt Hadler (2005) in einer Untersuchung der Determinanten auf den Lohn in Österreich, dass die individuellen Faktoren wesentlich bedeutender für die Entlohnung sind als Merkmale des Arbeitsplatzes oder wirtschaftliche Rahmenbedingungen (Hadler 2005:90). Giesecke und Verwiebe (2008) zeigen allerdings in ihren Analysen, dass der humankapitalistische Ansatz die steigende Lohnungleichheit in Deutschland nur unzureichend erklären kann. Vielmehr haben diskriminierungstheoretische und strukturelle Theorien einen höheren empirischen Erklärungsgehalt (Giesecke und Verwiebe 2008:421). Allerdings wurden bei dieser Untersuchung weitere wichtige Faktoren wie bspw. institutionelle Merkmale nicht berücksichtigt.

2.1.1.2. Zugeschriebene individuelle Faktoren

Unter zugeschriebenen individuellen Faktoren werden solche Merkmale verstanden, die einer Person bereits ab der Geburt gegeben sind. Zu diesen Faktoren gehören das Geschlecht, das Alter oder die Nationalität.

Um den Einfluss von zugeschriebenen individuellen Faktoren auf die Lohnungleichheit zu erklären, eigen sich diskriminierungstheoretische Erklärungsansätze. Basierend auf ökonomischen Theorien kann Diskriminierung zunächst durch Produktivitätsunterschiede erklärt werden. Diskriminierung, wie sie allerdings in der Literatur untersucht und gefunden wird, beruht auf zusätzlichen Merkmalen, die nicht in direktem Zusammenhang mit der Produktivität einer Person stehen, allerdings durch den Markt bewertet werden (Arrow 1971:1). Grundsätzlich können die statistische und die präferenzbasierte Diskriminierung unterschieden werden. Die präferenzbasierte Diskriminierung geht auf den US-Ökonom Gary Becker zurück und besagt, dass Arbeitgeber sich durch persönliche Präferenzen gegenüber bestimmten Gruppen bei ihren Entscheidungen leiten lassen (Becker 1971:16). Statistische Diskriminierung findet dagegen statt, wenn Arbeitgeber ihre Entscheidung aufgrund von unvollständigen Informationen treffen müssen und daher auf durchschnittliche Produktivitäten einzelner Gruppen zurückgreifen (Arrow 1971:25). Bei den Merkmalen Geschlecht, Alter und Nationalität handelt es sich um Formen der statistischen Diskriminierung.

Bezüglich des Geschlechts könnten Arbeitgeber die Erwartung haben, dass das Risiko einer Frau in einem gewissen Alter bezüglich der Familienplanung länger beruflich auszufallen höher sein könnte, als dies bei Männern der Fall wäre. Dieses Risiko wird bei der Lohnverhandlung berücksichtigt, was dazu führen kann, dass Frauen ein geringeres Gehalt erzielen als Männer (Allmendinger, Leuze, und Blanck 2008:23). Bei Beschäftigten mit nicht-deutscher Staatsangehörigkeit könnten die Arbeitgeber Vorbehalte bezüglich der Sprachkenntnisse oder der Qualifikation haben, was wiederum zu niedrigeren Löhnen führen kann als für gleichwertig ausgebildete Beschäftigte mit deutscher Staatsangehörigkeit (Kalter und Granato 2001:497). Hinsichtlich des Merkmals Alter haben bestimmte Altersgruppen wie etwa ältere Beschäftigte oder Berufseinsteiger aufgrund ihrer Arbeitsmarktsituation einen Nachteil gegenüber Beschäftigten mittleren Alters. Diese Beschäftigungsgruppen stehen kurz vor einem Austritt aus dem Arbeitsmarkt bzw. gerade am Anfang ihrer Arbeitsmarktkarriere, wodurch Arbeitgeber eher Beschäftigte mit mittlerem Alter bevorzugen, was sich wiederum auf die Lohngestaltung auswirkt (Giesecke und Verwiebe 2008:406).

Untersuchungen, wie die von Diekmann und anderen (1993), machen deutlich, dass auf dem deutschen Arbeitsmarkt sowohl Diskriminierungstendenzen hinsichtlich des Geschlechts als auch der Nationalität zu finden sind (Allmendinger und Podsiadlowski 2001; Diekmann, Engelhardt, und Hartmann 1993; Fitzenberger und Wunderlich 2000; Liebeskind 2004). Bezüglich der Altersgruppen finden Blossfeld und andere (2007) heraus, dass vor allem jüngere, aber auch ältere Arbeitsmarktgruppen besonders von der Regulierung des deutschen Arbeitsmarktes betroffen sind und daher nur unterdurchschnittliche Verdienstchancen aufweisen. Somit scheinen zugeschriebene individuelle Faktoren einen Einfluss auf die Lohnungleichheit in Deutschland zu haben (Blossfeld u. a. 2007:690).

2.1.2. Betriebs- bzw. branchenspezifische Faktoren

Betriebs- bzw. branchenspezifische Faktoren werden nur in wenigen Untersuchungen zum Thema Ungleichheit berücksichtigt[3]. Allerdings haben einzelne Studien gezeigt, dass diese Faktoren einen enormen Erklärungsgehalt bezüglich der zunehmenden Lohnungleichheit aufweisen. Unter betriebsspezifischen Faktoren werden jegliche Merkmale verstanden, die charakteristisch für eine bestimmte Firma sind. Dazu zählen bspw. die Anzahl der Beschäftigten, das Betriebsansehen, die Betriebskultur, aber auch der Lohngenerierungsprozess. Unter branchenspezifische Faktoren fallen vor allem die Art der produzierten Güter oder Dienstleistungen, da diese entscheidend dafür sind, in welche Branche eine Firma eingeordnet wird. In jeder Branche können spezifische Merkmale beobachtet werden, die sich auch auf die Lohngestaltung der Beschäftigten auswirken. Die betriebs-, bzw. branchenspezifischen Faktoren können in zwei Teilfaktoren untergliedert werden, nämlich in die zunehmende Unternehmensheterogenität und in den Strukturwandel.

2.1.2.1. Zunehmende Unternehmensheterogenität

Dass die Unternehmensheterogenität auf die Lohungleichheit in Deutschland wirkt, blieb in der Wissenschaft lange unbeachtet. Erst im Jahr 2013 finden Card und andere in ihrer Studie heraus, dass die Unternehmensheterogenität einen großen Einfluss auf die Lohnungleichheit hat (Card, Heining, und Kline 2013). Ein Großteil des Anstiegs der Lohnungleichheit ist auf die zunehmende Heterogenität der Betriebe zurückzuführen. So sind etwa 40 Prozent des Anstiegs der Lohnvarianz auf individuelle Faktoren zurückzuführen und 60 Prozent auf die

3 Zu diesen Studien zählen bspw. Card und andere (2012), Haupt (2014) oder Baumgarten, Felbermayr und Lehwald (2018).

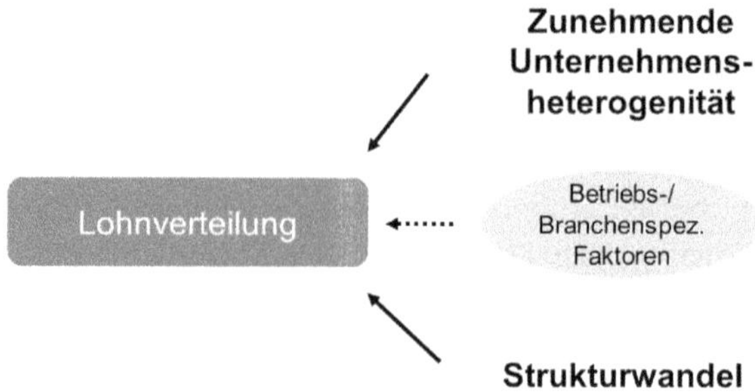

Abbildung 3: Übersicht der Betriebs- und branchenspezifischen Faktoren
Quelle: eigene Darstellung, 2020

Unternehmenseigenschaften. Weiterhin finden die Autoren heraus, dass die Steigerung der Bedeutung der Qualifikation für die Lohnsetzung durch die selektive Auswahl von Personen durch die Betriebe erklärt werden kann. So sind bspw. besser Qualifizierte auch vermehrt in Hochlohnbetrieben zu finden (Card u. a. 2013:35).

Als theoretische Erklärung werden erhöhte Arbeitsmarktfriktionen angeführt. Somit werden aufgrund von Arbeitsmarktfriktionen wie Suchkosten oder Matchingproblemen vergleichbare Beschäftigte in einzelnen Betrieben unterschiedlich hoch entlohnt (Fitzenberger 2012:17). Es ergeben sich Hochlohnbetriebe und Niedriglohnbetriebe, deren Bezahlung sich auf alle Beschäftigten in einem Betrieb auswirkt, da Betriebe aus Zeit- und Kostengründen nicht mit jedem Arbeitnehmer individuelle Lohnverhandlungen führen. Dies impliziert ein positives Matching von „guten" Beschäftigten und „guten" Betrieben (Fitzenberger 2012:17).

Somit kommt es ebenfalls zu einer steigenden Marktmacht und steigenden Marktanteilen von „guten" Betrieben. In diesen steigt die Produktivität deutlich stärker als in anderen Betrieben (Südekum 2018:21). Die hoch produktiven Betriebe erscheinen als attraktive Arbeitgeber und ziehen somit hochqualifizierte Arbeitskräfte an, wodurch Produktivitätssteigerungen erzielt werden können (Südekum 2018:21). Dieser Vorgang wird auch als „assortatives Matching" beschrieben. Somit entstehen anwachsende Produktivitätsdifferentiale, was dazu führt, dass es zu einer Produktivitätskonzentration bei wenigen Anbietern kommt, wodurch die steigende Ungleichverteilung der Markteinkommen erhöht wird (Krämer 2017:48).

Nach Fitzenberger ist die zunehmende Lohnungleichheit als Konsequenz einer aufgrund von Arbeitsmarktfriktionen zunehmenden Segmentierung des

Arbeitsmarktes in gut bezahlende und weniger gut bezahlende Betriebe zu interpretieren (Fitzenberger 2012:17). Eichhorst und andere (2015) sind allerdings der Meinung, dass die Heterogenität und die Selektivität der Betriebe nicht per se positiv oder negativ interpretiert werden können (Eichhorst u. a. 2015:21). Sie könnten sowohl zu einer verbesserten Qualität des Personen-Job-Matchings und somit zu einer erhöhten Produktivität führen aber auch zu „lock-in“ Effekten, bei denen bestimmte Bewerber keine Lohnverbesserungsmöglichkeiten finden. Somit bleibt die Frage nach der Wirkungsrichtung der zunehmenden Unternehmensheterogenität für die Autoren noch ungeklärt und es bedarf weiteren Forschungsbedarfes um diese Frage abschließend zu klären (Eichhorst u. a. 2015:22).

2.1.2.2. Strukturwandel

In Deutschland arbeiten zurzeit etwa 61 Prozent aller Erwerbstätigen im Dienstleistungssektor (Statistisches Bundesamt 2018). Diese Entwicklung nimmt ihren Ursprung im technischen Fortschritt, da durch diesen in den letzten Jahren die Produktivität im primären und sekundären Sektor deutlich erhöht werden konnte (Haupt 2014:6). Durch die Produktivitätserhöhungen steigt auch der Wohlstand in der Gesellschaft (Haupt 2014:6). Die Wohlstandssteigerung ermöglicht eine erhöhte Nachfrage nach Dienstleistungen. Neben der Wohlstandssteigerung haben auch andere Faktoren dazu beigetragen die Nachfrage nach Dienstleistungen zu erhöhen (Gundlach 1993:1). Die Bildungsexpansion hat dazu geführt, dass ein massiver Beschäftigungsaufbau in den Bildungsinstitutionen stattfand. Durch die Alterung der Gesellschaft und den Ausbau wohlfahrtsstaatlicher Institutionen war eine erhöhte Notwendigkeit gegeben, die medizinische Betreuung weiter auszubauen, was das Beschäftigungswachstum im Pflegesektor begünstigt hat (Haupt 2014:7). Weiterhin verändert die erhöhte Frauenerwerbstätigkeit die Erwerbsstruktur. Häufig sind beide Partner erwerbstätig und können den zusätzlichen Lohn nutzen, um haushaltsnahe Dienstleistungen zu beanspruchen (Weinkopf 2014:8).

Auch in der Industrie werden verstärkt Dienstleistungen nachgefragt, was bspw. den stark wachsenden Markt der Unternehmensberatungen erklären kann. Ein Großteil aller Dienstleistungen ist nur in begrenztem Maße rationalisierbar und somit nicht optimierbar oder durch Maschinen ersetzbar (Bogai 1996:238). Im sekundären Sektor ist dies nicht der Fall. Hier sind viele Tätigkeiten rationalisierbar. In diesem Sektor führt die Rationalisierung zu Produktivitätssteigerungen, höheren Umsätzen und somit zu höheren Löhnen für die verbliebenen Beschäftigten. Beschäftigte im Dienstleistungssektor hingegen sehen sich durch die vom sekundären Sektor getragene Wohlstandssteigerung einer steigenden Inflation gegenüber (Bogai 1996:238).

Um im Dienstleistungsbereich höhere Löhne zu erzielen, gibt es zwei Möglichkeiten. Zum einen können die Preise für Dienstleistungen an die Preissteigerungen in der Industrie angepasst werden (Haupt 2014:8). Zum anderen könnte der Aufwand für die Bereitstellung der Dienstleistungen gesenkt werden. Somit gehen mögliche Maßnahmen mit einer Preissteigerung oder mit verminderter Qualität der Leistungen einher (Haupt 2014:8). Beides gestaltet sich bei Dienstleistungen schwierig, da mit diesen Maßnahmen mögliche Nachfrageverluste verbunden sind. Im Gegensatz zu Tätigkeiten in der Industrie können Dienstleistungen wieder zurück in den Haushalt oder die Schattenwirtschaft überführt werden, wenn diese zu teuer werden oder den Qualitätsanforderungen der Dienstleistungsbezieher nicht entsprechen (Haupt 2014:9).

Mit diesem Phänomen beschäftigt sich auch Baumol (1976) in seinem Theorem der Kostenkrankheit von Dienstleistungen. Dieses besagt, dass es für Dienstleistungen schwierig ist, das Lohntempo des sekundären Sektors mitzugehen, ohne vergleichbar rationalisierbar und unentbehrlich zu sein (Baumol 1967:416). Nach Baumol bleibt als notwendiges Mittel die Lohndifferenzierung. Bei dieser sollten die Löhne so hoch wie nötig gehalten werden, jedoch so niedrig wie möglich, um die Qualität der Leistung zu bewahren und die Nachfrage nicht zurück in die Haushalte zu verlagern (Baumol 1967:417). Beschäftigte aus diesem Bereich erfahren somit allerdings nicht die gleichen Lohnsteigerungen wie Arbeitnehmer aus der Industrie, obwohl die Nachfrage nach ihren Tätigkeiten zunimmt. Dieses Phänomen ist vor allem bei personennahen und sozialen Dienstleistungen zu beobachten. Dienstleistungen, die sehr industrienah sind, können allerdings gegenüber der Industrie höhere Preise verlangen, wenn mit der Dienstleistung eine steigende industrielle Produktion einhergeht (Haupt 2014:9).

Somit bedeutet der Wandel hin zu einer Dienstleistungsgesellschaft, dass generell einige Berufe in viel höherem Maße an der Wertschöpfung beteiligt sind, da mit bestimmten beruflichen Tätigkeiten eine höhere Produktivität über die Zeit erreicht werden kann. Dies führt dazu, dass bestimmte Berufe eine höhere Lohnsteigerung erfahren als andere Berufe, was zu einem Anstieg der Lohnungleichheit führt.

2.1.3. Institutionelle Faktoren

Institutionelle Faktoren werden in der Empirie häufig für die Erklärung des Anstiegs der Lohnungleichheit vorrangig im unteren Bereich der Verteilung herangezogen.

Für den Begriff der Institution kann eine Vielzahl an Definitionen herangezogen werden. Schmid (1989) schreibt den Institutionen drei Geltungsbereiche zu. Zum einen können diese als soziale und politische Regulierungsinstanzen gesehen werden. Hierzu würden etwa Betriebsräte, Gewerkschaften, Arbeitsämter oder Amtsgerichte zählen (Schmid 1989:386). Weiterhin können Institutionen als normative Regelungen, wie z.B. Arbeitsverträge, die Tarifgesetze oder das Arbeitsförderungsgesetz, gelten. Zum dritten können dauerhafte Verhaltens- oder Wertemuster als Institutionen gesehen werden (Schmid 1989:387). Unter ökonomischen Gesichtspunkten steht vor allem der regulative Charakter von Institutionen im Vordergrund. Somit gelten Institutionen als normative Regelwerke, die als legitim angesehen werden, Steuerungswirkungen auf soziale Beziehungen auszuüben (Schmid 1989:387).

North (1990) versucht ebenfalls, den ökonomischen Charakter von Institutionen herauszustellen. Unter dem Begriff der Institutionen können ihm zufolge sowohl formelle als auch informelle Spielregeln einer Gesellschaft gesehen werden, die Anreizstrukturen für das politische, wirtschaftliche und gesellschaftliche Zusammenspiel gestalten (North 1990:6). Somit können Institutionen als objektive Bestandteile der Gesellschaft angesehen werden. Sie steuern gesellschaftlich relevante Handlungsfelder, wie die Schaffung von Sicherheit, Ordnung und Stabilität, aber auch die soziale und gesellschaftliche Integration (North 1990:7).

Zu den institutionellen Faktoren, die bezüglich der Lohnungleichheit am häufigsten untersucht wurden, zählen Arbeitsmarktreformen, die vor allem seit Ende der 1990er Jahre bis Mitte der 2000er Jahre umgesetzt worden sind und die tarifliche Deckungsrate, also die Zahl derjenigen Arbeitnehmer, die nach einem Tarif entlohnt werden (Fitzenberger 2012:16).

Im Weiteren wird ausgeführt, welchen Einfluss die Arbeitsmarktreformen und der gewerkschaftliche Organisationsgrad auf die Lohnverteilung haben.

2.1.3.1. Arbeitsmarktreformen

Zwischen 1995 und 2005 wurde eine Reihe von Gesetzen erlassen, welche die Flexibilität auf dem Arbeitsmarkt in Deutschland erhöhen sollten, da sich Deutschland zu dieser Zeit in einer schwierigen ökonomischen Lage befand (Hassel und Schiller 2010b:5). Einerseits ging der Arbeitskräftebedarf zurück und die Zahl der Arbeitslosen stieg, andererseits gab es offene Stellen von Seiten der Unternehmen, die nicht besetzt werden konnten (Rebien und Kettner 2011:2018). Diese Entwicklungen machten es notwendig, die strukturellen Probleme auf dem deutschen Arbeitsmarkt anzugehen. Im Zuge dessen gab es weitreichende Arbeitsmarktreformen (Rebien und Kettner 2011:218).

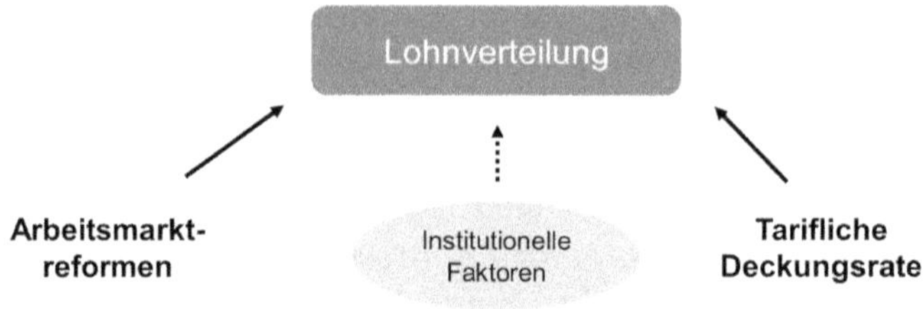

Abbildung 4: Übersicht der institutionellen Faktoren
Quelle: eigene Darstellung, 2020

Die hohe Arbeitslosigkeit zum Ende der 1990er Jahre wurde oftmals als Folge einer geringen Arbeitsmarktregulierung gesehen (Treeck und Sturn 2010:593). Eine Möglichkeit der Gegensteuerung wurde darin ausgemacht, den Arbeitsmarkt zu deregulieren und somit Druck auf die Arbeitslosen auszuüben. Bereits Ende der 1990er Jahre wurden erste Gegenmaßnahmen umgesetzt (Treeck und Sturn 2010:593). In dieser Zeit kam es zu einer sinkenden Gewerkschaftsdichte. Dies hat dazu geführt, dass die Gewerkschaften deutlich an verhandlungsmacht verloren haben und folglich weniger erfolgreich Tarifverhandlungen führen konnte, was zu einer abnehmenden Tarifbindung der sozialversicherungspflichtig Beschäftigten geführt hat.

Dies wiederum führte zu einer abschwächenden Lohnsteigerung und zu einer Ausweitung des Niedriglohnbereiches. Durch die Umsetzung der Gesetze für moderne Dienstleistungen am Arbeitsmarkt (sog. Hartz-Gesetze), die Bestandteil der Agenda 2010 waren, wurden diese Tendenzen weiter verstärkt (Treeck und Sturn 2010:593).

Die Agenda 2010 umfasste viele wirtschafts-, sozial- und arbeitsmarktpolitische Maßnahmen. Ziel der Maßnahmen war die Korrektur von Fehlanreizen in den sozialen Sicherungssystemen und eine Ausweitung der atypischen Beschäftigung (Bothfeld, Sesselmeier, und Bogedan 2012:13). Durch die Neuregelung der Arbeitslosenversicherung sind seit der Umsetzung der Hartz-Gesetze die Voraussetzungen auf den Anspruch auf Arbeitslosengeld wesentlich restriktiver. Weiterhin sind deutlich striktere Kriterien für die Zumutbarkeit einer neuen Beschäftigung erlassen worden (Bothfeld u. a. 2012:143). Bei wiederholter Ablehnung kann es zu einer Kürzung oder Streichung des Leistungsanspruches kommen[4]. Weiterhin wurde die maximale Bezugsdauer des Arbeitslosengeldes

4 Allerdings hat das Bundesverfassungsgericht am 05. November 2019 das Urteil gefällt, dass nur noch Kürzungen bis zu 30 Prozent zulässig sind und dass dem Betroffenen

auf maximal 12 Monate reduziert (eine Ausnahme bilden ältere Beschäftigte). Nach Ablauf der 12 Monate fallen Leistungsbezieher in die Grundsicherung, die nur den minimalen Lebensunterhalt abdeckt und mit einer Bedürftigkeitsprüfung einhergeht, bei der der gesamte Haushalt berücksichtigt wird (Meier 2009:7).

Auch im Bereich der Beschäftigung wurden wesentliche Maßnahme ergriffen, um eine erhöhte Regulierung des Arbeitsmarktes zu erreichen (Knuth und Kaps 2014:174). So wurde bspw. der Kündigungsschutz für Betriebe unter zehn Beschäftigten ausgesetzt. Weiterhin kam es zur Aufhebung des Befristungs-, Synchronisations- und Wiedereinstellungsverbotes in der Leiharbeit. Im Bereich der geringfügigen Beschäftigung kam es zu einer Abschaffung der Obergrenze für Mini-Jobs von 15 Stunden pro Woche und zu einer Neu-Konzeption des Mini-Jobs als quasi-arbeitsrechtlicher Status (Knuth und Kaps 2014:175).

Die hier kurz skizzierten Ausführungen der Inhalte der Hartz-Gesetze stellen nur eine grobe Übersicht dar. Sie soll dazu dienen aufzuzeigen, welche Maßnahmen ergriffen wurden und einen Einfluss auf die Entlohnung auf dem Arbeitsmarkt haben. Eine ausführliche Diskussion der Agenda 2010 findet sich bei Hassel und Schiller 2010a; Hegelich, Knollmann, und Kuhlmann 2011 oder Schmid 2007.

Generell führten die gesetzlichen Änderungen im Zuge der Hartz-Gesetze zu spürbaren Einschränkungen der Leistungen für Arbeitslose und zur Ausweitung der atypischen Beschäftigung (Logeay und Zwiener 2008:416). Damit kam es zu wesentlichen Veränderungen, was die Lohngestaltung auf dem Arbeitsmarkt betrifft.

Diese Reihe an Maßnahmen hat das Wachstum des Niedriglohnsektors gefördert (Fritsch, Teitzer, und Verwiebe 2014:100). Weiterhin hat die Verbesserung der Vermittlungsaktivitäten und die Aktivierung von Langzeitarbeitslosen das effektive Arbeitsangebot erhöht, was wiederum einen Lohndruck nach unten im Niedriglohnsektor auslöst (Fitzenberger 2012:16). Aus theoretischer Perspektive können jedoch sowohl positive als auch negative Effekte der Arbeitsmarktreformen auf die Lohnverteilung angeführt werden. Die negativen Effekte sind im Wachstum des Niedriglohnsektors zu finden. Positiv könnten sich allerdings die Verbesserungen des Matching im Arbeitsmarkt auswirken (Fitzenberger 2012:16). So könnte es zu einer Verbesserung der Produktivität kommen, was

---

die Möglichkeit eingeräumt wird, darzulegen, dass es sich bei der Kürzung um eine „außergewöhnliche Härte" handelt (Bundesverfassungsgericht 2019). Somit wird dem Bundesarbeitsministerium ein neuer Reformauftrag erteilt (Janisch 2019).

sich wiederum positiv auf die Löhne (vor allem im Niedriglohnbereich) auswirken könnte. Angesichts der Beobachtungen auf dem Arbeitsmarkt scheinen allerdings die negativen Effekte der Arbeitsmarktreformen auf die Lohnverteilung zu überwiegen (Fitzenberger 2012:17).

So finden Horn und Logeay (2008) in ihren Untersuchungen heraus, dass die Arbeitseinkommen durch die Reformen stark unter Druck geraten sind. Vor allem die Lohnsituation der abhängig Beschäftigten im unteren Bereich der Lohnverteilung hat sich seit Beginn der 2000er Jahre verschlechtert. Dagegen sind die Gewinn- und Vermögenseinkommen im gleichen Zeitraum deutlich gewachsen (Horn und Logeay 2008:165).

In einer Analyse von Treeck und Sturn aus dem Jahr 2010 wird aufgezeigt, dass die verschärfte Deregulierung seit dem Jahr 2002 entscheidend dazu beigetragen hat, dass sich die Lohn- und Verteilungsentwicklung in Deutschland verschlechtert hat. Dies hat einen entscheiden Einfluss auf die Entwicklung des Gini-Koeffizienten, der zwischen 2000 und 2005 um etwa fünf Punkte zugenommen hat (Treeck und Sturn 2010:598).

2.1.3.2. Tarifliche Deckungsrate

Die Mehrheit der Löhne für sozialversicherungspflichtig Beschäftigte wird in Deutschland durch Tarifverträge festgelegt (Schulten 2018). Hierbei können unterschiedliche Formen der Tarifverträge unterschieden werden. Zum einen gibt es die Flächen- bzw. Verbandstarifverträge die Gewerkschaften mit einem Arbeitgeberverband abschließen, zum anderen gibt es Unternehmens- bzw. Haustarifverträge die Gewerkschaften mit einzelnen Unternehmen vereinbaren.

Seit Mitte der 1990er Jahre ist dennoch ein merklicher Rückgang der Tarifbindungen zu beobachten (Ellguth und Kohaut 2019:291). 1998 arbeiteten etwa 76 Prozent der Beschäftigten in Westdeutschland in tarifgebundenen Betrieben (in Ostdeutschland waren es 63 Prozent). Im Jahr 2017 sind es nur noch etwa 57 Prozent der Beschäftigten in Westdeutschland und 44 Prozent der Beschäftigten in Ostdeutschland (Schulten 2018). Es ist zu beobachten, dass mit der rückläufigen Tarifbindung eine steigende Lohnungleichheit einhergeht. Im Vergleich zu den USA ist in Deutschland eine leicht verzögerte Entwicklung zu beobachten (Fitzenberger 2012:16).

Tarifverträge können als Instrument dafür gesehen werden, Machtasymmetrien zwischen Arbeitgeber und Arbeitnehmer zu reduzieren oder sogar zu beseitigen (Brandl 2010:82). Großteils werden die Tarifverträge durch Gewerkschaften durchgesetzt bzw. verhandelt. Im Zuge von Lohnverhandlungen haben Gewerkschaften die Aufgabe, die Höhe der tariflichen geregelten

Löhne festzulegen und eine dauerhaft wirksame Anhebung der Tarifvergütung durchzusetzen (Bispinck 2007:9). Somit soll einerseits der Lebensstandard der Gewerkschaftsmitglieder verbessert werden und andererseits die Forderung nach „gleichem Lohn für gleiche Arbeit" durchgesetzt werden. Dieser Anspruch soll durch eine Komprimierung der Lohndifferenz umgesetzt werden, die mit einer Verringerung der inner- und zwischenbetrieblichen Streuung der Löhne einhergeht (Freeman 1982:1).

Zu diesem Zweck ist eine Standardisierung der Löhne sinnvoll, vor allem um die Löhne eher an Eigenschaften von Arbeitsplätzen als an persönliche Merkmale zu koppeln (Freeman 1982:16). Somit können Tarifverträge die Streuung der Lohnverteilung verringern. Hierbei kann noch eine Unterscheidung eines „between" und eines „within" Effektes der Tarifbindung unterschieden werden. Der „between" Effekt bewirkt, dass Löhne in tariflich abgedeckten Betrieben im Schnitt höher sind als in Betrieben ohne tarifliche Abdeckung. Somit erhöht die Tarifbindung die Lohnungleichheit zwischen den Betrieben. Eine höhere Tarifabdeckung im Unternehmen reduziert hingegen die Lohnungleichheit innerhalb der Betriebe (Firpo, Fortin, und Lemieux 2009:963). Werden jedoch Beschäftigte immer weniger tarifgebunden eingestellt, würde dies bedeuten, dass die Streuung der Verteilung der Löhne zunimmt und somit ein Rückgang der Tarifbindung einen positiven Einfluss auf den Anstieg der Lohnungleichheit hat (Fitzenberger und Kohn 2005:24). Zu diesem Ergebnis kommen auch Studien von Schnabel (2005) und Teschner (2009).

Dieser Effekt kann in einer Studie von Dustmann und anderen aus dem Jahr 2009 gezeigt werden. Die statistischen Analysen legen nahe, dass etwa 28 Prozent der Lohnungleichheit am unteren Rand der Lohnverteilung auf den Rückgang der Tarifbindungen zurückzuführen sind (Dustmann u. a. 2009:20). Die Autoren kontrollieren in ihrer Studie allerdings nicht für den Einfluss der Veränderungen der Unternehmenseigenschaften. Diese können allerdings ebenfalls einen Einfluss auf die Verteilung der Löhne haben, wodurch der Effekt der Tarifbindung überschätzt werden würde (Eichhorst u. a. 2009:21).

Antonczyk und andere (2010) können anhand der Daten der Verdienststrukturerhebung für diese Variablen kontrollieren und kommen zu dem Ergebnis, dass der Rückgang der Tarifbindung zwar einen Einfluss auf den Anstieg der Lohnungleichheit hat, dieser allerdings geringer ausfällt als bei der Studie von Dustmann und anderen (Antonczyk, DeLeire, und Fitzenberger 2010:29). Die Studie kann somit zeigen, dass die Effekte der Tarifbindungen durch die Veränderungen der unternehmensspezifischen Lohnentwicklung dominiert werden. Diese können nach den Autoren die Veränderungen der Lohnunterschiede sowohl zwischen als auch innerhalb der Wirtschaftszweige erklären (Antonczyk

u. a. 2010:29). Felbermayr und andere (2014) können in ihren Analysen zeigen, dass der Rückgang der Tarifbindungen im Gegensatz zu Einflussfaktoren wie etwa dem Welthandel oder der Qualifikationsstruktur der Beschäftigten den größten Einfluss auf den Anstieg der Lohnungleichheit hat (Felbermayr, Baumgarten, und Lehwald 2014:25).

In einer aktuellen Studie von Biewen und Seckler untersuchen die Autoren den Anstieg der Lohnungleichheit von vollzeitbeschäftigten Männern in Deutschland zwischen 1995 und 2010 mittels einer Datensatzsammlung, die bisher so noch nicht betrachtet wurde (Biewen und Seckler 2019:462). Als mögliche Erklärungsfaktoren beziehen die Autoren persönliche Merkmale, die Internationalisierung, ausgeübte Tätigkeiten, Industrie- und Unternehmenscharakteristika und die Tarifbindung in der Analyse mit ein (Biewen und Seckler 2019:464). Als Ergebnis ihrer Analysen können die Autoren zeigen, dass der bisher aufgezeigte Effekt der Tarifbindung auf die Lohnungleichheit deutlich unterschätzt wurde. Die rückläufige Tarifbindung führt im Beobachtungszeitraum zu einem deutlichen Anstieg der Lohnungleichheit im unteren und mittleren Bereich der Lohnverteilung (Biewen und Seckler 2019:493). Somit widerlegen Biewen und Seckler die Ergebnisse von Antonczyk und anderen aus dem Jahr 2010. Allerdings liegt der Beobachtungszeitraum der Studie lediglich zwischen den Jahren 1995 und 2010, wodurch keine Erkenntnisse für den aktuellen Rand vorliegen.

Somit kann die Frage nach dem Einfluss der Tarifbindung auf den Anstieg der Lohnungleichheit abschließend empirisch nicht eindeutig geklärt werden.

2.1.4. Globale Faktoren

Zu den globalen Faktoren zählen die Globalisierung und der technische Fortschritt. Beide Phänomene werden in der Literatur stark diskutiert. Dabei wird häufig konstatiert, dass der technische Fortschritt die Globalisierung weiter vorantreibt, da die Entgrenzung der Arbeit von Raum und Zeit den internationalen Austausch erleichtert (Berthold und Thode 1998:319).

2.1.4.1. Globalisierung

Globalisierung wird als Zusammentreffen von Prozessen verstanden, die zu wachsender internationaler Vernetzung geführt haben (Blossfeld u. a. 2007:668). Dieser Mechanismus führt vor allem zu verstärkter internationaler Konkurrenz und zu einer verstärkten Abhängigkeit von der Nachfrage im Ausland. Durch eine stärkere internationale Vernetzung und der mit ihr verbundenen Möglichkeit zur Arbeitsplatzverlagerung konkurrieren Arbeitnehmer verstärkt mit

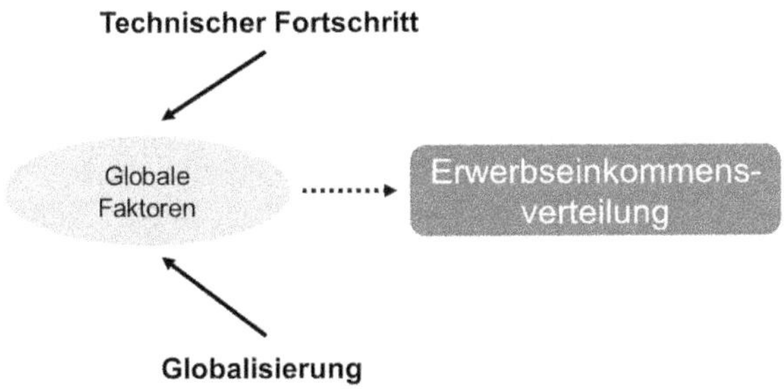

Abbildung 5: Übersicht der globalen Faktoren
Quelle: eigene Darstellung, 2020

anderen potenziellen Arbeitnehmern über nationale Grenzen hinweg (Nollmann 2006:639).

Somit erhöht die Globalisierung für einige Berufe die Ersetzbarkeit der Beschäftigten im Inland, da bestimmte Tätigkeiten ins Ausland auslagerungsfähig sind. Die Verlagerung der Arbeitsplätze erfolgt zumeist aus Kostengründen in Länder mit einem geringeren Bildungsniveau. Daher erscheint die Auslagerung von Arbeitsplätzen für Hochqualifizierte als eher unwahrscheinlich (Haupt 2014:10).

Die Auslagerung einer Tätigkeit ist umso weniger wahrscheinlich, je stärker diese analytisch, interaktiv und nicht routinisierbar ist. Dies sind vor allem Tätigkeiten, die auf neue, unbekannte oder festgelegte Probleme reagieren. Interaktive Aufgaben sind durch eine erhöhte Kommunikation charakterisiert (Haupt 2014:10). Die Notwendigkeit der Interaktivität schützt solche Tätigkeiten vor der Auslagerung in ein anderes Land. Somit erhöht die Globalisierung vor allem den Druck auf Beschäftigte mit geringer oder mittlerer Qualifikation, die keinen direkten Kundenkontakt voraussetzen. Da diese Berufe durch Auslagerungsmechanismen bedroht sind, fallen die Lohnsteigerungen entsprechend gering aus. Beschäftigte mit einer hohen Qualifikation sind durch die Folgen der Globalisierung eher weniger betroffen (Kleinert u. a. 2000:6). Dies steigert allerdings die Wahrscheinlichkeit der Zunahme einer Lohnungleichheit.

In der Theorie kann allerdings auch ein positiver Effekt der Globalisierung auf die Lohnentwicklung aufgezeigt werden. Die Zahl der gestiegenen Importe führt zu Vorteilen für die Konsumenten, die auf einer effektiveren internationalen Arbeitsteilung beruhen (Matthes, Langhorst, und Herzog 2008:20). So findet eine Spezialisierung auf die Herstellung bestimmter Güter statt, welche die jeweiligen Länder am kostengünstigsten herstellen können. Diese Kostenvorteile kommen auch den Verbrauchern in Deutschland zugute (Matthes u. a. 2008:20). Besonders arbeitsintensive Güter lassen sich billiger aus dem Ausland einkaufen, als sie im eigenen Land hergestellt werden können. Daher können diese Güter zu einem günstigeren Preis angeboten werden, was die Reallöhne der Bevölkerung steigen lässt (Matthes u. a. 2008:21).

Empirische Studien zeigen uneinheitliche Ergebnisse bezüglich des Einflusses der Globalisierung auf die Verteilung der Löhne. Dies liegt u.a. daran, dass der Begriff der Globalisierung häufig unterschiedlich interpretiert und somit auch unterschiedlich operationalisiert wird. Matthes und andere (2008) kommen in ihrer Studie zu dem Schluss, dass die Globalisierung nur einen kleinen Teil der zunehmenden Lohnungleichheit erklären kann. Empirisch bedeutendere Einflussfaktoren sind nach den Autoren der technische Fortschritt und individuelle Merkmale (Matthes u. a. 2008:44). Südekum und andere (2017) kommen zu dem Ergebnis, dass der Gesamteffekt der Globalisierung auf den deutschen Arbeitsmarkt positiv ist (Südekum, Dauth, und Findeisen 2017:14). Allerdings gibt es branchenspezifische Unterschiede. Im Zuge der Globalisierung gewinnen vor allem Beschäftigte aus human- und kapitalintensiven Branchen an Marktmacht und Marktanteil, wohingegen Beschäftigte aus arbeitsintensiven Branchen verlieren, da diese Arbeiten günstiger im Ausland verrichtet werden können. Dies hat zur Folge, dass die Reallöhne für Geringqualifizierte sinken und sich somit die Lohnungleichheit erhöht (Südekum u. a. 2017:14).

2.1.4.2. Technischer Fortschritt

Der technische Fortschritt hat in den letzten Jahrzenten Veränderungen ausgelöst, welche die Anforderungen an und die Nachfrage nach Arbeit stetig verändert haben. Aus ökonomischer Sicht ist vor allem interessant, wie sich der technische Fortschritt auf Wertschöpfungs- und Produktionsprozesse und insbesondere auf den menschlichen und maschinellen Faktoreinsatz auswirkt (Thomsen 2018:2).

Frühere Studien, die sich mit dem Zusammenhang zwischen dem technischen Fortschritt und der Lohnverteilung beschäftigten, zeigen vor allem einen angebotsseitigen Effekt des technischen Fortschritts über die Veränderung der Qualifikation der Beschäftigten (Thomsen 2018:4). In diesem Zuge wurde der Ansatz des qualifikationsverzerrten technischen Fortschritts (skill-biased technological change oder auch SBTC) entwickelt. Dieser besagt, dass durch den technischen Fortschritt die Löhne der höher

Qualifizierten stärker ansteigen als die der Geringqualifizierten (Katz und Murphy 1992:37). Dieser Ansatz konnte die Entwicklung der Lohnungleichheit in den USA bis in die 1990er Jahre gut erklären. Viele Studien aus dieser Zeit haben somit als Erklärung des Zusammenhangs des technischen Fortschritts auf die Verteilung der Löhne den qualifikationsverzerrten technischen Fortschritt herangezogen (DiNardo und Pischke 1997; Fitzenberger 1997; Krueger 1993).

Seit Mitte der 1990er Jahre konnte allerdings beobachtet werden, dass sowohl die Löhne am oberen als auch am unteren Ende der Verteilung anstiegen. Es fand somit eine Aushöhlung des Arbeitsmarktes statt, für die sich der Begriff der Polarisierung durchgesetzt hat (Thomsen 2018:4). Viele Studien finden vor allem in den USA, aber auch in Deutschland, solche Polarisierungstendenzen der Lohnverteilung (Autor, Katz, und Kearney 2008; Autor, Katz, und Krueger 1998; Dustmann u. a. 2009; Spitz-Oener 2006). Diese Polarisierung konnte allerdings durch den SBTC-Ansatz nicht mehr adäquat erklärt werden. Daraufhin haben Autor und andere (2003) einen neuen Ansatz entwickelt, der vermehrt auf die Nachfrageseite der Beschäftigung abzielt.

Die Autoren fanden heraus, dass der technische Fortschritt nicht auf ganze Qualifikationen wirkt, sondern auf einzelne Tätigkeiten, die sich hinter diesen Qualifikationen verbergen (Autor u. a. 2003:1280). Sie entwickelten den tätigkeitsbasierten Ansatz (routine-biased-technical change oder auch RBTC), der besagt, dass nicht jede Tätigkeit in gleichem Maße durch den technischen Fortschritt beeinflusst wird. Vor allem Routine-Tätigkeiten[5] können durch den technischen Fortschritt ersetzt werden. Nicht-Routine-Tätigkeiten wie etwa analytische oder interaktive Tätigkeiten können komplementär zum technischen Fortschritt gesehen werden (Autor u. a. 2003:1286).

Somit steigt die Nachfrage nach Arbeitskräften, die vor allem Nicht-Routine-Tätigkeiten ausführen, während die Nachfrage nach Arbeitskräften, die Routine-Tätigkeiten ausüben, sinkt. Wird noch die Qualifikation der Beschäftigten als Variable berücksichtigt, wird deutlich, dass Nicht-Routine-Tätigkeiten eher von Hoch- und Geringqualifizierten[6] ausgeführt werden und Routine-Tätigkeiten eher von Mittelqualifizierten (Autor u. a. 2003:1309). Diese Veränderungen

5 In Abschnitt 3.3.1.2 werden sowohl Routine- als auch analytische und interaktive Tätigkeiten näher ausgeführt und definiert.

6 Zu Nicht-Routine-Tätigkeiten bei Geringqualifizierten zählen vor allem interaktive Tätigkeiten wie Betreuungstätigkeiten als auch manuelle Tätigkeiten wie aufräumen oder waschen.

hinsichtlich der relativen Nachfrage nach Beschäftigten mit bestimmten Fähigkeiten wirkt sich auf die Lohnverteilung aus. Hoch- und Geringqualifizierte können höhere Lohnsteigerungen erzielen als Mittelqualifizierte, wodurch eine Polarisierung der Verteilung der Löhne aufkommt.

Neuere Studien haben allerdings Zweifel, dass eine solche Polarisierung der Löhne in Deutschland tatsächlich existiert. In der Studie von Eichhorst und anderen (2015) konnte keine eindeutige Polarisierung der Löhne festgestellt werden. Dies wiederum erweckt Zweifel daran, wie stark der tatsächliche Einfluss des technischen Fortschritts auf die Lohnverteilung in Deutschland ist und ob nicht andere Faktoren stärker auf diese wirken (Eichhorst u. a. 2015:20). Dies soll im Verlauf dieser Arbeit näher untersucht werden. Mittels neuer methodischer Erkenntnisse, längeren Zeitreihen und zusätzlicher Dritt- und Kontrollvariablen können eventuell neue Erkenntnisse über den Zusammenhang zwischen dem technischen Fortschritt und der Lohnverteilung gewonnen werden.

2.2. Zwischenfazit

Die bisherigen Ausführungen zeigen, dass eine Vielzahl an Faktoren auf die Verteilung der Löhne in Deutschland wirken. Zudem gibt es eine Fülle an empirischen Studien, die zu unterschiedlichen Ergebnissen kommen. Ziel dieses Kapitel ist es, aufzuzeigen, dass neben den beiden zentralen unabhängigen Variablen wie dem technischen Fortschritt und den institutionellen Faktoren noch weitere Einflussfaktoren auf die Verteilung der Löhne wirken. Zwar wird in dieser Arbeit ein Fokus auf den Einfluss des technischen Fortschritts und der tariflichen Deckungsrate auf die Lohnverteilung gelegt, die weiteren Faktoren werden in der Analyse jedoch, soweit es die Datenlage zulässt, als Kontrollvariablen aufgenommen.

Die nachfolgende Tabelle fasst die theoretische Wirkungsweise und die dazugehörigen Untersuchungen der einzelnen Faktoren zusammen.

Es ist wichtig aufzuzeigen, wie die weiteren Einflussfaktoren auf die Verteilung der Löhne wirken. Bevor in Kapitel 3 eine ausführliche theoretische Herleitung der Wirkungsweise des technischen Fortschritts und der institutionellen Faktoren auf die Verteilung der Löhne erfolgt, wird im nachfolgenden Unterkapitel der Begriff des technischen Fortschritts näher definiert und dessen Entstehungsgeschichte skizziert.

Tabelle 1: Übersicht der Einflussfaktoren auf die Verteilung der Löhne.

Kategorie	Indikator	Einfluss auf die Lohnverteilung	Beispielhafte Studien
Individuelle Faktoren	Erworbene Faktoren	Je mehr Humankapital erworben wird, desto positiver der Einfluss	Gieseke/Verwiebe 2008; Hadler 2005; Leuze/Strauß 2011; Hubert/Wolf 2007; Rohrbach 2008
	Zugeschriebene Faktoren	Aufgrund diskriminierender Effekte für bestimmte Merkmale, negativer Einfluss	Allmendinger/Leuze/Blanck 2008; Diekmann u.a. 1993; Blossfeld u.a. 2007; Leuze/Strauß 2009; Lang 2003; Liebeskind 2004
Betriebs- branchenspez. Faktoren	Zunehmende Unternehmens-heterogenität	Einteilung in Hoch- und Niedriglohnbetriebe und daher negativer Einfluss	Card et al. 2013; Fitzenberger 2012; Südekum 2018; Eichhorst u.a. 2015; Horn 2018; Barslund u.a. 2015
	Strukturwandel	Steigende Ungleichheit bei der Lohnverteilung zwischen Branchen (Industrie vs. Dienstleistung)	Haupt 2014; Kleinert u.a. 2000; Krämer 2011; Gundlach 1993; Schimmelpfennig 1999
Institutionelle Faktoren	Arbeitsmarkt-reformen	Durch Flexibilisierung des AM sowohl positive als auch negative Einflüsse	Riphahn/Schnitzlein 2011; Fitzenberger 2012; Sturm/van Treeck 2010; Meier 2009; Horn/Logeay 2008
	Tarifliche Deckungsrate	Durch Zunahme der Streuung der Lohnverteilung negativer Einfluss	Dustmann u.a. 2009; Eichhorst u.a. 2015; Antonczyk u.a. 2010; Felbermayr u.a. 2014; Teschner 2009; Gerlach/Stephan 2005; Biewen u.a. 2019
Globale Faktoren	Globalisierung	Durch Verlagerung bestimmter Tätigkeiten ins Ausland negativer Einfluss	Haupt 2014; Matthes u.a. 2008; Südekum u.a. 2017; Morasch/Bartholomae 2017; Nollmann 2006; Berthold/Thode 1998
	Technischer Fortschritt	Durch die Ersetzbarkeit bestimmter Tätigkeiten negativer Einfluss	Katz/Murphy 1992; Fitzenberger 1997, Autor u.a. 2003; Spitz-Oener 2006; Eichhorst u.a. 2015, Dauth u.a. 2017

Quelle: eigene Darstellung, 2020

2.3. Die Begrifflichkeit des technischen Fortschritts und dessen Historie

In diesem Teil des Kapitels wird eine Definition des Begriffes „technischer Fortschritt“ erarbeitet, um den Untersuchungsgegenstand näher zu spezifizieren und von anderen Untersuchungen abzugrenzen.

Zunächst erfolgt in einem ersten Schritt eine Übersicht, wie der Begriff des technischen Fortschritts in den letzten Jahrhunderten gebraucht wurde und wie sich die Bedeutung über die Zeit verändert hat. Anschließend erfolgt eine Aufarbeitung von Arbeiten bzw. Studien bedeutender Ökonomen, die den Begriff des technischen Fortschritts bereits vor Jahrhunderten geprägt haben, um aufzuzeigen, dass es sich bei dem Untersuchungsgegenstand des technischen Fortschritts um kein neues Phänomen handelt.

2.3.1. Begriffliche Abgrenzung

Die Begriffe „technischer Fortschritt" oder „Digitalisierung" werden in der aktuellen Berichterstattung häufig und oft inflationär verwendet. Allerdings fehlt zumeist eine genaue Abgrenzung oder Definition dieser.

Der technische Fortschritt wird häufig im Zusammenhang mit industriellen Revolutionen genannt. In der Literatur wird hierzu gesagt, dass der technische Fortschritt Auslöser für die industriellen Revolutionen war. Gordon (2012 und 2016) differenziert drei industrielle Revolutionen beginnend mit der Einführung der Dampfmaschine, mit denen er das Wachstum der letzten zwei Jahrhunderte erklärt. Wesentliche Erfindungen der ersten industriellen Revolution (1770 bis 1840) waren die Dampfmaschine, die Eisenbahn, Dampfschiffe oder auch der Übergang der Holz- zur Stahlverarbeitung (Gordon 2012:7). Die zweite industrielle Revolution fand zwischen den Jahren 1870 und 1920 statt, deren Wirkung allerdings noch bis in die 1970er Jahre andauerte. Wesentliche Entwicklungen dieser Zeit waren vor allem die Elektrizität, der Verbrennungsmotor und auch erste Telekommunikationsmittel (Gordon 2012:9). Im Zuge der zweiten industriellen Revolution wurde die Fließbandarbeit als Standardmodell der industriellen Fertigung etabliert, womit der Übergang von der Agrar- zur Industrie- und Dienstleistungsgesellschaft eingeleitet wurde. Als dritte industrielle Revolution bezeichnet Gordon die Entwicklungen in der Unterhaltungs- und Informationstechnik seit den 1960er Jahren (Gordon 2012:11). Wesentliche Entwicklungen dieser Zeit waren bspw. die Einführung des Farbfernsehens und des Computers. Die beginnende Computerisierung führt zu einer zunehmenden Automatisierung von Produktions- und Arbeitsprozessen. Nach Gordon hat jede dieser drei Revolutionen zu wesentlichen gesellschaftlichen und technischen Veränderungen geführt (Gordon 2012:13).

Einige Autoren (Brynjolfsson und McAfee 2015; Kurz 2017) betrachten die aktuellen Entwicklungen der Digitalisierung vor allem in der Industrie, wie etwa das Internet of Things (IOT) oder die künstliche Intelligenz (KI) als vierte industrielle Revolution. Gordon sieht diesen Teil der technischen Entwicklung allerdings nicht als Revolution an und hat daher auch eher geringere Erwartungen an die Wirkungen der technischen Revolution der Digitalisierung (Gordon 2016:582). Bereits zu Beginn der 2000er Jahre weist Gordon auf den abnehmenden Grenznutzen durch die Digitalisierung hin. Er geht davon aus, dass die wirkliche Revolution der Computertechnik bereits während der dritten industriellen Revolution erfolgte und heutige Erneuerungen nicht als Innovationen, sondern eher als Weiterentwicklungen verstanden werden müssen (Gordon 2012:18). Das Potenzial dieser Weiterentwicklungen zur Produktivitätsverbesserung ist somit wesentlich beschränkter als durch z.B. die Einführung der Dampfmaschine (Gordon 2012:19).

Neben dem abnehmenden Grenznutzen der Digitalisierung benennt Gordon noch weitere ökonomisch relevante Faktoren, die sich über die Arbeitsproduktivität negativ auf das trendmäßige Wirtschaftswachstum pro Kopf auswirken. Er nennt sechs „headwinds" die einer Volkswirtschaft ins Gesicht blasen können und einer dynamischen Wirtschaftsentwicklung entgegenwirken: Demografie, Ausbildung, Ungleichheit, Staatsverschuldung, Globalisierung und Umwelt (Herzog-Stein u. a. 2017:7). Den Einfluss der Demografie auf das Wirtschaftswachstum greifen auch Acemoglu und Restrepo in ihrer Untersuchung aus dem Jahr 2017 auf. In ihrer Untersuchung können die Autoren nachweisen, dass sich besonders im digitalen Zeitalter eine älter werdende Belegschaft negativ auf die Arbeitsproduktivität auswirkt (Acemoglu und Restrepo 2017:177).

Die folgende Abbildung verdeutlicht die Inhalte der aufgeführten Revolutionen grafisch.

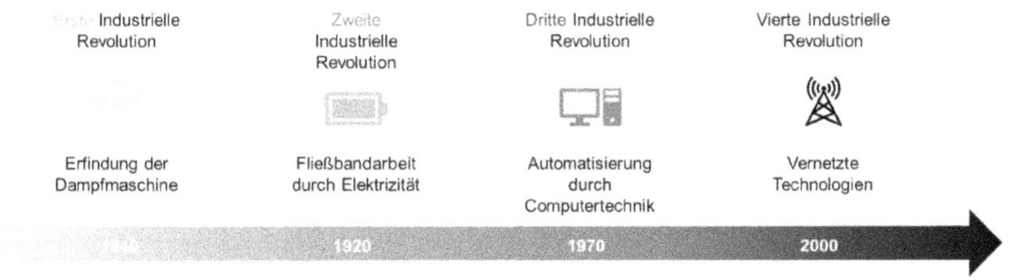

Abbildung 6: Übersicht der industriellen Revolutionen
Quelle: eigene Darstellung, 2020

Auch Robert M. Solow geht der Frage nach, wie sich der technische Fortschritt in Form von Computern auf die Produktivität auswirkt. In einem in der New York Times veröffentlichten Artikel sagt er:

> „*You can see the computer age everywhere but in the productivity statistics*". (Solow 1987:36)

In seinen Analysen zeigt sich eine Verringerung der Produktivität der Wirtschaft in den USA vor allem in den 1970er und 1980er Jahren. Im gleichen Zeitraum gab es enorme Investitionen in die Informationstechnik und große Fortschritte bei der Zunahme der Rechenleistung von Computern (Solow 1987:36). Das sogenannte Solow-Paradoxon zeigt somit die Diskrepanz zwischen den Investitionsleistungen und der daraus resultierenden Wertschöpfung auf (Thomsen 2018:20). Als Kritik an diesem Paradoxon könnte angeführt werden, dass der Effekt der eingesetzten Technologie auf die Produktivität erst zu einem späteren Zeitpunkt einsetzen könnte. David (1990) zeigt hierzu die Parallele zur Einführung der Dampfmaschine auf, bei der der positive Effekt auf die Produktivität aufgrund von Anpassungsmechanismen erst zeitverzögert eingesetzt hat (David 1990:359).

Ende der 1990er Jahre konnten erste Hinweise auf einen IT-bedingten Anstieg der Produktivität aufgezeigt werden. Bis heute zeigen sich allerdings keine weiteren IT-bedingten Produktivitätssteigerungen, was vermuten lässt, dass das Solow-Paradoxon auch heute noch Bestand hat (Thomsen 2018:21).

Eine weitere Herangehensweise, den Begriff des technischen Fortschritts näher zu definieren, ist der Rückgriff auf etablierte Lexika. Das Gabler Wirtschaftslexikon definiert den Begriff des technischen Fortschritts als

> *„Herstellung neuartiger oder wesentlich verbesserter Produkte und Materialien sowie Anwendung neuer Verfahren, die eine rationellere Produktion der bekannten Produkte und Materialien erlaubt, d.h. es möglich macht, eine gegebene Produktmenge mit niedrigeren Kosten bzw. eine größere Menge des Produktes mit gleichbleibenden Kosten zu erstellen“* (Gabler Wirtschaftslexikon o. J.).

Hier kann bereits eine Schnittmenge zur Definition von Gordon gesehen werden. Für ihn werden die industriellen Revolutionen durch die Herstellung neuartiger Produkte angetrieben, die er als technischen Fortschritt bezeichnet.

Weiterhin lohnt sich ein Blick in die Forschungsliteratur, die sich mit dem technischen Fortschritt befasst. Viele Studien haben allerdings gemein, dass sie keine explizite Abgrenzung des Begriffes vornehmen. Eine der wenigen Studien, die eine explizite Definition geben, ist die von Erdmann aus dem Jahr 1993. In dieser wird der technische Fortschritt definiert als

> *„Einführung neuer Technologien im engeren Sinn sowie die intelligente Nutzung von akkumuliertem Wissen in Form höherer Qualifikation der Arbeitskräfte und verbesserter Organisation der Produkte“* (Erdmann 1993:1).

Bei dieser Definition wird nicht nur der technische Fortschritt als bestimmte Technologie beschrieben, sondern es wird zusätzlich bestimmt, welchen Nutzen der technische Fortschritt hat. Dies stellt eine wesentliche Erweiterung bisheriger Definitionen dar. Die Autoren Koschel und Schmidt (1997) nehmen die Definition von Erdmann in ihrer Studie auf und ergänzen diese noch um den Innovationsbegriff. Es wird aufgezeigt, dass die Initialisierung des technischen Fortschritts durch das Auftreten von Innovationen (Produkt- und Prozessinnovationen) erfolgt (Koschel und Schmidt 1997:3).

Während der Begriff der Innovation im engeren Sinne nur die Anwendung von neuem Wissen erfasst, bezieht sich der Begriff des technischen Fortschritts auf den Innovationsbegriff insgesamt und schließt die vor- und nachgelagerten Phasen wie die Inventionsphase, den Innovationsprozess und die Diffusionsphase mit ein (Koschel und Schmidt 1997:3). Unter der Inventionsphase ist die Phase der Forschung und Entwicklung zu verstehen. Die Inventionsphase umfasst die Entstehung von neuem Wissen, den Inventionen. Inventionen können entweder zufällig generiert werden oder sie können das Ergebnis zielgerichteter Forschung sein. Die Invention liegt oft in Form eines technisch anwendbaren Prototyps vor (Koschel und Schmidt 1997:3).

An die Inventionsphase schließt sich der Innovationsprozess an. Dieser wird definiert als die Zeit der Weiterentwicklung und Modifizierung der Invention. Als Innovation wird allerdings nicht nur der Prozess der erstmaligen Einführungen eines neuen Verfahrens gesehen, sondern auch das Verfahren selbst. Diese können nach Neuigkeitsgrad in Basis- und Verbesserungsinnovation untergliedert werden (Koschel und Schmidt 1997:3). Unter einer Basisinnovation können Anwendungen neuen technologischen Wissens bezeichnet werden. Diese produzieren somit einen Technologiesprung und können daher als Produktinnovationen gesehen werden. Verbesserungsinnovationen (oder auch Prozessinnovation genannt) sind Verfahren, die verglichen zu bisherigen Verfahren eine höhere Energieeffizienz, Produktqualität oder geringere Umweltbelastungen aufzeigen (Freeman und Perez 1988:45).

Ist die Innovation als leistungsfähige Technik anerkannt, setzt die Diffusionsphase an. Diese ergibt sich aus der Verbreitung der Neuerungen. Der Diffusionsprozess ist von enormer Bedeutung für den technischen Wandel, da dieser zur Nutzung bisher unerschlossener Entwicklungspotenziale führt (Freeman und Perez 1988:45). Bis zu diesem Zeitpunkt wurde der technische Fortschritt in der Literatur häufig als exogene Größe angesehen. Mit der hier aufgezeigten Definition des technischen Fortschritts findet allerdings eine Endogenisierung des Begriffes statt. Der technische Fortschritt gilt nicht mehr als unerklärbarer Teil des Produktionswachstums, sondern als Resultat bewusst getroffener und mobilisierbarer Innovationsaktivitäten (Koschel und Schmidt 1997:4).

Aus den bisherigen Definitionen ergibt sich für diese Arbeit die folgende für den Begriff des „technischen Fortschritt“:

> *„Anwendung neuer Verfahren, die eine effektivere Produktion der bekannten Produkte und Materialien sowie die intelligente Nutzung von akkumuliertem Wissen in Form einer verbesserten Organisation der Produkte ermöglichen“*

2.3.2. Entstehungsgeschichte des technischen Fortschritts

Nachdem in einem ersten Schritt aufgezeigt wurde, was unter dem Begriff des technischen Fortschritts zu verstehen ist, werden nun die Entstehungsgeschichte und der Wirkungsbereich des Begriffs dargelegt. Durch diese Vorgehensweise wird deutlich, dass sich bereits seit Jahrhunderten Ökonomen mit dem Begriff des technischen Fortschritts befasst haben. Daher ist auch die Debatte des Einflusses des technischen Fortschritts auf Beschäftigung und Löhne nicht neu und es wird bereits seit Jahrhunderten darüber diskutiert, welche Gruppen eher durch den technischen Fortschritt profitieren als andere (Thomsen 2018:3).

In seinen Ausführungen zum Thema Arbeitsteilung ging auch Adam Smith auf den technischen Fortschritt ein. Neben der Spezialisierung, der steigenden Arbeitsproduktivität durch Lerneffekte und der Verringerung der Rüstzeiten kann auch die Entwicklung und der Einsatz von neuen Maschinen zur Arbeitsteilung beitragen (Smith 1776:9). Somit kann Arbeitsteilung in den Augen von Smith sowohl als Ergebnis, als auch als Ursache für die Entwicklung und Verbreitung von Maschinen im Arbeitsprozess gesehen werden (Smith 1776:12).

Die Ausführungen von Smith können jedoch nur eine Erklärung für die Prozessinnovation bieten, nicht jedoch für Produktinnovationen. Einen wesentlichen Beitrag zu Produktinnovationen leistet Joseph A. Schumpeter in seiner Habilitationsschrift aus dem Jahr 1911. Er definiert Innovationen als Erstellung „neuer Kombinationen“, die letztendlich wirtschaftliches Wachstum generieren (Schumpeter 1934:94). Die neuen Kombinationen gehen über den statischen Fortschritt innerhalb der Wirtschaft hinaus und erzeugen somit eine neue Dynamik. Besonders Veränderungen, die spontan der Wirtschaft entspringen und diskontinuierlich sind, erzeugen eine solche Dynamik (Schumpeter 1934:96).

Schumpeter betont, dass es vor allem auf die Unternehmereigenschaft ankommt, um Innovationen zu erschaffen (Schumpeter 1934:101). Diesem kommt bei der Erstellung neuer Kombinationen eine zentrale Stelle zu, da ein Unternehmer neue Kombinationen auf den Markt bringt. Dadurch kann dieser einen temporären Monopolgewinn erzielen, der jedoch durch mögliche Nachahmer mit der Zeit geschmälert wird. Nur stetige Entwicklungen und Durchsetzungen weiterer neuer Kombinationen sichern dem dynamischen Unternehmer weitere Gewinne zu (Schumpeter 1934:101).

Weitzmann baut auf den Überlegungen von Schumpeter auf und beschreibt den Innovationsprozess ebenfalls als Kombination bereits bestehender Ideen (Weitzman 1998:336). Er zeigt weiterhin die Beschränkungen auf, mit denen der Innovationsprozess konfrontiert wird. Die Beschränkung stellt vor allem die Verbreitung, Umsetzung und Durchsetzbarkeit der neuen Kombination dar. Somit liegt die Beschränkung von Innovation nicht in der Formulierung einer neuen Idee, sondern vielmehr darin, die unerschöpflichen Kombinationen neuer Ideen in eine brauchbare Form zu bringen (Weitzman 1998:333).

Die bisherigen Ausführungen zeigen, dass Innovationen bzw. technischer Fortschritt durch neue Kombinationen bereits vorhandener Ressourcen entstehen. Dies führt allerdings dazu, dass der technische Fortschritt in Konkurrenz zur bestehenden Situation gesehen werden kann, da bereits bestehende Produktionsmittel verwendet werden müssen, die bis dahin für andere Zwecke genutzt worden sind (Schumpeter 2003). Das folgende Zitat zeigt, dass Schumpeter im technischen Fortschritt sowohl Vorteil als auch Nachteil zugleich sah:

> *„Innovationen sind Prozesse ‚schöpferischer Zerstörung'. Sie rufen Neues ins Leben und vernichten Altes. Sie kennen nicht nur Gewinner, sondern auch Verlierer."* (Schumpeter 2005:134)

Die Konkurrenz zwischen Unternehmen wird also durch die Suche nach neuen Kombinationen weiter angefacht, die diese Innovationen benötigen, um Wettbewerbsvorteile zu generieren. Die neuen Kombinationen stellen einen technischen Fortschritt dar, der zu Produktionszuwächsen führt. Durch eine höhere Produktivität werden effizientere Kostenstrukturen möglich, was zu niedrigeren Preisen führt und somit die Wettbewerbssituation der Unternehmen verbessert (Thomsen 2018:11). Dieser Prozess wird dynamisch weitergeführt, da für Unternehmen kontinuierlich Anreize bestehen, neue Kombinationen und somit Innovationen zu erschaffen (Thomsen 2018:11).

Nach Schumpeter führt technischer Fortschritt zu Wirtschaftswachstum. Durch die andersartige Verwendung der vorhandenen Ressourcen kommt es zu einer effizienteren Nutzung der Ressourcen und somit zu einem höheren Gewinn (Schumpeter 2003:35). Somit gilt der technische Fortschritt als wichtige Quelle für Produktivitätssteigerungen und Wirtschaftswachstum. Im Gegensatz zu anderen Wachstumsfaktoren wie etwa dem Lernkurveneffekt oder der Humankapitalakkumulation, die mit einem abnehmenden Grenznutzen konnotieren, ermöglicht der technische Fortschritt langfristiges Wachstum (Schumpeter 2003:39). Schumpeter geht in seinen Ausführungen allerdings nicht darauf ein, ob alle gesellschaftlichen Gruppen in gleichem Maße durch den technischen Fortschritt profitieren.

Mit dieser Frage hat sich Ricardo beschäftigt und in Bezug auf einen positiven oder negativen Effekt auf die Beschäftigung zwei Theorien aufgestellt. Grundsätzlich geht Ricardo zunächst davon aus, dass alle gesellschaftlichen Gruppen von einem technischen Fortschritt profitieren (Ricardo 2015). Da es durch den Innovationsprozess immer zur Herstellung neuer Waren kommt, können die Beschäftigten, die ursprünglich ihre Anstellung durch den technischen Fortschritt verloren haben, neu eingesetzt werden (Kompensationstheorie). Er formuliert allerdings zudem die These der Freisetzungstheorie. Diese besagt, dass wenn die Güternachfrage weniger stark steigt als die Produktivität, könnten die Beschäftigten ihre Arbeit aus technischen Gründen verlieren (Ricardo 2015).[7] Allerdings fokussiert sich Ricardo in seinen Ausführungen rein auf die nachfrageinduzierten Effekte des technischen Fortschritts auf die Beschäftigung.

So wird bei Ricardo bereits eine nachfrageinduzierte technische Arbeitslosigkeit definiert, die auch in der aktuellen Diskussion über den Einfluss des technischen Wandels auf die Beschäftigung thematisiert wird (Dengler und Matthes 2015; Frey und Osborne 2017). Es werden sowohl Chancen als auch Risiken definiert, die mit dem Einfluss des technischen Fortschritts auf die Beschäftigung bzw. die Entwicklung der Löhne einhergehen. Welche der aufgezeigten Aspekte aktuell auf dem Arbeitsmarkt überwiegen, wird empirisch ausführlich debattiert und ist Bestandteil des nachfolgenden Kapitels.

7 Die Überlegungen von Ricardo werden in Abschnitt 3.2 bei den theoretischen Überlegungen nochmals aufgegriffen und argumentativ ausgebaut.

3. Zum Einfluss des technischen Fortschritts auf die Lohnverteilung: Eine empirische und theoretische Bestandsaufnahme

Im vorangegangenen Kapitel wurde bereits kurz skizziert, wie der technische Fortschritt auf die Verteilung der Löhne und deren Entwicklung einwirkt. Dieser Zusammenhang soll weiter ausgeführt werden. Hierzu werden zunächst wesentliche Studien über den Einfluss des technischen Fortschritts auf die Lohnverteilung systematisch aufgezeigt, die wesentlichen Kernergebnisse dargestellt und mit anderen Studien verglichen. Anschließend erfolgt ein Zwischenfazit, in dem die wesentlichen Ergebnisse des Studienüberblicks zusammengestellt werden und die dieser Untersuchung zugrunde liegende Fragestellung skizziert. Abschließend werden theoriegeleitet Hypothesen aufgestellt, die im empirischen Teil dieser Arbeit überprüft werden sollen.

3.1. Ausgewählte Studien über den Zusammenhang zwischen technischem Fortschritt und der Lohnverteilung

Der Einfluss des technischen Fortschritts auf die Verteilung der Löhne wird bereits seit mehreren Jahrzehnten immer wieder in nationalen und internationalen Studien thematisiert. Über die Zeit können sowohl beachtliche methodische als auch theorierelevante Entwicklungen beobachtet werden. So wurde das Verständnis der Zusammenhänge stetig verbessert. Frühere Untersuchungen fokussierten sich vor allem auf die Angebotsseite der Beschäftigten, die durch die veränderte Qualifikationsstruktur der Arbeitskräfte aufgezeigt werden konnte. Spätere Studien gehen vielmehr auf das Zusammenspiel von technologiebeeinflusster Arbeitsnachfrage und dem Angebot an Arbeitskräften ein.

Je nachdem, ob die Angebots- oder die Nachfrageseite betrachtet wird, unterscheidet sich der zugrunde gelegte Erklärungsansatz. Werden die wesentlichen nationalen und internationalen Studien miteinander verglichen, ist eine Fülle an unterschiedlichen Ergebnissen zu sehen. Dies ist auf mehrere Ursachen zurückzuführen. Zum einen wird der Begriff des technischen Fortschritts häufig unterschiedlich interpretiert und definiert, was zu verschiedenen Operationalisierungen führt. Zum anderen werden diverse Datensätze herangezogen, die in unterschiedlichen Ergebnissen resultieren. Die verwendete Datengrundlage ist auch ausschlaggebend für weiter berücksichtigte Dritt- und Kontrollvariablen.

Im Folgenden sollen die wesentlichen nationalen und internationalen Studien[8], die sich mit dem Einfluss des technischen Fortschritts auf die Lohnverteilung beschäftigten, beschrieben und gegenübergestellt werden. Hierbei werden zunächst die Studien vorgestellt, die sich auf die Angebotsseite der Beschäftigung konzentrieren, in einem zweiten Schritt werden die Studien, die den Fokus auf die Nachfrage legen, aufgezeigt. Im Wesentlichen soll herausgearbeitet werden, wie sich die theoretischen Grundlagen, die Datenbasis und die Operationalisierung der einzelnen Studien unterscheiden, um so aufzuzeigen, warum Ergebnisse teilweise divergieren. Weiterhin werden Forschungslücken in Bezug auf den Zusammenhang zwischen dem technischen Fortschritt und der Lohnverteilung aufgezeigt und eine eigene Forschungsfrage abgeleitet.

3.1.1. Studien mit einem Fokus auf die Angebotsseite

Eine der früheren Studien, die sich mit dem Einfluss des technischen Fortschritts auf die Löhne befasst, ist von Katz und Murphy (1992). Sie beschäftigten sich in ihrer Untersuchung mit den Veränderungen der Löhne zwischen 1963 und 1987 in den USA (Katz und Murphy 1992:36). Die Autoren beobachten eine Zunahme der Lohnungleichheit vor allem in den 1980er Jahren. Diese Erhöhung kommt vor allem durch den starken Anstieg der Löhne im oberen Bereich der Verteilung zustande (Katz und Murphy 1992:42). Die Ergebnisse zeigen, dass die relativen Bildungsrenditen und somit die Lohnaufschläge für Personen mit höherer Qualifikation im Vergleich zu Personen mit geringerer Qualifikation gestiegen sind. Als Ursache für den Lohnanstieg wird der qualifikationsverzerrte technische Fortschritt (SBTC) angeführt (Katz und Murphy 1992:50). Nach diesem Ansatz ist der technische Fortschritt komplementär zu den Fähigkeiten der Hochqualifizierten und steigert dadurch ihre Produktivität und die Nachfrage nach dieser Qualifikation. Im Gegensatz dazu ersetzt der qualifikationsverzerrte technische Fortschritt Fähigkeiten von gering Qualifizierten (Katz und

8 Es handelt sich hierbei nicht um eine allumfassende Auflistung aller Studien, die sich mit dem Einfluss des technischen Fortschritts auf die Lohnverteilung beschäftigten. Es wurden die nach Auffassung der Autorin wesentlichen Studien herausgegriffen. Hierbei wurde auf einen Kriterienkatalog zurückgegriffen. Zunächst wurden nur Studien ausgewählt, die sich mit dem Zusammenhang zwischen dem technischen Fortschritt und dem Lohn bzw. der Lohnverteilung beschäftigen. In einem zweiten Schritt wurden nur noch die Studien beibehalten, die eine empirische Analyse durchgeführt haben. Anschließend wurden daraus wiederum nur Studien mit einer quantitativen Analyse ausgewählt, da diese Studien bzw. deren Ergebnisse für die hier vorliegende Untersuchung relevant sind.

Murphy 1992:77). Somit steht hier als Erklärung des Zusammenhangs zwischen technischem Fortschritt und der Lohnverteilung die formale Qualifikation der Individuen in Mittelpunkt. Die formalen Modelle stammen unter anderem von Becker (1993), Ben-Porath (1967) und Mincer (1974) mit einer Fokussierung auf die Eigenschaften der Arbeitsanbieter (Becker 1964; Ben-Porath 1967; Mincer 1974).

Die Erklärung eines qualifikationsverzerrten technischen Fortschritts wurde danach in einer Vielzahl an Studien aufgegriffen, wie bspw. bei Acemoglu (2002). Dieser untersucht in seiner Studie den Zusammenhang zwischen technischem Wandel und der steigenden Lohnungleichheit in den USA (Acemoglu 2002:3). Wie Katz und Murphy kommt auch er zu dem Schluss, dass der technische Wandel einen entscheidenden Einfluss auf die steigende Ungleichheit hat. Auch Acemoglu begründet den Einfluss des technischen Wandels auf die Löhne mittels des qualifikationsverzerrten technischen Fortschritts (Acemoglu 2002:50). Ähnliche Ergebnisse und somit eine Bestätigung des qualifikationsverzerrten technischen Fortschritts ist auch bei Krusell u. a. 2000 oder Machin und Van Reenen 1998 zu finden.

Die Studien unterscheiden sich häufig bezüglich ihres Verständnisses des technischen Fortschritts und dessen Operationalisierung. Während die Studien von Katz und Murphy (1992) und Acemoglu (2002) den technischen Wandel im Allgemeinen als abhängige Variable betrachten, wird Krueger (1993) in seiner Studie etwas präziser, indem er die Bedeutung der Computer für den US-amerikanischen Arbeitsmarkt untersucht. Auch Krueger möchte Einflussfaktoren für die gestiegene Lohnungleichheit in den USA in den 1980er Jahren finden (Krueger 1993:34).

Wie Katz und Murphy findet der Autor stärkere Bildungsrenditen für College-Absolventen im Vergleich zu High-School-Absolventen. Als zentraler Einflussfaktor auf die gestiegene Ungleichheit wird der technische Fortschritt in Form einer gestiegenen Computernutzung am Arbeitsplatz identifiziert. Die Untersuchung zeigt, dass Computer komplementär zu der Arbeit von Hochqualifizierten sind und dass vor allem Hochqualifizierte einen Computer am Arbeitsplatz benutzen (Krueger 1993:38). So wird durch die Analysen deutlich, dass Personen, die einen Computer bei der Arbeit verwenden, etwa zehn bis 15 Prozent höhere Löhne erzielen als Personen, die nicht mit einem Computer arbeiten. Von diesem Anstieg der Löhne profitieren vor allem Hochqualifizierte (Krueger 1993:42). Daher identifiziert Krueger den Computergebrauch als maßgeblichen Einflussfaktor für die Zunahme der Bildungsrenditen von Hochqualifizierten. Weiterhin bestätigt Krueger in seiner Studie den Ansatz des qualifikationsverzerrten technischen Fortschritts (Krueger 1993:57).

Das Ergebnis, dass Computer für solch große Bildungsrenditen verantwortlich sind, ist allerdings sehr umstritten. DiNardo und Pischke (1997) gehen in ihrer Studie der Frage nach, ob Computer tatsächlich die Produktivität steigern und die Bildungsrenditen erhöhen, wie es Krueger (1993) in seinen Untersuchungen zeigt. Die Autoren kommen zu dem Ergebnis, dass Computer per se nicht die Erklärung für die gefundenen Lohndifferentiale sein können (DiNardo und Pischke 1997:303). Grundsätzlich finden DiNardo und Pischke Lohndifferentiale zwischen den Qualifikationen. Wird allerdings durch das Miteinbeziehen mehrerer Berufskategorien in Form von Dummy-Kontrollvariablen für Unterschiede zwischen einzelnen Berufen kontrolliert, so halbiert sich das Lohndifferential (DiNardo und Pischke 1997:305). Anschließend wird die Analyse mit anderen Arbeitsmitteln wie bspw. Taschenrechner, Telefon oder sitzenden Tätigkeiten durchgeführt und es werden vergleichbare Lohndifferentiale wie durch die Computernutzung gefunden. Aus den Ergebnissen schließen die Autoren, dass eher unbeobachtete Fähigkeiten für die aufgezeigten Lohndifferentiale verantwortlich sein müssen (DiNardo und Pischke 1997:308).

Sie kommen zu zwei wesentlichen Schlussfolgerungen. Zum einen sind Computer nur in Verbindung mit bestimmten Fähigkeiten der Anwender produktiv. Zum anderen sind Computer nur in bestimmten Berufen produktivitätssteigernd. Durch Selbstselektion wählen Personen mit diesen bestimmten Fähigkeiten vor allem Berufe aus, in denen ihre Fähigkeiten als besonders wertvoll angesehen werden (DiNardo und Pischke 1997:309). Diese Fähigkeiten können allerdings in den Daten nicht abgebildet und somit nicht in der Analyse berücksichtigt werden. Daher bleibt für die Autoren die Frage offen, ob Computer die Produktivität steigern. Die Studie widerspricht den Ergebnissen von Krueger (1993) und liefert erste Ideen, die Acemoglu und andere (2003) später verwenden, um einen neuen Ansatz zu entwickeln, der den qualifikationsverzerrten technischen Fortschritt argumentativ ablöst.

Für den deutschen Arbeitsmarkt ist Fitzenberger (1997) einer der ersten, die einen möglichen qualifikationsverzerrten technischen Fortschritt im Zusammenhang mit der Lohnverteilung betrachtet. In seiner Studie untersucht er den Zusammenhang zwischen Außenhandel, technischem Fortschritt und der qualifikationsspezifischen Arbeitsmarktentwicklung in Westdeutschland zwischen 1975 und 1990 (Fitzenberger 1997:642). Diese Studie ist eine der wenigen, die als weitere Variable den Außenhandel berücksichtigt. Gemäß des Heckscher-Ohlin-Samuelson-Modell werden Außenhandelseffekte durch Veränderungen der relevanten Outputpreise und der technische Fortschritt durch das Wachstum der totalen Faktorproduktivität operationalisiert (Matthes 2007:15). Als Datengrundlage dienen die Volkswirtschaftliche Gesamtrechnung (VGR) und die

IAB-Beschäftigungsstichprobe. Fitzenberger findet in seinen Analysen heraus, dass die Entlohnung im beobachteten Zeitraum sowohl für Hoch-, aber auch für Geringqualifizierte, angestiegen ist. Für Mittelqualifizierte können keine Veränderungen hinsichtlich der Entlohnung beobachtet werden (Fitzenberger 1997:645). Weiterhin kann gezeigt werden, dass die Beschäftigungsentwicklung mit dem Qualifikationsniveau korreliert. Der Autor zieht aus den Ergebnissen den Schluss, dass Arbeitsmarktentwicklungen für Geringqualifizierte maßgeblich durch den Außenhandel beeinflusst werden und die Arbeitsmarktentwicklung der Mittel- und Hochqualifizierten durch den Einfluss des technischen Fortschritts dominiert wird (Fitzenberger 1997:647).

Somit findet Fitzenberger bereits einen polarisierenden Verlauf der Lohnverteilung, erklärt diesen allerdings nicht mittels des tätigkeitsbasierten Ansatzes, wie viele Autoren nach ihm, sondern findet eine Erklärung durch eine Kombination des Einflusses des Außenhandels, der einen besonders positiven Einfluss auf die Lohnhöhe von Geringqualifizierten hat und des qualifikationsverzerrten technischen Fortschritts, der sich lohnsteigernd auf die Hochqualifizierten auswirkt. Fitzenberger findet in seiner Untersuchung keinen linearen Verlauf der Lohnverteilung mehr, wie ihn der qualifikationsverzerrte technische Fortschritt postuliert, verwirft diesen Ansatz allerdings nicht.

Antonczyk und andere (2010) gehen in ihrer Studie der Frage nach, ob der qualifikationsverzerrte technische Fortschritt als adäquate Erklärung des technischen Fortschritts auf die Verteilung der Löhne herangezogen werden sollte. Die Studie vergleicht die Entwicklungen der Lohnungleichheit in den USA mit den Entwicklungen in Deutschland zwischen 1979 und 2004 (Antonczyk u. a. 2010:4). Wenn die Hypothese eines qualifikationsverzerrten technischen Fortschritts die Entwicklungen auf dem Arbeitsmarkt erklären könnte, dann wären ähnliche Trends hinsichtlich der Entwicklung der Lohnungleichheit in beiden Ländern zu finden. Die Entwicklung der Lohnverteilung unterscheidet sich allerdings vor allem in den unteren Dezilen der Verteilung deutlich (Antonczyk u. a. 2010:9). Daher kommen die Autoren zu dem Schluss, dass der qualifikationsverzerrte technische Fortschritt den Anstieg der Lohnungleichheit im oberen Teil der Verteilung der Löhne erklären kann, allerdings nicht als Erklärung für die Entwicklung im unteren Bereich der Lohnentwicklung herangezogen werden kann (Antonczyk u. a. 2010:29).

Auch Giesecke und Verwiebe untersuchen, wie sich die Lohnverteilung zwischen 1985 und 2006 in Deutschland entwickelt hat (Giesecke und Verwiebe 2009:192). Hierfür greifen die Autoren auf Daten des sozioökonomischen Panels zurück (Giesecke und Verwiebe 2009:194). Die Ergebnisse der Studie zeigen, dass die Lohnungleichheit zwischen 1985 und 2006 zugenommen hat. Dies ist vor allem darauf zurückzuführen, dass die Einkommen im unteren Bereich der Verteilung über die Zeit nicht so stark angestiegen sind, wie die Einkommen in der Mitte und am oberen Ende der Verteilung (Giesecke und Verwiebe 2009:195). Die Unterschiede hinsichtlich der Lohnentwicklung zwischen den Einkommensklassen können allerdings nicht durch die Faktoren Bildung, Alter, Branche oder Betriebsgröße erklärt werden, da für diese in der Analyse kontrolliert wird. Aus diesem Grund sehen die Autoren auch nicht den qualifikationsverzerrten technischen Fortschritt als relevante Einflussgröße an (Giesecke und Verwiebe 2009:199).

So konnten einige Studien zeigen, dass es Entwicklungen bezüglich der Verteilung der Löhne sowohl in Deutschland als auch den USA gibt, die nicht durch den Ansatz des qualifikationsverzerrten technischen Fortschritts erklärt werden können. Daher bestand die Notwendigkeit der Entwicklung eines neuen Ansatzes.

3.1.2. Studien mit einem Fokus auf die Nachfrageseite

Autor und andere (2003) gehen analog zur Studie von Katz und Murphy (1992) ebenfalls dem Phänomen der steigenden Lohnspreizung auf dem US-amerikanischen Arbeitsmarkt nach. Das Studiendesign ist ähnlich angelegt wie bei Katz und Murphy und es wird die gleiche Datenbasis (US-amerikanischer Zensus) verwendet. Allerdings konnte auf einen längeren Zeithorizont zurückgegriffen werden, da die Studie von Autor und anderen (2003) mehr als zehn Jahre nach der von Katz und Murphy (1992) durchgeführt wurde. Genauer wollten die Autoren untersuchen, ob es einen Zusammenhang zwischen der Einführung computerisierter Technologien und dem Anstieg der Nachfrage nach College-Absolventen gibt (Autor u. a. 2003:1280). Die Autoren finden eine zunehmende monotone Verschiebung der Arbeitskräftenachfrage zu höher qualifizierten Berufen in den 1980er Jahren (Autor u. a. 2003:1322).

Ab den 1990er Jahren kommt allerdings zu dieser noch eine steigende Nachfrage nach geringqualifizierten Berufen hinzu, was einen polarisierenden Verlauf der Beschäftigungs- und Lohnverteilung hervorruft (Autor u. a. 2003:1322). Es wird die Hypothese aufgestellt, dass der rasche Anstieg computerbasierter Technologien dazu geführt hat, dass sich Tätigkeiten hinter den einzelnen Berufen verändert haben und sich dadurch auch die Nachfrage nach bestimmten Berufen verändert hat. In einer empirischen Analyse bestimmen die Autoren die einzelnen Tätigkeiten innerhalb der Berufe und messen deren Veränderung über die Zeit (Autor u. a. 2003:1322).

Das Modell geht davon aus, dass computergestützte Technologien vor allem manuelle Routine-Tätigkeiten ersetzen können, um Kosten zu reduzieren. Im Gegensatz dazu wirken computergestützte Technologien bei analytischen oder interaktiven Nicht-Routine-Tätigkeiten als komplementär (Autor u. a. 2003:1317). Somit haben Berufe, die viele manuelle Routine-Tätigkeiten aufweisen, ein höheres Substituierbarkeitspotenzial als Berufe mit interaktiven oder analytischen Tätigkeiten (Autor u. a. 2003:1321). Autor und andere (2003) entwickeln somit in ihrer Studie einen neuen Ansatz, der den polarisierenden Verlauf der Beschäftigung und der Lohnverteilung mittels des Einflusses des technischen Fortschritts erklären kann. Da der Ansatz sich nicht auf ganze Qualifikationen, sondern auf einzelne Tätigkeiten hinter den Qualifikationen bezieht wird dieser auch tätigkeitsbasierte Ansatz[9] genannt.

3.1.2.1. Polarisierungstendenzen

Die Autoren sehen die Modellierung als Indiz dafür, dass der tätigkeitsbasierte Ansatz besser als der qualifikationsverzerrte technische Fortschritt geeignet ist, den Einfluss des technischen Fortschritts auf die Lohnverteilung zu erklären. Nach diesem Ansatz bewirkt der technische Fortschritt einen relativen Nachfragezugewinn von Beschäftigten mit geringer und hoher Qualifikation aufgrund der ausgeübten Tätigkeiten, die diese Beschäftigungsgruppen ausführen. Mittelqualifizierte erfahren aufgrund ihrer ausgeübten Tätigkeiten eher Nachfrageverluste. Die veränderten Nachfragen haben einen Einfluss auf die Löhne der Beschäftigten. Gering- und Hochqualifizierte erfahren aufgrund einer erhöhten Nachfrage Lohnsteigerungen und Mittelqualifizierten eher Lohneinbußen, was Auswirkungen auf die gesamte Lohnverteilung hat. Somit kann der polarisierende Verlauf der Beschäftigungsentwicklung und der Lohnverteilung durch den Einfluss des technischen Fortschritts erklärt werden.

Den tätigkeitsbasierten Ansatz auf Deutschland analog zu den Überlegungen von Autor und anderen (2003) hat Spitz-Oener (2006) in ihrer Studie übertragen. Hierfür untersucht die Autorin die Veränderungen von fünf Tätigkeits-Kategorien: analytische Nicht-Routine-Tätigkeiten, interaktive Nicht-Routine-Tätigkeiten, manuelle Nicht-Routine-Tätigkeiten, kognitive Routine-Tätigkeiten und manuelle Routine-Tätigkeiten (Spitz-Oener 2006:239). Für die Analyse werden Daten der Erwerbstätigenbefragung des Bundesinstituts

---

9 In Abschnitt 3.3.1.2 wird der tätigkeitsbasierte Ansatz nochmals ausführlicher diskutiert.

für Berufsbildung (BIBB) und der Bundesanstalt für Arbeitsschutz und Arbeitsmedizin (BAuA) für die Zeitpunkte 1979, 1985/86, 1991/92 und 1998/99 herangezogen. In diesem Datensatz werden die Tätigkeiten, die einen Beruf charakterisieren, detailliert abgefragt (Spitz-Oener 2006:241). Der technische Fortschritt wird mittels der Variablen „Nutzung eines Computers" operationalisiert (Spitz-Oener 2006:242). Die Autorin zeigt, dass zwischen 1979 und 1999 die Nachfrage nach interaktiven und analytischen Tätigkeiten zugenommen hat, während sich die Nachfrage nach kognitiven Routine-Tätigkeiten verringert hat (Spitz-Oener 2006:254). Weiterhin zeigen die Analysen, dass, je höher das Qualifikationsniveau der Beschäftigten ist, desto höher der Anteil analytischer und interaktiver Nicht-Routine-Tätigkeiten ist. Mittelqualifizierte üben vermehrt manuelle und kognitive Routine-Tätigkeiten aus, die besonders von einer rückläufigen Nachfrage betroffen sind (Spitz-Oener 2006:254). Somit kann der polarisierende Verlauf der Beschäftigung erklärt werden, den Spitz-Oener in den Daten findet. Die Verteilung der Löhne wird in der Studie nicht thematisiert (Spitz-Oener 2006:255).

Mit dieser beschäftigt sich Spitz-Oener im Jahr 2008, indem sie der Frage nachgeht, ob eine erhöhte Computernutzung zu individuellen Lohnerträgen führt und greift somit die Forschungsfrage von Krueger (1993) und DiNardo und Pischke (1997) auf. DiNardo und Pischke kamen in ihrer Studie zu der Auffassung, dass sich die Bildungsrenditen durch spezifische Fähigkeiten ergeben, die jedoch aufgrund des gewählten Datensatzes nicht operationalisierbar waren. Auf Grundlage der differenzierten Daten der Erwerbstätigenbefragung des BiBB/BAUA auf Tätigkeitsebene können die einzelnen Fähigkeiten berücksichtigt werden. Mittels dieser Berücksichtigung kommt die Autorin zu dem Ergebnis, dass die Computerisierung einen Einfluss auf die Lohnerträge hat (Spitz-Oener 2008:513). Der Computer führt zu einer Verstärkung der analytischen und interaktiven Aufgaben innerhalb bestimmter Berufe. Somit unterstützt der Computer diese Aufgaben komplementär und setzt wiederum Kapazitäten frei, die vormals durch Routineaufgaben gebunden waren (Spitz-Oener 2008:515). Beschäftigte, die Computer komplementär nutzen können erhalten höhere Löhne, da sie ihre Grenzproduktivität erhöhen und die Nachfrage nach ihren Fähigkeiten steigt (Spitz-Oener 2008:516).

Der tätigkeitsbasierte Ansatz wurde seitdem in einer Vielzahl von empirischen Studien in nationalen und internationalen Studien als Erklärung für den Einfluss des technischen Fortschritts auf die Verteilung der Löhne herangezogen (Autor 2013; Autor u. a. 2008, 1998).

Eine Studie mit hoher medialer Aufmerksamkeit ist die Untersuchung von Frey und Osborne (2017)[10]. In dieser wird das technische Substituierbarkeitspotenzial von Berufen abgeschätzt, um somit aufzuzeigen, welche Berufe zukünftig relevant für den Arbeitsmarkt sind und welche durch den technischen Fortschritt an Bedeutung verlieren. Die Autoren verwenden hierfür detaillierte Daten zu Tätigkeitsprofilen von 702 klassifizierten Berufen (Frey und Osborne 2017:282). Mittels Experteneinschätzungen werden 70 dieser Berufe bezüglich ihres Automatisierungspotenzials durch Technologien klassifiziert. Dabei wurden 37 Berufe als vollständig automatisierbar und 33 Berufe als überhaupt nicht automatisierbar eingestuft (Frey und Osborne 2017:295). Mit Hilfe der Tätigkeitsprofile wurden anschließend die Automatisierungspotenziale für alle Berufe hochgerechnet. Akut bedroht sind laut den Autoren Berufe mit einem Automatisierungspotenzial von 70 Prozent oder mehr, wobei diese Schwelle willkürlich festgesetzt worden ist. Etwa 47 Prozent aller Berufe weisen ein Automatisierungspotenzial von 70 Prozent oder mehr auf (Frey und Osborne 2017:298). In den Medien wurde dieses Ergebnis so interpretiert, dass etwa die Hälfte der Berufe im Zuge der Digitalisierung ersetzt werden können.

Die Aussage der Studie ist allerdings eine andere. Die Ergebnisse zeigen, dass etwa 47 Prozent aller Berufe nach aktuellem Kenntnisstand der Technik von Maschinen oder Computern verrichtet werden könnten (Südekum 2018:6). Es wird allerdings keine Aussage darüber getroffen, ob diese Ersetzung tatsächlich wirtschaftlich sinnvoll ist. Somit ist es eine ökonomische Entscheidung, ob Tätigkeiten von Menschen oder Maschinen ausgeführt werden. Studien zeigen einen nur sehr schwachen statistischen Zusammenhang zwischen dem Automatisierungspotenzial eines Berufes und der tatsächlichen Beschäftigungsentwicklung (Dengler und Matthes 2018:8). Um gesamtwirtschaftliche Vorhersagen zu den Arbeitsmarkteffekten neuer Technologien abschätzen zu können, ist es nicht ausreichend, auf das technische Substituierbarkeitspotenzial von Berufen zu achten, sondern es müssen ökonomische Anpassungskanäle beachtet werden. Diese werden allerdings in der Studie von Frey und Osborne nicht berücksichtigt (Südekum 2018:7).

Bonin und andere (2015) haben eine Übertragung der Studie von Frey und Osborne auf den deutschen Arbeitsmarkt vorgenommen. Sie berechnen allerdings im Gegensatz zu Frey und Osborne keine Automatisierungswahrscheinlichkeiten

10 Die Studie wurde bereits im Jahr 2013 als Working Paper veröffentlicht. Als wissenschaftliche Publikation im Journal „Technological Forecasting and Social Change“ erschien der Text allerdings erst im Jahr 2017.

für ganze Berufe, sondern für einzelne Tätigkeiten (Bonin, Gregory, und Zierahn 2015:11). Dass dies einen deutlichen Unterschied macht, zeigen die Ergebnisse der empirischen Analyse. Würden die Automatisierungswahrscheinlichkeiten für ganze Berufe zugrunde gelegt, wären in Deutschland 42 Prozent aller Beschäftigten in Berufen angestellt, die in den nächsten zehn bis 20 Jahren automatisierbar wären (Bonin u. a. 2015:10). Wird die Automatisierungswahrscheinlichkeit jedoch auf die Tätigkeiten bezogen, sind in Deutschland nur noch zwölf Prozent der Beschäftigten durch eine mögliche Automatisierung betroffen (Bonin u. a. 2015:14). Die Studie zeigt somit, dass nur wenige Berufe gänzlich automatisierbar sind. Weiterhin weisen die Autoren darauf hin, dass die Durchsetzbarkeit von neuen Technologien von rechtlichen, gesellschaftlichen, ökonomischen und ethischen Schranken abhängt und üben somit wie Südekum (2018) Kritik an der Interpretation der Ergebnisse der Frey/Osborne-Studie (Bonin u. a. 2015:18).

Die Automatisierungswahrscheinlichkeiten für Berufe in 21 OECD-Ländern untersuchen Arntz und andere (2016). Die Autoren greifen hierbei auf die theoretische Grundlage des tätigkeitsbasierten Ansatzes zurück. Als Datengrundlage dient das Programme for the International Assessment of Adult Competencies (PIAAC) (Arntz, Gregory, und Zierahn 2016:12). Im Gegensatz zu anderen Studien wird in dieser die Heterogenität der Tätigkeiten innerhalb einer Beschäftigung berücksichtigt (Arntz, Gregory, und Zierahn 2016:13). Im Durchschnitt der betrachteten 21 OECD-Länder weisen etwa neun Prozent aller Berufe ein hohes Automatisierungspotenzial auf. Es können jedoch starke Länderunterschiede festgestellt werden (Arntz, Gregory, und Zierahn 2016:15). In Korea liegt mit etwa sechs Prozent der Berufe das geringste Automatisierungspotenzial vor, in Österreich mit zwölf Prozent das höchste (Arntz, Gregory, und Zierahn 2016:16). Die Länderunterschiede können durch länderspezifische Eigenschaften des Arbeitsmarktes, wie etwa dem Organisationsgrad des Arbeitsplatzes, unterschiedlichen Investitionen in Technologien oder auch dem Bildungshintergrund der Beschäftigten, erklärt werden (Arntz, Gregory, und Zierahn 2016:19).

Ein weiteres Ziel der Studie war es, eine kritische Diskussion über den Begriff des Risikos aufgrund der Computerisierung bzw. des Automatisierungspotenzials anzuregen. In vielen Studien wird das Automatisierungspotenzial mit dem Verlust des Arbeitsplatzes gleichgesetzt. Jedoch muss ein Beruf, der ein hohes Automatisierungspotenzial (auch Substituierbarkeitspotenzial genannt) aufweist nicht auch automatisch ersetzt werden (Arntz, Gregory, und Zierahn 2016:22). Hierfür verweisen die Autoren auf drei Gründe. Zunächst ist die Einführung neuer Technologien ein langwieriger Prozess, der mit vielen ökonomischen, sozialen und rechtlichen Hürden verbunden ist. Wird diese Technologie dann schließlich in der Praxis eingesetzt, bedeutet dies nicht automatisch, dass Beschäftigte entlassen werden. In vielen Fällen lernen Beschäftigte neue Tätigkeiten hinzu, um eine Arbeit mit der neuen Technologie zu ermöglichen. Es könnte dann allerdings dazu kommen, dass die Beschäftigten letztendlich andere Tätigkeiten ausüben, jedoch nicht direkt ihre Anstellung verlieren. Und schließlich erzeugt der technische Fortschritt auch zusätzliche Arbeitsplätze durch die Nachfrage nach neuen Technologien und durch eine höhere Wettbewerbsfähigkeit (Arntz, Gregory, und Zierahn 2016:25). Somit zeigen die Autoren, dass der Einfluss des technischen Fortschritts auf die Beschäftigung nicht so dramatisch ausfallen könnte, wie es die Ergebnisse der Studie von Frey und Osborne vermuten lassen.

Eine Aussage über den Einfluss des technischen Fortschritts auf die Lohnverteilung wird in diesen Studien allerdings nicht getroffen. Jedoch leisten diese einen wesentlichen Beitrag für das Verständnis der Interpretation der Wirkung des technischen Fortschritts auf einzelne Tätigkeiten. Weiterhin wurden in den bisher vorgestellten Studien zumeist angelsächsische Länder untersucht. Der deutsche Arbeitsmarkt spielte bei den Untersuchungen keine bedeutende Rolle.

Bis Dustmann und andere (2009) ihre Studie über die Veränderungen der deutschen Lohnstruktur veröffentlichten, war in der internationalen Forschung die Veränderung der Lohnverteilung kaum bekannt. Diese Studie erhält weltweit große Aufmerksamkeit, wodurch die internationale Forschung den starken Anstieg der Lohnungleichheit in Westdeutschland erstmals zur Kenntnis nimmt. Die Autoren untersuchen die Entwicklung der Lohnstruktur für in Vollzeit erwerbstätige Männer und Frauen in Westdeutschland zwischen 1990 und 2004 (Dustmann u. a. 2009:846). Sie greifen dabei auf den Linked-Employer-Employee-Daten des IAB (LIAB) zurück. Der technische Fortschritt wird über die Veränderungen bezüglich der Tätigkeiten bzw. der Qualifikationen operationalisiert (Dustmann u. a. 2009:850). Die Ergebnisse zeigen, dass die Lohnungleichheit in diesem Zeitraum in Westdeutschland deutlich zugenommen hat. So steigt im Beobachtungszeitraum sowohl für Männer als auch für Frauen die Differenz zwischen dem 85-Prozent-Quantil und dem 15-Prozent-Quantil um 15 Logpunkte an (Dustmann u. a. 2009:458). Kompositionsveränderungen können einen Teil des Anstiegs der Lohnungleichheit erklären, vor allem im oberen Bereich der Verteilung.

Weiterhin versuchen die Autoren herauszufinden, ob für den Einfluss des technischen Fortschritts auf die Lohnverteilung eher der Ansatz des qualifikationsverzerrten technischen Fortschritts oder der tätigkeitsbasierte Ansatz verantwortlich ist (Dustmann u. a. 2009:846). Sollte der qualifikationsverzerrte technische Fortschritt für die steigende Lohnungleichheit verantwortlich sein, so müssten sich die Entwicklungen der Lohnverteilung in den USA und in Deutschland ähneln. Die Entwicklungen der Lohnungleichheit unterscheiden sich jedoch deutlich voneinander, vor allem im unteren Teil der Verteilung (Dustmann u. a. 2009:875). Somit kann der qualifikationsverzerrte technische Fortschritt nicht als Erklärung der steigenden Lohnungleichheit herangezogen werden.

Da die Studie einen polarisierenden Verlauf der Beschäftigung und der Verteilung der Löhne findet, spricht dies für eine Bestätigung des tätigkeitsbasierten Ansatzes. In der Studie werden noch weitere Einflussfaktoren auf die Lohnverteilung berücksichtigt. So werden als weitere Erklärungsvariablen institutionelle Rahmenbedingungen in der Analyse herangezogen (Dustmann u. a. 2009:461). Ein weiteres Ergebnis der Studie zeigt, dass etwa 28 Prozent der Lohnungleichheit am unteren Rand der Lohnverteilung auf einen Rückgang der Tarifbindungen zurückzuführen ist. Am oberen Rand der Verteilung sind es etwa elf Prozent (Dustmann u. a. 2009:863). Wie allerdings eine Wechselwirkung zwischen den Einflüssen des technischen Fortschritts und den institutionellen Faktoren aussehen könnte, wird in der Studie nicht thematisiert, da die einzelnen Effekte auf die Lohnverteilung nur separat betrachtet werden. Es können somit keine Wechselwirkungen zwischen den Einflussfaktoren aufgezeigt werden. Weiterhin wird der Einfluss des technischen Fortschritts über die Veränderungen der Tätigkeiten operationalisiert. Es kann jedoch nicht klar gesagt werden, dass diese Veränderungen der Tätigkeiten ausschließlich auf den technischen Fortschritt zurückzuführen sind. Für weitere Analysen sollte eine ähnliche Vorgehensweise des Studiendesigns durchgeführt werden, allerdings mit einer anderen Operationalisierung des technischen Fortschritts.

Wie in Kapitel 2 aufgezeigt wird, haben neben dem technischen Fortschritt auch andere Faktoren einen Einfluss auf die Lohnverteilung. In vielen Studien werden allerdings nur einzelne Faktoren getrennt voneinander betrachtet. Es erscheint jedoch unwahrscheinlich, dass nur eine Größe einen entscheidenden Einfluss auf die Lohnverteilung hat. Mit der Ausnahme von Dustmann und anderen (2009) haben die bisher aufgezeigten Studien sich vor allem auf den Einfluss des technischen Fortschritts konzentriert und andere Einflussfaktoren außer Acht gelassen.

Goos und andere (2014) bilden hier eine weitere Ausnahme. Sie berücksichtigen neben dem technischen Fortschritt auch den Einfluss der Globalisierung auf die Beschäftigungs- und Lohnverteilung (Goos u. a. 2014:2510). Mittels dieser beiden Variablen versuchen die Autoren, die Bestimmungsgründe für die Polarisierungstendenzen in 16 westeuropäischen Ländern zwischen 1993 und 2010 zu finden. Als Datengrundlage dient der European Union Labour Force Survey

(ELFS) und der Routine-Task Intensity (RTI) Index für die Operationalisierung des technischen Fortschritts. Für Deutschland werden weiterhin die Daten der Stichprobe der Integrierten Arbeitsmarktbiografien (SIAB) des IAB berücksichtigt (Goos u. a. 2014:2511). Die Autoren können zeigen, dass die Beschäftigungs- und Lohnpolarisierung im Beobachtungszeitraum für alle 16 untersuchten europäischen Länder zugenommen hat. In Deutschland war diese Entwicklung allerdings nicht so stark ausgeprägt wie in anderen Ländern (Goos u. a. 2014:2524). Die Polarisierung ist auf eine steigende Beschäftigung von sowohl Hoch- als auch Geringqualifizierten zurückzuführen. Die Globalisierung spielt bei der Erklärung der Beschäftigungspolarisierung allerdings eine eher untergeordnete Rolle. Dagegen ist die Branchenstruktur im Zusammenhang von technischem Fortschritt und Lohnungleichheit bedeutend. Mittels der empirischen Analyse wird deutlich, dass in allen 16 betrachteten Ländern die Polarisierung nicht nur innerhalb, sondern auch zwischen den Wirtschaftszweigen stattgefunden hat (Goos u. a. 2014:2524). Somit unterscheiden sich die Ergebnisse deutlich voneinander, je nachdem welche Betrachtungsebene (Tätigkeit oder Branche) eingenommen wird. Weiterhin wird ebenfalls deutlich, dass womöglich auch betriebs- bzw. branchenspezifische Faktoren neben dem technischen Fortschritt einen Einfluss auf die Polarisierung der Beschäftigung und der Löhne haben.

Dass eine Differenzierung bzw. Kontrolle nach Branchen nötig erscheinen, wird auch bei der Untersuchung von Autor und Dorn aus dem Jahr 2013 deutlich. Diese finden in ihren Analysen zunächst stagnierende bzw. sinkende Reallöhne und Beschäftigungsanteile für die meisten Berufe von gering Qualifizierten, was gegen eine Polarisierungstendenz sprechen würde (Autor und Dorn 2013:1554). In ihrer Studie untersuchen die Autoren den Polarisierungsgrad des US-amerikanischen Arbeitsmarktes mit einem Fokus auf den Anstieg der Lohnungleichheit im Niedriglohnbereich (Autor und Dorn 2013:1553). Bei Dienstleistungsberufen mit geringer Qualifikation können zwischen 1980 und 2005 jedoch sowohl Beschäftigungszuwächse als auch Lohnsteigerungen beobachtet werden. Als Ursache identifizieren Autor und Dorn die Wirkung des technischen Fortschritts auf einzelne Tätigkeiten (Autor und Dorn 2013:1590). Wie bereits aufgeführt, besagt der tätigkeitsbasierte Ansatz, dass Computer Routineaufgaben bei gering Qualifizierten ersetzen. Dies gilt allerdings nicht bei Dienstleistungsberufen, da bei diesen vor allem Geschick, Flexibilität und Kommunikationsfähigkeit gefordert wird. Aus diesem Grund können Tätigkeiten im Dienstleistungsbereich nur mit Einschränkungen durch computerbasierte Technologien ersetzt werden. Folglich findet sich in diesem Bereich sowohl eine steigende Beschäftigung als auch eine positive Lohnentwicklung bei gering Qualifizierten wieder (Autor und Dorn 2013:1591). Wird in der Analyse die Branche als Kontrollvariable berücksichtigt, finden die Autoren ebenfalls einen polarisierenden Beschäftigungs- und Lohnverlauf über die Zeit. Von grundlegender Bedeutung für steigende Beschäftigung und steigende Löhne ist daher eine stärkere Spezialisierung der menschlichen Arbeit auf Tätigkeiten, die nicht durch computergestützte Technologien übernommen werden können.

3.1.2.2. Zweifel an der Polarisierung

Neben den Studien, die eine eindeutige Polarisierung bezüglich der Beschäftigung und der Löhne in Deutschland finden, gibt es auch Studien, die diesen Trend in den empirischen Analysen nicht zeigen können.

Keine eindeutigen Polarisierungstendenzen zeigen sich, wenn bspw. regionale deutsche Arbeitsmärkte hinsichtlich der Beschäftigungs- und Lohnentwicklung miteinander verglichen werden. Hierbei findet Dauth (2014) in seinen Analysen, dass nur etwa die Hälfte der betrachteten Regionen einen signifikanten polarisierenden Verlauf aufweisen. Somit zeigen die Ergebnisse dieser Studie, dass Polarisierung fast ausschließlich in Städten oder Metropolregionen auftritt und nicht flächenübergreifend (Dauth 2014:10).

Die Studie von Eichhorst und anderen (2015) geht der Frage nach, ob es im Zuge des steigenden technischen Fortschritts zu Polarisierungstendenzen in Bezug auf die Beschäftigung und die Lohnentwicklung in Deutschland kommt. Hierzu wurde eine spezifische Regressionsanalyse durchgeführt, welche die Bedeutung von Tätigkeitsmerkmalen für die berufsspezifische Beschäftigungs- und Lohnentwicklung in Deutschland analysiert (Eichhorst u. a. 2015:51). Die deskriptiven Analysen zeigen, dass zwar eine wachsende Lohnspreizung zwischen besser und schlechter entlohnten Berufsgruppen festgestellt werden kann, jedoch keine klare Polarisierung der Beschäftigung zwischen Berufsgruppen vorliegt (Eichhorst u. a. 2015:40). Die multivariaten Analysen zeigen keinen eindeutigen Einfluss des technischen Fortschritts auf die Entwicklung der Beschäftigung und der Löhne (Eichhorst u. a. 2015:53). Vielmehr schlagen sich die Veränderungen durch den technischen Fortschritt je nach Tätigkeitsfeld sehr heterogen nieder. Daher lässt sich den Autoren zufolge die These einer voranschreitenden Lohn- und Beschäftigungspolarisierung nur sehr eingeschränkt unterstützen (Eichhorst u. a. 2015:73). Wie bereits viele vorgestellte Studien wird auch in dieser der technische Fortschritt mittels der Veränderungen der einzelnen Tätigkeiten (analog zu den Überlegungen des tätigkeitsbasierten Ansatzes) operationalisiert. Eine gestiegene Nachfrage nach Nicht-Routinetätigkeiten könnte jedoch neben dem technischen Fortschritt auch auf andere Faktoren zurückzuführen sein (z.B. den Wandel hin zu einer Dienstleistungsgesellschaft).

Es erscheint daher sinnvoll, auch Ergebnisse von Studien zu berücksichtigten, die eine andere Art der Operationalisierung vorgenommen haben.

Weitere Zweifel an einer eindeutigen polarisierenden Entwicklung in Deutschland finden Goos und andere (2009). Die Autoren untersuchen die Polarisierungstendenzen analog zum US-amerikanischen Arbeitsmarkt innerhalb der Europäischen Union (Goos, Manning, und Salomons 2009:58). Somit wird in der Studie ein Überblick über Polarisierungstendenzen in ausgewählten EU-Ländern für den Zeitraum zwischen 1993 und 2005 aufgezeigt (Goos u. a. 2009:63). Die Ergebnisse zeigen, dass Berufe geringer und hoher Qualifikationen im Beobachtungszeitraum eine steigende Wachstumsrate der Beschäftigungsnachfrage relativ zu Berufen mit mittlerer Qualifikation aufweisen. Besonders ausgeprägt scheinen diese Tendenzen in Frankreich und Österreich zu sein (Goos u. a. 2009:70). Deutschland fällt durch eine im europäischen Vergleich eher geringe Beschäftigungspolarisierung auf, vor allem wenn die Verschiebung der geleisteten Arbeitsvolumina von mittleren zu höheren oder niedrigeren Berufen berücksichtigt wird. Somit scheinen die Ergebnisse zu zeigen, dass kein Zusammenhang zwischen dem technischen Fortschritt und der beobachteten Polarisierung besteht (Goos u. a. 2009:70). Wird zusätzlich eine alternative Operationalisierung der Berufsprofile vorgenommen, wird deutlich, dass der Trend zu höherqualifizierten Tätigkeiten im Sinne des qualifikationsverzerrten technischen Fortschritts gegenüber den Tendenzen der Polarisierung überwiegt (Fernández-Macías und Hurley 2014:72). Die aufgezeigte Studie beschäftigt sich jedoch ausschließlich mit der Beschäftigungs- und nicht mit der Lohnpolarisierung.

Werden nur bestimmte Personengruppen berücksichtigt, kann ein polarisierendender Verlauf ebenfalls nicht mehr aufgezeigt werden, was Beaudry und andere im Jahr 2014 zeigen. Die Autoren beschäftigten sich mit der Frage, wie sich die zunehmende Nutzung eines Computers auf Berufseinsteiger auswirkt (Beaudry, Green, und Sand 2014:381). Hierzu können sie vor allem für US-Collegeabsolventen seit der Jahrtausendwende bestimmte Muster nachweisen (Beaudry u. a. 2014:383). Sie zeigen auf, dass sich der Arbeitsmarkt um die Jahrtausendwende gewandelt hat, was zu geringeren Beschäftigungsquoten zu Beginn des 21. Jahrhunderts geführt hat. Durch den Tech-Boost ist die Nachfrage nach Hochqualifizierten zurückgegangen, das Angebot an College-Absolventen ist allerdings die darauffolgenden Jahre gestiegen (Beaudry u. a. 2014:385). Dies hat zu einem Entwertungsprozess der Qualifikationen am Arbeitsmarkt geführt. Daher haben Höherqualifizierte Tätigkeiten übernommen, die eigentlich von Geringerqualifizierten durchgeführt würden und dadurch Lohneinbußen erfahren (Beaudry, Green, und Sand 2013:31). Somit wurden allerdings auch die Mittelqualifizierten aus ihren üblichen Tätigkeitsbereichen verdrängt. Dies hat zu einer Abwärtsentwicklung aller darunter liegenden Beschäftigungen geführt, was auch als Kaskadeneffekt bezeichnet wird. Ausgenommen von dieser Entwicklung waren lediglich die Höchstqualifizierten[11] (Beaudry u. a. 2013:31).

Eine ähnliche Untersuchung führen Reinhold und Thomsen (2017) durch, die sich auf die Beschäftigungsmuster und die Lohnentwicklung von Berufseinsteigern auf dem deutschen Arbeitsmarkt zwischen 1975 und 2010 fokussieren (Reinhold und Thomsen 2017:162). Mittels des SIAB-Datensatzes können die Autoren auf eine umfangreiche Datenbasis zurückgreifen und diverse Arbeitsmarktindikatoren berechnen, welche die Beschäftigungsmuster von Berufseinsteigern beeinflussen (Reinhold und Thomsen 2017:164). Die empirische Analyse zeigt, dass sich der Anteil von höherqualifizierten Berufseinsteigern in höherbezahlten Tätigkeiten seit der Jahrtausendwende verringert hat. Weiterhin sind bis zum Jahr 2010 die Einstiegsgehälter gesunken und das individuelle Lohnwachstum in den ersten fünf Berufsjahren hat sich verringert. Eine mögliche Erklärung für die Beobachtungen könnte sein, dass höherqualifizierte Absolventen vermehrt Tätigkeiten ausführen, die früher von Beschäftigten mit einem geringeren Bildungsabschluss ausgeführt wurden (Reinhold und Thomsen 2017:172). Somit finden Reinhold und Thomsen für Deutschland ähnliche Ergebnisse wie Beaudry und andere für die USA. Es kann allerdings ein wesentlicher Unterschied herausgestellt werden. In den USA waren von den dargelegten Mechanismen eher College-Absolventen betroffen, in Deutschland waren es vermehrt die Mittelqualifizierten mit einer Berufsausbildung (Reinhold und Thomsen 2017:172). Welchen Einfluss der technische Fortschritt auf die Entwicklung der Lohnverteilung hat, kann durch die Ergebnisse allerdings nicht genau bestimmt werden.

In der Studie von Altonji und anderen (2014) liegt der Fokus auf den Beschäftigten mit hoher Qualifikation. Die Autoren untersuchen, ob es durch eine steigende Nutzung von Computern zu einer veränderten Studienfachwahl kommt und dies die vorhandene Lohnverteilung verändert (Altonji, Kahn, und Speer 2014:387). Die Ergebnisse zeigen, dass im Zuge des anhaltenden technischen Fortschritts eine Veränderung der Struktur der Hochqualifizierten stattgefunden hat (Altonji u. a. 2014:392). Weiterhin kann die Entwicklung der Lohnungleichheit in zwei Phasen unterteilt werden. Zwischen 1993 und 2003 stiegen die Lohndifferentiale der Hochschulabsolventen, was zu einer Erhöhung der Lohnungleichheit geführt hat. Der steigende Lohnertrag kam vor allem durch

11 In der aufgeführten Studie werden unter den Höchstqualifizierten Absolventen mit einem Master-Studium oder einem Doktortitel verstanden.

zunehmend abstrakte Aufgaben in Berufen für Hochqualifizierte zustande, die komplementär zu computerbasierten Technologien verlaufen (Altonji u. a. 2014:393). Zwischen 2003 und 2011 hat die vorhandene Lohnungleichheit wieder etwas abgenommen. In dieser Zeit sind die Lohnerträge für Berufe mit abstrakten Aufgaben rückläufig, es können sogar leichte Lohnzuwächse bei Berufen mit einem hohen Anteil an Routine-Aufgaben festgestellt werden. Generell zeigen die Analysen, dass die durchschnittliche Zahl der Aufgaben innerhalb eines Berufes für Hochqualifizierte zugenommen hat (Altonji u. a. 2014:393). Bis zur Jahrtausendwende waren diese zusätzlichen Aufgaben mit Lohnaufschlägen für die Beschäftigten verbunden. Da diese Komplexität der Berufe im Laufe der Zeit zur Normalität geworden ist, gab es nach der Jahrtausendwende trotz komplexerer Berufsbilder keine zusätzlichen Lohnaufschläge mehr (Altonji u. a. 2014:393).

Ähnliche Ergebnisse finden sich auch bei Pikos und Thomsen (2016), die den Zusammenhang von steigender Komplexität der beruflichen Aufgaben mit der Lohnentwicklung untersuchen (Pikos und Thomsen 2016:2). In einer Analyse für den deutschen Arbeitsmarkt mit Daten des BiBB zwischen 1986 und 2012 finden die Autoren eine deutliche Zunahme der durchschnittlichen Zahl und Vielfalt der Aufgaben innerhalb eines Berufes, die bis zur Jahrtausendwende mit deutlichen Lohnaufschlägen verbunden waren. Danach kam es trotz weiter steigender Komplexität zu keinen weiteren Lohnaufschlägen (Pikos und Thomsen 2016:12). Somit zeigen beide Studien, dass die Aussagen des tätigkeitsbasierten Ansatzes beschränkt sind und sich vor allem nach der Jahrtausendwende der Trend einer Polarisierung nicht fortgesetzt zu haben scheint.

3.1.3. Alternative Operationalisierungskonzepte

Weiterhin unterscheiden sich die Studien häufig hinsichtlich der Operationalisierung des technischen Fortschritts. Es gibt vielerlei Möglichkeiten diesen zu definieren und mittels adäquater Variablen in diversen Datensätzen zu operationalisieren.

Kritik am tätigkeitsbasierten Ansatz üben Pfeiffer und Suphan (2015) und stellen diesem einen anderen Ansatz gegenüber, der anstelle von Routine auf das Arbeitsvermögen und die Arbeitserfahrung blickt. Die Autoren kritisieren den tätigkeitsbasierten Ansatz als zu grob kategorisiert und zu allgemein formuliert (Pfeiffer und Suphan 2015:11). Die Arbeitserfahrung ist deutlich vielschichtiger als die reine Zuordnung in Routine bzw. Nicht-Routine. Erfahrung wird dabei als dynamische Fähigkeit konzeptualisiert (Pfeiffer und Suphan 2015:17). Der Arbeitsvermögensindex soll vor allem für die Beantwortung der Frage dienen, ob heute die Arbeitskräfte über genügende Kompetenzen für die Gestaltung der Industrie 4.0 verfügen (Pfeiffer und Suphan 2015:19). Unter Industrie 4.0 werden „Veränderungen der Interaktion zwischen Mensch und Maschine verstanden, wobei auch kognitive Tätigkeiten und Nicht-Routinearbeiten stärker automatisierbar werden“ (Wolter u. a. 2017:99) Daher wurde ein Index entwickelt, der sowohl situative als auch strukturelle Anforderungen durch Komplexität und Unabwägbarkeit als auch die Notwendigkeit des subjektivierenden Arbeitshandelns berücksichtigt (Pfeiffer und Suphan 2015:25).

Arntz und andere (2018) haben erkannt, dass die bisherigen Panel-Datensätze in Deutschland den tatsächlichen Einsatz digitaler Technologien nicht adäquat messen und somit wiedergeben können. Daher haben die Autoren eine Sonderumfrage in ausgewählten Betrieben durchgeführt, um den tatsächlich stattfindenden Einsatz von Technologien zu erfassen (Arntz u. a. 2018:14). Mittels dieser Umfrage schätzen die Autoren den Gesamteffekt des technischen Fortschritts auf die Beschäftigung und die Lohnentwicklung sowohl retro- als auch prospektiv (Arntz u. a. 2018:3). In Summe kommen die Autoren zu dem Schluss, dass die Beschäftigungseffekte aktueller Technologieinvestitionen mit etwa einem Prozent zwischen 2011 und 2016 leicht positiv ausfallen (Arntz u. a. 2018:76). Zwar treten deutliche Substitutionseffekte auf, wodurch das Kapital den Produktionsfaktor Arbeit ersetzt und die Beschäftigung um etwa fünf Prozent gesenkt hat. Gleichzeitig haben allerdings die Investitionen eine Produktnachfrage ausgelöst, die stark genug war, um den Beschäftigungseffekt wieder umzukehren (Arntz u. a. 2018:76). Ein Teil der positiven Effekte ist den Beschäftigten in Form von höheren Löhnen statt höherer Beschäftigung zugutegekommen. Die positiven Beschäftigungseffekte spiegeln sich auch in zumeist positiven Lohneffekten wider (Arntz u. a. 2018:82). Insbesondere Beschäftigte analytischer Berufe profitieren bei der Lohnentwicklung. Nur bei kognitiven Routine-Tätigkeiten können teilweise negative Lohneffekte verzeichnet werden. Diese variieren von -1,4 Prozent im Baugewerbe bis zu +3,9 Prozent in der Elektronikbranche und dem Fahrzeugbau zwischen den Jahren 2011 und 2016 (Arntz u. a. 2018:82).

Eine weitere Möglichkeit, den technischen Fortschritt zu operationalisieren bilden die Anzahl der eingeführten Patente pro Kopf. Diese ziehen Aghion und andere (2015) in ihrer Studie heran, um den Zusammenhang zwischen Innovation und Lohnungleichheit für die US-Bundesstaaten zwischen 1975 und 2010 zu untersuchen. Als Datenbasis dient der „US State-Level Income Inequality“ Datensatz. Die Anzahl der Patente erhalten die Autoren aus den Angaben des US-amerikanischen Patentamtes (Aghion u. a. 2015:16). Die Autoren finden in ihren Analysen einen signifikant positiven Zusammenhang zwischen Innovation und der Lohnungleichheit. Das oberste Prozent der Gesamteinkommen in einem Bundesstaat korreliert signifikant positiv mit der Innovationskraft in diesem Bundesstaat (Aghion u. a. 2015:21). Für weitere Maße der Ungleichheit, wie etwa dem Gini-Koeffizienten oder dem Atkinson-Index können keine statistisch signifikanten Zusammenhänge mit der Innovationskraft festgestellt werden. Die multivariaten Analysen bestätigen einen kausalen Zusammenhang zwischen Innovation und Lohnungleichheit (Aghion u. a. 2015:26). Ein weiteres Ergebnis der Analysen ist, dass Innovationen bei Berufseinsteigern zu steigender sozialer Mobilität führen. Allerdings fällt dieser Effekt in Metropolregionen mit starker Lobbyarbeit weniger stark aus (Aghion u. a. 2015:26).

Die Autoren sehen in ihren Ergebnissen eine Bestätigung darin, dass der Anstieg der oberen Löhne zumindest teilweise auf innovationsgetriebenes Wachstum zurückzuführen ist. In der Literatur erscheint der Proxy der Innovationskraft mittels der Anzahl der Patente sehr umstritten und als nur bedingt aussagekräftig. Die Zahl der erteilten Patente gibt keinen Aufschluss darüber, ob mit diesen tatsächlich eine neue Erfindung verbunden ist oder ob nur eine Weiterentwicklung bestehender Verfahren stattgefunden hat (Hall u. a. 2013:22).

Dieser Kritik versuchen Breau und andere (2014) Rechnung zu tragen, indem sie neben den Patenten pro Kopf auch den Anteil der in wissensintensiven Unternehmensdienstleistungen beschäftigten Personen in ihren Analysen berücksichtigen. Mittels dieser Operationalisierung untersuchen die Autoren den Zusammenhang zwischen Innovationskraft und Lohnungleichheit in Kanada (Breau, Kogler, und Bolton 2014:352). Im Zeitraum zwischen 1996 und 2006 korrelieren in kanadischen Städten die Ungleichheitsmaße wie der Gini-Koeffizient und der Theil-Index positiv mit den Innovationskennzahlen. Somit weisen Regionen, in denen mehr Patente angemeldet werden, eine höhere Lohnungleichheit auf (Breau u. a. 2014:361). Das Ergebnis hält unterschiedlichen Robustheitstests stand. Der kanadische Zensus und das US-amerikanische Patentamt dienen als Datengrundlage für die empirische Analyse. Als Kontrollvariablen werden diverse ökonomische, institutionelle und demografische Variablen berücksichtigt (Breau u. a. 2014:358). Als zentrale Schlussfolgerung sehen die Autoren, dass Innovationen einen Teil der Lohnungleichheit in urbanen Regionen erklären können, dieser allerdings nicht als einziger Einflussfaktor identifiziert werden kann (Breau u. a. 2014:372). Die Studie berücksichtigt allerdings nicht, dass der gefundene Effekt auch auf die Branchenstruktur zurückgeführt werden könnte, wie die bereits oben erwähnte Studie von Goos und anderen (2014) aufzeigt.

Eine weitere Möglichkeit, Innovationen zu operationalisieren, besteht darin, direkt nach Innovationen in den Betrieben zu fragen. Dies wird durch das ifo Innovations-Panel möglich, das auch Lachenmaier und Rottmann (2011) für ihre Analyse über den Einfluss von Innovationen auf die Beschäftigung als Datengrundlage verwenden (Lachenmaier und Rottmann 2011:216).

Eine Studie aus dem Jahr 2017 von Dauth und anderen beschäftigt sich mit dem Einfluss der Industrieroboter auf Löhne und Beschäftigung in Deutschland zwischen 1994 und 2014. Die Anzahl der Industrieroboter bildet eine weitere Möglichkeit den technischen Fortschritt zu operationalisieren. Es handelt sich hierbei um eine bestimmte Umsetzungsform des technischen Fortschritts. Diese sind in Deutschland stärker verbreitet als in den USA (Dauth u. a. 2017:10). Aus dem Datensatz der International Federation of Robotics (IFR) wird deutlich, dass sich die Installationszahlen zwischen 1994 und 2014 in Deutschland vervierfacht haben (Dauth u. a. 2018:5). Trotz der hohen Verbreitung von Industrierobotern hat Deutschland mit etwa 25 Prozent einen relativ hohen Beschäftigungsanteil im verarbeitenden Gewerbe verglichen mit den USA mit etwa neun Prozent (Dauth u. a. 2018:5). In der Studie von Dauth und anderen wird zunächst der Effekt von Robotern auf das Beschäftigungswachstum quantifiziert. Die Autoren finden keine empirische Evidenz dafür, dass sich die Gesamtzahl an Arbeitsplätzen durch Industrieroboter reduziert hat (Dauth u. a. 2017:25). Negative Beschäftigungseffekte zeigen sich allerdings für das verarbeitende Gewerbe (Dauth u. a. 2017:25). Ein zusätzlicher Roboter ersetzt in diesem Bereich zwei Beschäftigte. Zwischen 1994 und 2014 kam es durch die Implementierung von Robotern zu einem Rückgang von etwa 275.000 Vollzeitjobs im Industriesektor. Somit entfallen etwa 23 Prozent des gesamten Rückgangs der Beschäftigung im verarbeitenden Gewerbe im Beobachtungszeitraum auf die Einführung von Robotertechnologie (Dauth u. a. 2017:27). Außerhalb der Industrie kam es allerdings zu Arbeitsplatzgewinnen, was die Beschäftigungsverluste wieder kompensieren konnte. Diese Beschäftigungsgewinne konnten vor allem bei den wirtschaftsnahen Dienstleistungen erzielt werden. Somit hat die Einführung von Industrierobotern die Struktur, nicht allerdings die Gesamtzahl der Beschäftigten verändert (Dauth u. a. 2017:33).

Weiterhin zeigen die Analysen, dass Beschäftigte aus roboterintensiven Branchen keiner höheren Wahrscheinlichkeit ausgesetzt waren, ihren Arbeitsplatz zu verlieren. Der negative Gesamteffekt in der Industrie ist damit zu erklären, dass geringere Arbeitsmarkteintritte junger Beschäftigter zu verzeichnen waren. Dies hat allerdings zur Folge, dass es zu einer zunehmenden Alterung der Belegschaft kommt (Dauth u. a. 2017:33). Mögliche Probleme hinsichtlich einer zunehmenden Nutzung von Computertechnologie sind nicht bei der Beschäftigung, sondern bei der Ausgestaltung der Löhne zu finden. Hierbei können große Unterschiede zwischen Berufen und Qualifikationen gefunden werden. Steigender Robotereinsatz führt zu steigenden Löhnen bei Hochqualifizierten.

Diese Personen verfügen über Fähigkeiten, die im Zuge einer fortschreitenden Nutzung von Industrierobotern nicht ersetzt werden können (Dauth u. a. 2017:36). Bei Geringqualifizierten können keine statistisch signifikanten Lohneffekte gefunden werden. Moderate negative Effekte von Industrierobotern auf die Löhne zeigen sich bei Mittelqualifizierten (Dauth u. a. 2017:36).

Die Autoren erklären sich die Ergebnisse des Einflusses der Robotertechnologie auf Beschäftigung und Löhne damit, dass Gewerkschaften und Betriebsräte in der deutschen Industrie immer noch eine recht starke Position einnehmen. Diese legen allerdings eher einen Fokus auf die Beschäftigungssicherheit, wodurch eine gewisse Bereitschaft zum Lohnverzicht besteht (Südekum 2018:16). Im Aggregat führen Industrieroboter zu einem Anstieg der Arbeitsproduktivität, jedoch nicht zu einem Anstieg der Löhne. Damit ist ein Rückgang der Lohnquote (Anteil der Arbeitnehmerentgelte am Volkseinkommen) verbunden, was zu einem Ungleichgewicht zwischen Arbeit und Kapital führen kann und somit die Ungleichheit erhöht (Südekum 2018:16). Institutionelle Faktoren werden in dieser Studie somit als Erklärungsvariable genannt, allerdings nicht in der empirischen Analyse berücksichtigt.

3.2. Zwischenfazit und Ableitung der Fragestellung

Die vorgestellten Studien verdeutlichen, dass der Einfluss des technischen Fortschritts auf die Verteilung der Löhne bereits seit mehreren Jahrzenten reges Forschungsinteresse auslöst. Die Studien unterscheiden sich maßgeblich hinsichtlich ihres Untersuchungsgegenstandes (also der Operationalisierung des technischen Fortschritts), der Regionalität und der verwendeten Datengrundlage. Der Einfluss des technischen Fortschritts auf die Entwicklung der Löhne scheint besonders gut belegt für die USA in den 1980er und 1990er Jahren. Während der technische Fortschritt in den 1980er Jahren vor allem die Löhne von Hochqualifizierten erhöht hat und somit die Lohnungleichheit zwischen den Gering- und Mittelqualifizierten im Vergleich zu den Hochqualifizierten erhöht hat, ist für die 1990er Jahre eher festzuhalten, dass der technische Fortschritt vor allem die Löhne von gering- und Hochqualifizierten erhöht hat und somit vor allem die Lohnungleichheit im mittleren Lohnbereich erhöht hat. Dies führt insgesamt sowohl zu einer Beschäftigungs- als auch Lohnpolarisierung in den USA, die durch zahlreiche Studien belegt werden konnten. Für Deutschland fallen die Ergebnisse hinsichtlich einer Polarisierung nicht so eindeutig aus wie in den USA.

Für Deutschland scheint sich zu zeigen, dass die durch den technischen Fortschritt getriebene Polarisierung der Beschäftigungsanteile empirisch gut belegt ist, jedoch keine eindeutigen Ergebnisse bezüglich einer möglichen Polarisierung der Löhne zu finden sind. Stattdessen zeigen einige Studien sogar, dass sich die oberen Lohngruppen in der Entwicklung der Löhne weiter vom Rest der Arbeitskräfte absetzen, was auf eine gestiegene Ungleichheit hindeutet (Antonczyk u. a. 2010; Arntz, Gregory, Lehmer, u. a. 2016). Für aktuellere Zeiträume ist der Forschungsgegenstand zum Einfluss des technischen Fortschritts auf die Verteilung der Löhne in Deutschland unzureichend erforscht. Weiterhin scheinen noch andere Faktoren einen Einfluss auf die Lohnverteilung zu haben. Hier werden in der bisherigen Forschungslandschaft z.B. individuelle Faktoren, berufs- oder branchenspezifische Faktoren, die Globalisierung oder institutionelle Faktoren berücksichtigt. Allerdings werden in den bisherigen Untersuchungen immer nur Aussagen über einzelne Effekte, z.B. des technischen Fortschritts oder von institutionellen Faktoren getroffen, jedoch keine gemeinsamen Effekte bzw. Wechselwirkungen betrachtet. Vor allem institutionelle Faktoren könnten eine mögliche Begründung dafür sein, warum sich der Einfluss des technischen Fortschritts auf die Löhne in Deutschland von anderen Ländern unterscheidet. Ein besonderer Fokus soll hierbei auf die tarifliche Deckungsrate gelegt werden. Die Tarifabdeckung stellt in Deutschland per se kein Charakteristikum dar. Was allerdings einzigartig für Deutschland ist, ist die stark rückläufige Zahl an Beschäftigten, die tariflich angestellt sind. Diese Entwicklung ist so in Europa oder gar weltweit nicht wiederzufinden (Kügler, Schönberg, und Schreiner 2018:237).

Es gilt zu prüfen, ob aktuell eine Polarisierung der Löhne in Deutschland vorliegt. Falls dies nicht der Fall ist, müsste überdacht werden, ob der tätigkeitsbasierte Ansatz die richtige Erklärung für den Zusammenhang zwischen technischem Fortschritt und den Löhnen darstellt und welche Faktoren weiterhin berücksichtigt werden müssten, die dem polarisierenden Verlauf entgegenwirken. Hier konnte durch die Sichtung der bisherigen Studien noch weiterer Forschungsbedarf identifiziert werden.

Die generelle und übergeordnete Fragestellung dieses Forschungsvorhaben lautet daher:

Welchen Einfluss hat der technische Fortschritt auf die Verteilung der Löhne in Deutschland unter Berücksichtigung der Tarifbindung?

Folgende Unterfragen gilt es zu beantworten:

a) Beeinflusst der technische Fortschritt die Verteilung der Löhne in Deutschland?
b) Wirkt der technische Fortschritt unterschiedlich nach Qualifikationen auf die Höhe des Lohns?

c) Welche Rolle spielt die Tarifbindung bei der Erklärung der Entwicklung der Lohnverteilung?
d) Wirkt die Tarifbindung unterschiedlich nach Qualifikationen auf die Höhe des Lohns?
e) Verstärkt, reduziert oder ergänzt die Tarifbindung den Einfluss des technischen Fortschritts auf die Verteilung der Löhne?

3.3. Ableitung empirisch überprüfbarer Hypothesen

Um die aufgeworfene Fragestellung beantworten zu können, werden unterschiedliche theoretische Ansätze miteinander verknüpft, aus denen anschließend empirisch überprüfbare Hypothesen abgeleitet werden können.

3.3.1. Wirkung des technischen Fortschritts auf die Verteilung der Löhne

Um den Einfluss des technischen Fortschritts auf die Lohnverteilung zu erklären, eignen sich vor allem Annahmen der neoklassischen Theorie und des tätigkeitsbasierten Ansatzes.

Wie aus der vorgestellten empirischen Literatur hervorgeht, wird eine Lohnpolarisierung immer in Verbindung mit einer Beschäftigungspolarisation diskutiert. Daher wird im Folgenden zunächst der Einfluss des technischen Fortschritts auf die Entwicklung der Beschäftigung mittels neoklassischer Ansätze aufgezeigt. Anschließend erfolgt die Erklärung der Wirkungsrichtung des technischen Fortschritts auf die Beschäftigungsentwicklung durch den tätigkeitsbasierten Ansatz. Abschließend kann wiederum anhand der neoklassischen Theorie der Einfluss des technischen Fortschritts auf die Verteilung der Löhne erklärt werden.

3.3.1.1. Einfluss des technischen Fortschritts auf die Beschäftigung

Neoklassische Ansätze beschreiben Ursachen und Einflussfaktoren, die zu einem Produktivitätsfortschritt in einer Volkswirtschaft führen (Koschel und Schmidt 1997:22). In der frühen neoklassischen Wachstumstheorie, zu deren bekannten Vertretern Solow gehört, wird der technische Fortschritt als nicht erklärbare Restgröße des Wirtschaftswachstums angesehen (Solow 1956:67). Anhand der neoklassischen Produktionstheorie kann der Zusammenhang zwischen den Produktionsfaktoren Arbeit, Kapital und dem technischen Fortschritt aufgezeigt werden (Mankiw 2014:56).

Die Produktionsfunktion ist eine technische Relation zur Beschreibung des Zusammenhangs der Produktionsmöglichkeiten in Abhängigkeit der Einsatzmengen der Produktionsfaktoren. So bestimmt sich das Produktionspotential (YP) über eine Produktionsfunktion in Abhängigkeit der Faktoreinsatzmengen Kapital *(K)* und Arbeit *(L)* (Hildmann 1997:50). Um den technischen Fortschritt in der Produktionsfunktion zu berücksichtigen ist es notwendig, einen Skalierungsparameter *A* (auch totale Faktorproduktivität genannt) in die Funktion aufzunehmen (Mankiw 2014:92).

Bei der Produktionsfunktion bestimmt sich das Produktionspotential als eine logarithmisch lineare Funktion der Faktoreinsatzmengen und der totalen Faktorproduktivität bzw. dem Solow-Residuum (Mankiw 2014:94). Ein Produktivitätswachstum wird deutlich, wenn die erste Ableitung der Produktionsfunktion nach der Zeit positiv ist (Solow 1956:71). Die Veränderungen von A werden als technischer Fortschritt bezeichnet. Eine Erhöhung der totalen Faktorproduktivität durch die Aufwendung von Kapital führt dazu, dass der Produktionsfaktor Arbeit substituiert werden kann, das Produktionspotenzial jedoch auf gleichem Niveau verbleibt. Somit verliert der Faktor Arbeit an Stellenwert und es kommt zu einem Beschäftigungsabbau (Tinbergen 1942:45).

In Modellen der „neuen" neoklassischen Wachstumstheorie, zu deren Vertretern etwa Lucas 1988 oder Baldwin 1996 gehören, wurde eine Endogenisierung des Produktivitätswachstums vorgenommen (Gundlach 2002:154). In diesen Modellen ist der technische Fortschritt entscheidend für das langfristige ökonomische Wachstum (Baldwin 1996; Lucas 1988). Der Kerngedanke dieser Modelle besteht darin, dass technischer Wandel sowohl von privaten als auch öffentlichen Investitionsentscheidungen beeinflusst wird. Den Modellen liegen zahlreiche neoklassische Annahmen zugrunde (Erdmann 1993:90). Zunächst orientiert sich die Richtung der Innovationsintensität an Marktgegebenheiten wie relativen Knappheiten von Produktionsfaktoren oder relativen Faktorkosten. Weiterhin sind innovationsbezogene Handlungen dem rationalen Kosten-Nutzen-Kalkül unterworfen (Faber und Proops 1993:102). Außerdem besteht eine eindeutige Funktionsbeziehung zwischen den Input- und Outputfaktoren. Entscheidend bei der neoklassischen Innovationstheorie ist somit ein eindeutiger und transparenter Zusammenhang zwischen dem Nutzen und den Kosten einer Innovation (Faber und Proops 1993:102).

Wie in Kapitel 2.2 bereits ausgeführt wurde, können zwei Arten von Innovationen unterschieden werden, zum einen die Prozessinnovation, zum anderen die Produktinnovation. Generell werden der Prozessinnovation eher substituierende Beschäftigungseffekte und der Produktinnovation eine eher beschäftigungsfördernde Wirkung zugeschrieben (Zilian u. a. 2017:29). Die Beschäftigungseffekte beider Innovationsarten können anhand der neoklassischen Theorie aufgezeigt werden.

Prozessinnovationen haben einen positiven Einfluss auf die Arbeitsproduktivität, was zur Folge hat, dass dieselbe Output-Menge mit geringerem Arbeitseinsatz hergestellt werden kann. Bei gleichbleibender Nachfrage kommt es zu einer Freisetzung von Arbeitskräften (Zilian u. a. 2017:28). Aufgrund der Substitution von menschlicher Arbeitskraft durch Maschinen könnte es zu technologischer Arbeitslosigkeit kommen. Vice versa können Prozessinnovationen als eine Möglichkeit angesehen werden, relative Knappheiten der Produktionsfaktoren Arbeit und Kapital zu überwinden (Corsten und Gössinger 2009:170). Durch diese können eine Erhöhung des Sozialprodukts mit konstantem Arbeits- und Kapitaleinsatz oder ein konstantes Sozialprodukt mit vermindertem Einsatz an Produktionsfaktoren erreicht werden (Corsten und Gössinger 2009:171).

Allerdings stehen den Substitutionseffekten Marktmechanismen entgegen, die diese zu einem gewissen Teil kompensieren können. Kompensatorische Mechanismen können zumeist auf indirekte Effekte zurückgeführt werden (Zilian u. a. 2017:29). Die Effekte ergeben sich aus der höheren Arbeitsproduktivität und den damit verbundenen niedrigeren Produktionskosten. Durch diese können die Preise der produzierten Güter reduziert werden, was in kompetitiven Märkten zu einer erhöhten Nachfrage des Gutes führt, was wiederum die Menge an produzierten Gütern steigen lässt und somit die Nachfrage nach Arbeitskräften erhöht (Zilian u. a. 2017:29).

Weitere Kompensationseffekte bezüglich der Prozessinnovation können durch sinkende Reallöhne aufgezeigt werden. Durch die erhöhte Arbeitslosigkeit, die durch die Substitution der Arbeitskräfte durch Maschinen entsteht, sinken die Reallöhne (Zilian u. a. 2017:29). Nach der neoklassischen Argumentation gilt die Annahme eines vollkommenen Arbeitsmarktes mit flexiblen Löhnen. Niedrigere Reallöhne erhöhen wiederum die Nachfrage nach Arbeitskräften, während das Arbeitsangebot sinkt. Dies führt dazu, dass das Arbeitsmarktgleichgewicht wieder hergestellt wird (Zilian u. a. 2017:29). Zusätzlich verringern niedrigere Reallöhne die Produktionskosten, wodurch die produzierten Güter zu günstigeren Preisen angeboten werden können, was, wie oben bereits ausgeführt wurde, die Produktnachfrage erhöht und somit auch die Nachfrage nach Arbeitskräften. Ob hinsichtlich der Prozessinnovation eher der Substitutions- oder der Kompensationseffekt überwiegt, hängt von der Preiselastizität der Endnachfrage ab (Zilian u. a. 2017:30).

Durch Produktinnovationen können neue Produkte erzeugt und somit neue Märkte erschlossen werden (Klauder 1986:3). An dieser Stelle muss allerdings unterschieden werden, ob durch die Produktinnovation ein altes Produkt durch ein neues, besseres ersetzt wird (Substitut) oder ob ein völlig neues Produkt auf den Markt kommt, das keine bisherigen Produkte verdrängt (Komplement) (Zilian u. a. 2017:31). Wird ein völlig neues Produkt entwickelt, wird der Faktor Arbeit verstärkt nachgefragt und die Nachfrage nach Arbeitskräften erhöht sich (Klauder 1986:3). Wird ein altes Produkt verdrängt, erhöht sich zwar die Nachfrage nach Beschäftigten für das neue Produkt, die Nachfrage der Beschäftigten des verdrängten Produktes geht allerdings zurück. Dies führt dazu, dass insgesamt die Nachfrage nach Beschäftigten entweder gleichbleibt oder zurück geht, je nachdem, wie stark das neue Produkt nachgefragt wird. Ob Produktinnovation einen positiven oder negativen Effekt auf die Arbeitskräftenachfrage hat, hängt davon ab, inwiefern es sich bei den Produkten um Substitute oder Komplemente handelt (Zilian u. a. 2017:32).

Durch die aufgezeigte Wirkungskette wird deutlich, dass der technische Fortschritt Beschäftigungskonsequenzen hat, deren Vorzeichen durch die neoklassische Produktionstheorie nicht eindeutig zu erklären sind (Blechinger u. a. 1998:20). So kann der technische Fortschritt positive und negative Beschäftigungseffekte haben (Blechinger und Pfeiffer 1998:16).

Um zu analysieren, wann der technische Fortschritt einen positiven oder einen negativen Einfluss auf die Arbeitskräftenachfrage hat, kann der tätigkeitsbasierte Ansatz herangezogen werden.

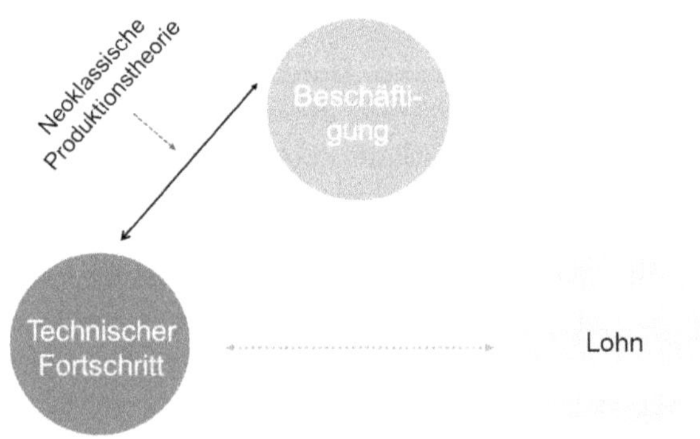

Abbildung 7: Erklärung durch die neoklassische Produktionstheorie
Quelle: Eigene Darstellung, 2020

3.3.1.2. *Wirkungsrichtung des Einflusses des technischen Fortschritts auf die Beschäftigung*

Der tätigkeitsbasierte Ansatz wurde von den Autoren Autor und anderen im Jahr 2003 entwickelt. Dieser bietet eine Erklärung des Einflusses des technischen Fortschritts auf die Beschäftigungsentwicklung.

Autor und andere (2003) formulieren die These, dass der rasche Anstieg computerbasierter Technologien dazu geführt hat, dass sich Tätigkeiten der Beschäftigten ändern und sich somit auch die Nachfrage nach bestimmten Berufen verändert (Autor u. a. 2003:1281). Zunächst muss eindeutig definiert werden, wie sich Tätigkeiten durch eine verstärkte Nutzung von Computertechnologie verändern. So können Tätigkeiten durch einen Computer entweder ersetzt oder sogar verstärkt nachgefragt werden. Ersetzt werden können vor allem Tätigkeiten, die einfachen und programmierbaren Regeln folgen. Diese Tätigkeiten werden Routine-Tätigkeiten genannt und können sowohl manueller als auch kognitiver Art sein (Autor u. a. 2003:1283). Im Gegensatz dazu folgen Nicht-Routine-Tätigkeiten keinen klaren und eindeutigen Regeln und können daher nicht ohne weiteres in ein Computerprogramm übersetzt werden. Diese Tätigkeiten sind kognitiver oder visueller Natur (Autor u. a. 2003:1284). Wird die Entwicklung der Computertechnologien der letzten drei Jahrzehnte berücksichtigt, erscheint es den Autoren eher unwahrscheinlich, dass Computer kognitive Tätigkeiten übernehmen können. Somit können Tätigkeiten, die Flexibilität, Kreativität oder Problemlösungsverständnis benötigen, bisher nicht von Computern übernommen werden. Daher ziehen die Autoren den Schluss, dass bisherige Computertechnologien eher Routine- als Nicht-Routine-Tätigkeiten ersetzen können (Autor u. a. 2003:1285). Dieses Argument wird durch den Einsatz neuer Technologien etwas entkräftet. So können heute teilweise Computerprogramme selbstständig lernen und somit nicht nur noch einfache Tätigkeiten übernehmen. Durch die Sammlung großer Datenmengen und eingebauter Lernalgorithmen (Maschine Learning) ist es beispielsweise möglich, komplexe Sachverhalte zu analysieren und zu bewerten (Dengler und Matthes 2018:3). Allerdings sind dafür solche Tätigkeiten wiederum Programme notwendig, die vorgeben, wie der Computer in bestimmten Situationen reagieren soll, was wiederum einen gewissen Grad an Routine voraussetzt. Reaktive Tätigkeiten sind auch in Zeiten von Maschine Learning nur schwer durch Computertechnologien umsetzbar.

Das formale Modell, das hinter dem tätigkeitsbasierten Ansatz steckt, wird in den Ausführungen von Acemoglu und Autor (2011) näher erläutert. In das Modell werden unterschiedliche Komponenten wie Tätigkeiten, Qualifikationen und der technische Wandel integriert. Um die Wechselwirkungen dieser

Komponenten zu berücksichtigen, ist es notwendig, das kanonische Modell zu erweitern (Acemoglu und Autor 2011:2). Hierfür müssen allerdings gewisse Annahmen getroffen werden: einzelnen Qualifikationen werden einzelne Tätigkeiten zugeordnet und der technische Wandel nimmt eine rein faktorergänzende Form an. Somit erlaubt das Modell die Interaktionen zwischen Fertigkeiten, technologischen Fähigkeiten, Handels- und Offshore-Möglichkeiten zu analysieren und deren Wirkung auf die Nachfrage nach Produktionsfaktoren aufzuzeigen (Acemoglu und Autor 2011:3). Anders als bei bisherigen Modellen bilden Tätigkeiten, die kombiniert werden müssen, um Waren und Dienstleistungen zu erzeugen, die Basis. So überwinden die Autoren die bisher übliche Unterscheidung zwischen Arbeit, Kapital, Handel und dem technischen Wandel (Acemoglu und Autor 2011:46). Die vier betrachteten Größen Fähigkeit, technische Leistungsfähigkeit des Kapitals, internationaler Handel und Offshoring können als konkurrierende Inputs für die Bearbeitung der erfolgreichen Aufgabe gesehen werden. Somit kann das Modell die wesentlichen Aspekte des Wertschöpfungsprozesses integrieren und Änderungen der Arbeitskräftenachfrage bzw. des Arbeitskräftegleichgewichts modellieren (Acemoglu und Autor 2011:79).

Der tätigkeitsbasierte Ansatz (task-based approach) besagt daher, dass der technische Fortschritt nicht auf ganze Berufe oder Qualifikationen wirkt, sondern auf einzelne Tätigkeiten, die gemeinsam einen Beruf ergeben. Vielmehr werden einzelne Tätigkeiten substituiert, wodurch nicht das ganze Berufsbild verloren geht. So unterscheidet sich der tätigkeitsbasierte Ansatz maßgeblich vom „skill-biased technological change", der besagt, dass der Einfluss des technischen Fortschritts auf die Beschäftigung durch das Qualifikationsniveau bestimmt wird (Autor u. a. 1998:1203).

Nach den Autoren haben computerbasierte Technologien somit zwei mögliche Wirkungsrichtungen auf Tätigkeiten. Zum einen können Computer solche Beschäftigten ersetzen, die vor allem in begrenzten, gut definierten Bereichen kognitive oder manuelle Arbeiten verrichten und somit Routine-Tätigkeiten ausüben (Substitute). Zum anderen können Computer solche Beschäftigten in ihrer Arbeit ergänzen und deren Produktivität steigern, die in komplexen und interaktiven Bereichen tätig sind und somit Nicht-Routine-Tätigkeiten ausüben (Komplemente) (Autor u. a. 2003:1284). Die folgende Übersicht zeigt die Klassifikation der Tätigkeiten nach Autor und anderen (2003) nach dem Routinegrad, dem zugeordneten Qualifikationsniveau und der Wirkung des technischen Fortschritts (TF) auf die jeweilige Tätigkeit. Weiterhin sind Beispiele für die jeweiligen Tätigkeiten aufgeführt, die sich aus Überlegungen von Pikos und Thomsen ergeben (Pikos und Thomsen 2015:39).

Tabelle 2: Übersicht über die fünf Tätigkeitskategorien.

Grad der Routine	Tätigkeit	Beispiele	Qualifikationsniveau	Wirkung des TF
Hoch	Kognitive Routinetätigkeiten	Messen Kontrollieren	Mittel	Substitution
	Manuelle Routinetätigkeiten	Produzieren Reinigen	Mittel	Substitution
Gering	Manuelle Nicht-Routinetätigkeiten	Reparieren Pflegen	Gering	Keine Wirkung
	Analytische Nicht-Routinetätigkeiten	Konstruieren Organisieren	Hoch	Komplementär
	Interaktive Nicht-Routinetätigkeiten	Beraten Informieren	Hoch	Komplementär

Quelle: eigene Darstellung in Anlehnung an Pikos/Thomsen 2015, S. 39

In dem aufgestellten ökonomischen Modell von Autor und anderen (2003) wird davon ausgegangen, dass der stark zurückgehende Preis von Computertechnologien dazu führt, dass die Nachfrage nach Routine-Tätigkeiten sinkt und die Nachfrage nach Nicht-Routine-Tätigkeiten (vor allem kognitiven) steigt (Autor u. a. 2003:1280). Dies lässt sich damit erklären, dass Industrien oder Betriebe mit einem hohen Anteil an Beschäftigten mit Routine-Tätigkeiten höhere Investitionen in Computertechnologien tätigen. Daher werden diese Industrien das Arbeitsangebot an Beschäftigten mit Routine-Tätigkeiten verringern und die Arbeitskraft durch computerbasierte Technologien ersetzen. Vice versa werden Industrien ihre Arbeitskräfte im Bereich der Nicht-Routine-Tätigkeiten erhöhen (Autor u. a. 2003:1281).

Weiterhin besagt der Ansatz, dass sich die ausgeübten Tätigkeiten nach Qualifikationsniveau unterscheiden. Je höher das Qualifikationsniveau, desto höher der Anteil an analytischen und interaktiven Nicht-Routine-Tätigkeiten (Spitz-Oener 2006:244). Beschäftigte mit geringerem Qualifikationsniveau üben eher manuelle und kognitive Routine- sowie manuelle Nicht-Routine-Tätigkeiten aus. Mittelqualifizierte sind in allen fünf Tätigkeitskategorien vertreten, wobei deutlich wird, dass der Anteil von manuellen und kognitiven Routine-Tätigkeiten bei dieser Berufsgruppe deutlich höher ausfällt als bei den Geringqualifizierten (Spitz-Oener 2006:245). Wird die Verteilung der Tätigkeiten über die Qualifikationsniveaus mit der veränderten Tätigkeitsnachfrage verknüpft, kann ein polarisierender Verlauf der Beschäftigungsentwicklung erklärt werden (Spitz-Oener 2006:262). Durch die steigende Computerisierung steigt die Nachfrage nach analytischen und interaktiven Tätigkeiten und somit auch die Nachfrage nach

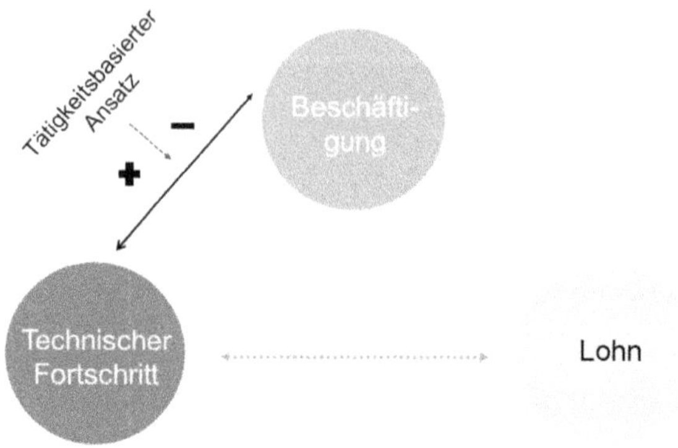

Abbildung 8: Erklärung durch den tätigkeitsbasierten Ansatz
Quelle: Eigene Darstellung, 2020

Hochqualifizierten. Gleichzeitig geht die Nachfrage nach manuellen und kognitiven Routine-Tätigkeiten zurück, die verstärkt von Mittelqualifizierten ausgeübt werden. Manuelle Nicht-Routine-Tätigkeiten werden durch eine steigende Computerisierung kaum beeinflusst, wodurch die Nachfrage nach Geringqualifizierten etwa gleich bleibt (Spitz-Oener 2006:264).

Der tätigkeitsbasierte Ansatz kann somit zeigen, dass sich Veränderungen der Arbeitskräftenachfrage zunächst bei den Tätigkeiten zeigen und erst anschließend die Veränderungen hinsichtlich der Qualifikation deutlich werden.

Der tätigkeitsbasierte Ansatz kann allerdings noch keine Aussagen über eine mögliche Lohnentwicklung treffen. Hierzu können wiederum die Annahmen der neoklassischen Theorie herangezogen werden.

3.3.1.3. Einfluss des technischen Fortschritts auf den Lohn

Die neoklassische Theorie besagt, dass in jeder Volkswirtschaft knappe Ressourcen für konkurrierende Zwecke zugeteilt werden. Diese Zuteilung erfolgt über die Marktkräfte Angebot und Nachfrage (Friedman 2017:8). Das Angebot beschreibt dabei die Menge an Waren oder Dienstleistungen, die für einen bestimmten Preis nachgefragt werden können. Unter der Nachfrage kann der Grad des Kundenbedürfnisses nach einer bestimmten Ware oder Dienstleistung zu einem entsprechenden Preis verstanden werden (Baßeler und Heinrich 2001:99). Von einem Gleichgewichtspreis wird dann gesprochen, wenn sich Angebot und Nachfrage in Einklang befinden. Die Abweichung einer bestimmten Seite führt zu Ungleichgewichten auf dem Markt (Henderson 1937:17).

Steigt das Angebot bei gleichbleibender Nachfrage, sinkt der Marktpreis. Steigt die Nachfrage bei gleichbleibendem Angebot, steigt der Marktpreis (Baßeler und Heinrich 2001:100).

Die folgende Argumentation ist sehr stilisiert und zeigt daher nur sehr grundsätzlich eine Wirkungsrichtung auf. Diese gibt allerdings einen sehr klaren Einblick in den wirkenden Mechanismus und die daraus folgenden Konsequenzen.

Der Marktpreis steht in direktem Zusammenhang mit der Lohnhöhe, dem Nominallohn. Der aggregierte Nominallohn (W) ist umso größer, je höher das erwartete Preisniveau P^e ist. Weiterhin ist W umso niedriger, je höher die Arbeitslosenquote ist. Abschließend ist *W* wiederum umso größer, je höher der Wert der Sammelvariable *z* ist. *z* erfasst alle anderen Variablen, die das Ergebnis der Lohnfestsetzung beeinflussen können (Blanchard und Illing 2004:188).

Anstelle von Waren oder Dienstleistungen können auch einzelne Berufe stehen. Die Beschäftigten eines bestimmten Berufs stellen dabei das Angebot dar und bestimmte Arbeitgeber haben ein gewisses Interesse, Beschäftigte aus bestimmten Berufen einzustellen und repräsentieren somit die Nachfrageseite. Werden so viele Beschäftigte eines Berufs nachgefragt, wie auf dem Arbeitsmarkt verfügbar sind, herrscht ein Gleichgewicht und somit wird ein Gleichgewichtslohn gezahlt (Blanchard und Illing 2004:194). Kommt es allerdings zu einer Änderung auf der Angebots- oder Nachfrageseite, kommt es zu Abweichungen vom Gleichgewichtslohn (Blanchard und Illing 2004:192). Zunächst wird der Fall betrachtet, dass die Nachfrage nach einem bestimmten Beruf steigt, das Angebot allerdings gleichbleibt. In einer solchen Situation wird vermutet, dass der aggregierte Nominallohn *W* steigt. Zum einen ist die Arbeitslosenquote in diesem Beruf gering, da die Nachfrage hoch ist (Blanchard und Illing 2004:189). Weiterhin verbirgt sich unter der Sammelvariable *z* eine hohe Verhandlungsmacht des Beschäftigten in diesem bestimmten Beruf. Der Beschäftigte weiß, dass er eine gute Verhandlungsposition besitzt, da die Nachfrage nach seinem Beruf hoch ist und somit die Chancen einen anderen Arbeitgeber zu finden, der einen höheren Lohn zahlt, recht hoch sind (Zilian u. a. 2016:595).

Wird nun die gleiche Formel auf einen Beruf angewandt, bei dem das Angebot die Nachfrage auf dem Arbeitsmarkt übersteigt, ändern sich die Vorzeichen. Zum einen ist die Arbeitslosenquote höher, wodurch sich der Nominallohn verringert (Blanchard und Illing 2004:189). Zum anderen haben Beschäftigte dieses Berufes eine geringere Verhandlungsmacht, was den Nominallohn ebenfalls reduziert. Das Preisniveau wird bei den beiden vorgestellten Varianten konstant gehalten und hat somit keinen Einfluss auf die unterschiedliche Höhe des Nominallohns der beiden Berufe (Blanchard und Illing 2004:188). Somit können Berufe, die auf dem Arbeitsmarkt verstärkt nachgefragt werden, einen höheren

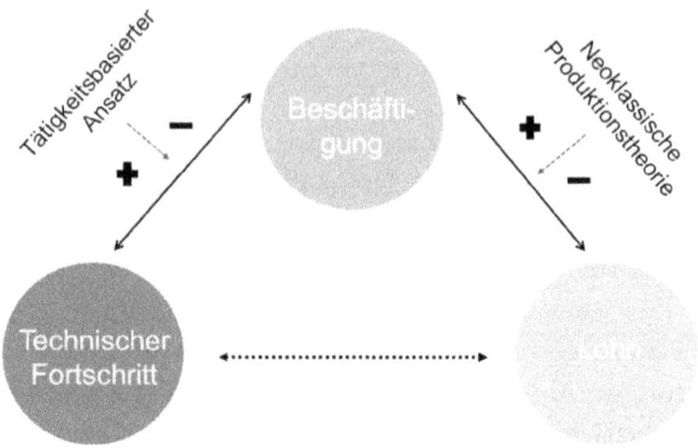

Abbildung 9: Erklärung durch die allgemeine Gleichgewichtstheorie
Quelle: Eigene Darstellung, 2020

Nominallohn erzielen, als Berufe, die weniger stark nachgefragt werden (Petersen 2015:3).

Wird diese Annahme mit den Ausführungen des tätigkeitsbasierenden Ansatzes kombiniert, kann gezeigt werden, dass sich anhand der Nachfrage auch der Marktpreis der jeweiligen Tätigkeit bestimmt. Werden Berufe mit hoher Routinetätigkeit durch den technischen Fortschritt substituiert, werden diese weniger stark nachgefragt, wodurch sich der Marktpreis verringert und der Nominallohn sinkt. Für Berufe, die sich vermehrt aus Nicht-Routinetätigkeiten zusammensetzen und die im Zuge des technischen Fortschritts verstärkt nachgefragt werden, steigt der Marktpreis und somit auch der Nominallohn. Weiterhin zeigt der tätigkeitsbasierte Ansatz, dass sich die Tätigkeiten nach dem Qualifikationsniveau unterscheiden. Somit verrichten Hoch- und Geringqualifizierte eher Nicht-Routine-Tätigkeiten, die komplementär zum technischen Fortschritt gesehen werden können und Mittelqualifizierte eher Routine-Tätigkeiten, die durch den technischen Fortschritt substituiert werden. Das Prinzip der Marktmacht führt nun dazu, dass Hoch- und Geringqualifizierte durch den technischen Fortschritt eher Lohnsteigerungen zu verzeichnen haben und Mittelqualifizierte eher Lohneinbußen hinnehmen müssen.

Je nachdem, wie sich der technische Fortschritt auf einzelne Berufe auswirkt, kommt es zu einer steigenden oder sinkenden Nachfrage an Arbeitskräften, was zu unterschiedlichen Marktpreisen führt und somit eine Lohnpolarisierung hervorruft (Petersen 2015:6).

Durch diese Ausführungen können drei wesentliche Hypothesen abgeleitet werden, die den Einfluss des technischen Fortschritts auf die Löhne aufzeigen.

H1: Je stärker ausgeprägt der technische Fortschritt, desto höher ist der Lohn von Geringqualifizierten.

H2: Je stärker ausgeprägt der technische Fortschritt, desto niedriger ist der Lohn von Mittelqualifizierten.

H3: Je stärker ausgeprägt der technische Fortschritt, desto höher ist der Lohn von Hochqualifizierten.

Aus den bisherigen Überlegungen kann aufgezeigt werden, wie der technische Fortschritt auf den Lohn wirkt. Hierbei werden allerdings noch keine Aussagen über die Lohnverteilung getroffen. Hierzu müssen die Aussagen der bisherigen Hypothesen als Gesamtes betrachtet werden. Dass der technische Fortschritt Löhne von Hochqualifizierten erhöht, hat die Folge, dass die Löhne am oberen Ende der Verteilung ansteigen. Dies würde dazu führen, dass sich die Spanne zwischen geringen und hohen Löhnen erhöhen würde, was zu einer Erhöhung der Ungleichheit führen würde. Allerdings wirkt der technische Fortschritt auch lohnsteigernd für Geringqualifizierte, jedoch lohnsenkend für Mittelqualifizierte. Dies bedeutet, dass am unteren Ende der Lohnverteilung lediglich eine Umverteilung der Personen mit entsprechenden Qualifikationen stattfindet, dies jedoch keine Auswirkung auf die Höhe der unteren und mittleren Löhne der Verteilung hat. Somit kann zusammenfassend gesagt werden, dass die Löhne am unteren Ende der Verteilung gleichbleiben und die Löhne am oberen Ende der Verteilung ansteigen. Dies führt zu einer Erhöhung der Ungleichheit, getrieben durch die Löhne im oberen Bereich der Lohnverteilung. Aufbauend auf den Hypothesen 1 bis 3 kann folgende Hypothese zur Lohnverteilung aufgestellt werden:

H4: Durch den Einfluss des technischen Fortschritts erhöhen sich die Löhne im oberen Bereich der Verteilung, was die Lohnungleichheit erhöht.

3.3.2. Wirkung des technischen Fortschritts auf die Verteilung der Löhne unter Berücksichtigung der Tarifbindung

Werden an dieser Stelle nochmals die Ergebnisse der bisherigen Studien zum Einfluss des technischen Fortschritts auf die Lohnverteilung berücksichtigt, bleibt festzuhalten, dass neben dem Marktwert noch andere Faktoren einen Einfluss auf die Lohngestaltung haben. Vor allem diverse institutionelle Rahmenbedingungen (z.B. Tariflöhne, Mindestlohn oder das Arbeitsrecht) können den aufgezeigten Zusammenhang positiv oder negativ beeinflussen. Hierzu liegt bereits eine Vielzahl von Studien vor (Astrov u. a. 2018; Dustmann u. a. 2009; Piketty und Saez 2003).

In Kapitel 2.1.3 wurde der Begriff der institutionellen Faktoren bereits näher beschrieben. Es handelt sich bei Institutionen um formelle oder informelle Spielregeln einer Gesellschaft, die Anreizstrukturen für das politische, wirtschaftliche und gesellschaftliche Zusammenspiel gestalten (North 1990:6).

Grundsätzlich gibt es eine Fülle an institutionellen Faktoren, die den Lohn beeinflussen können. Die bisherige Forschung hat insbesondere zwei institutionelle Faktoren identifiziert, die den Arbeitsmarkt der letzten 30 Jahre geprägt und beeinflusst haben (Dustmann u. a. 2009; Fitzenberger 2012; Riphahn und Schnitzlein 2011). Dies ist zum einen die Regulierung des Arbeitsmarktes und zum anderen der Grad der tariflichen Abdeckung. Diese Arbeit legt einen Fokus auf die tarifliche Deckungsrate. Unter dieser wird der Anteil der Beschäftigten verstanden, der tariflich angestellt ist. Die tarifliche Deckungsrate hängt stark von dem Grad der gewerkschaftlichen Organisation ab, auf den zunächst im Folgenden näher eingegangen wird, bevor der Einfluss der tariflichen Deckungsrate auf die Lohnverteilung erläutert wird.

3.3.2.1. Gewerkschaftlicher Organisationsgrad

Grundsätzlich werden Gewerkschaften definiert als:

> *„autonome Verbände (Koalitionen) von Lohnabhängigen, die sich zur Wahrnehmung und Durchsetzung ihrer Interessen sowohl im Betrieb wie allgemein in Wirtschaft und Politik zusammengeschlossen haben. Sie sind mit der Durchsetzung der kapitalistisch-industriellen Produktionsweise entstanden, gelten als die ursprüngliche Form der Arbeiterbewegung und stellen bis heute eine ihrer organisatorischen Säulen dar“* (Lösche 1995:220).

Somit können Gewerkschaften historisch betrachtet als Produkt des sozialen Konfliktes zwischen Arbeit und Kapital angesehen werden. Im Zuge der zunehmenden Industrialisierung kam es zu einseitigen Machtstrukturen zwischen Arbeitgeber und Arbeitnehmer, bei denen die Arbeitnehmer häufig materiell ausgebeutet und sozial unterdrückt wurden. Daraufhin organisierte sich die Arbeiterschaft gegen den Widerstand der Unternehmer (Boeri und van Ours 2013:79).

Nach dem zweiten Weltkrieg änderte sich die deutsche Gewerkschaftsbewegung grundsätzlich. Lagen davor zersplitterte und berufsständische Gewerkschaften vor, kam es nach dem zweiten Weltkrieg unter anderem durch den Verzicht auf politische Richtungsgewerkschaften zu einer völlig anderen Gewerkschaftsstruktur, wie sich auch heute zu finden ist (Schnabel 2005:183). Diese Struktur hat sich nach der Auflösung der DDR auf die neuen Bundesländer übertragen. Es gibt heute über 100 Arbeitnehmervereinigungen, wobei ein

Großteil der Gewerkschaftsmitglieder sich auf nur wenige Großorganisationen, wie dem DGB oder dem DBB konzentriert (Schnabel 2005:183). Heute gelten Gewerkschaften als Interessenvertretung der Lohnabhängigen gegenüber den Arbeitgebern und dem Staat und werden als Verhandlungspartner anerkannt (Esser 2003:66).

Deutlich wird die Bindungs- und Gestaltungskraft der Gewerkschaften durch die tarifliche Deckungsrate. Diese zeigt, für welchen Anteil der Betriebe und Beschäftigten die Löhne durch Tarifverträge geregelt werden (Schnabel 2005:188). Nach dem Tarifvertragsgesetz können nur Gewerkschaften, einzelne Arbeitgeber und Arbeitgebervereinigungen als Tarifvertragsparteien gelten (Bundesministerium für Justiz und Verbraucherschutz o. J.). Somit fällt es in den Aufgabenbereich der Gewerkschaft, Tarifverträge mit Arbeitgeber bzw. Arbeitgeberverbänden auszuhandeln. Grundsätzlich gilt die Tarifbindung nur direkt für die beidseitigen Tarifgebundenen. Hierzu gelten Arbeitnehmer, die Mitglied bei der tarifvertragschließenden Gewerkschaft sind und Arbeitgeber, die dem tarifvertragschließenden Arbeitgeberverband angehören oder selbst einen Unternehmenstarifvertrag abgeschlossen haben (Schnabel 2005:188). Häufig erhalten allerdings auch Beschäftigte, die keiner Gewerkschaft angehören, die tariflich geregelten Leistungen. Durch eine solche Gleichbehandlung gibt der Arbeitgeber seinen Mitarbeitern keine Grundlage dafür, in die Gewerkschaft einzutreten und somit die gewerkschaftliche Organisationsquote anzuheben (Bosch 2008:16).

An dieser Stelle sei auch auf die Unterscheidung zwischen den Aufgaben einer Gewerkschaft und denen eines Betriebsrates hinzuweisen. Gewerkschaften können als Akteure der Tarifpolitik außerhalb der Betriebe gesehen werden, der Betriebsrat eher als Vertretung der Arbeitnehmer im Betrieb (Dingeldey, Schröder, und Kathmann 2015:244). Auf betrieblicher Ebene ist der Betriebsrat dafür verantwortlich, die Interessen der gesamten Belegschaft zu vertreten und umzusetzen (Dingeldey u. a. 2015:244). Außerdem ist er für die Einhaltung rechtlicher Regelungen bzw. die Implementierung der Tarifverträge verantwortlich. Somit beeinflussen die Betriebsräte indirekt die Lohnsetzung und können weiterhin übertariflich gewährte Leistungen für alle Beschäftigten aushandeln. Dies wirkt sich positiv auf die Vermeidung von Niedriglöhnen aus (Dingeldey u. a. 2015:244).

3.3.2.2. *Tarifbindung*

Wie oben bereits ausgeführt wurde, gelten Tarifverträge als Vereinbarung zwischen Arbeitnehmer- und Arbeitgeberverbänden. Diese können die Arbeitsverhältnisse und die Entlohnung einer Vielzahl von Beschäftigten beeinflussen (Brandl 2010:80). Grundsätzlich dienen Tarifverträge dazu, einen symmetrischen Ausgleich zwischen den kollektiven Interessen der Arbeitnehmer und der Arbeitgeber herzustellen. Liegt eine hohe tarifliche Deckungsrate vor, können Tarifverhandlungen gesamtwirtschaftliche Kenngrößen beeinflussen (Brandl 2010:80).

Unter der tariflichen Deckungsrate wird der Anteil von Arbeitnehmern, die unter der Geltung eines Tarifvertrages stehen, an allen Arbeitnehmern bezeichnet (Brandl 2010:85). Ist die Deckungsrate hoch, beeinflusst die Tarifverhandlung einen großen Teil der Arbeitnehmerschaft, die auch einen großen Teil der Bevölkerung insgesamt ausmacht (Brandl 2010:80).

Aus theoretischer Sicht können zwei kontroverse Richtungen aufgezeigt werden, die sich mit dem Einfluss der Tarifbindung auf ökonomische Kenngrößen bzw. sozioökonomische Konsequenzen beschäftigten. Der neoklassische Ansatz geht davon aus, dass Tarifverträge keine oder allenfalls nur kurzfristige ökonomische Konsequenzen nach sich ziehen (Brandl 2010:81). Hierbei wird sich auf die Annahme eines perfekt funktionierenden Marktes bezogen. In diesem Fall wären alle Marktteilnehmer ohne Verhandlungsmacht, da die Löhne und Preise durch die Marktkräfte vorgegeben sind. Somit besteht durch die Teilnehmer keine Möglichkeit der Beeinflussung. Daher müssen auch keine Machtasymmetrien ausgeglichen werden, was Tarifverträge obsolet werden lässt (Brandl 2010:82).

Ein zweiter Ansatz bricht mit der Annahme der neoklassischen Theorie eines perfekten Marktes und geht davon aus, dass durchaus unterschiedliche Machtinteressen auf dem Arbeitsmarkt vorliegen. Der Ansatz geht noch einen Schritt weiter und besagt, dass nicht nur unterschiedliche Machtinteressen, sondern auch Machtasymmetrien zwischen der Arbeitsnachfrage und der Arbeitsangebotsseite vorliegen (Brandl 2010:82). Das Vorhandensein von Machtinteressen auf Märkten kann dadurch begründet werden, dass Märkte keine naturgesetzlichen Konstrukte sind, sondern soziale Gebilde, die sich über die Zeit im Spannungsfeld von unterschiedlichen Interessen entwickelt haben (Polanyi 1944:59). Somit sind Tarifverträge sogar nötig, um Machtasymmetrien auszugleichen und eine Funktionalität des Arbeitsmarktes zu gewährleisten (Brandl 2010:82).

Werden die Forschungsergebnisse zu beiden Ansätzen betrachtet, kann konstatiert werden, dass eher ein Konsens für den zweiten Ansatz gefunden werden kann. Die Studien finden somit auf dem Arbeitsmarkt unterschiedliche Macht- und Interessenverhältnisse, die einen Einfluss auf Marktergebnisse haben (Brandl 2010:82).

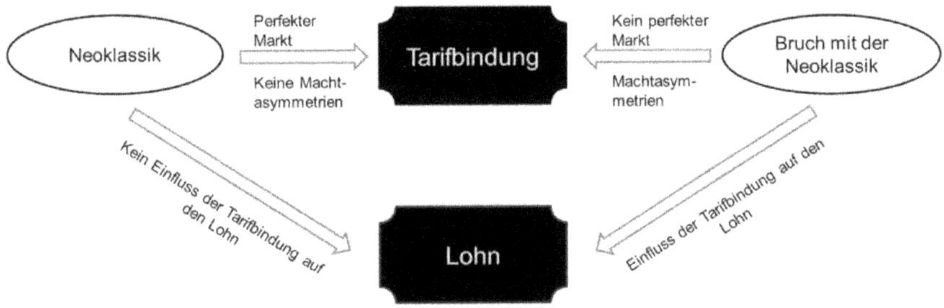

Abbildung 10: Einfluss der Tarifbindung auf den Lohn
Quelle: eigene Darstellung, 2020

Bezogen auf den Lohn können zwei Wirkungsrichtungen unterschieden werden. Einerseits können Tarifverträge durch bspw. eine Lohnerhöhung die Nachfrageseite der Wirtschaft beeinflussen (Brandl 2010:83). Eine Lohnerhöhung führt dazu, dass die Kaufkraft der Beschäftigten steigt, was zu einem steigenden Konsum führt. Über die gestiegene Kaufkraft können noch weitere ökonomische Kenngrößen wie die Inflation oder die Beschäftigung beeinflusst werden (Brandl 2010:83).

Andererseits haben Tarifverträge auch einen Verteilungseffekt. Dieser steht in direktem Zusammenhang mit dem Grad an Zentralisierung und dem Deckungsgrad von Tarifverträgen. Tarifverträge wirken egalitärer, je höher die Deckungsrate und der Zentralisationsgrad sind. Dieser Zusammenhang kann anhand des Lohnausgleicheffekts erklärt werden. Dezentrale Formen der Lohnbestimmung führen zu einer Fehlallokation von Arbeit und Löhnen (Brandl 2010:83). Denn in einzelnen Betrieben in unterschiedlichen Branchen herrschen unterschiedliche wirtschaftliche Bedingungen. Diese Unterschiede führen dazu, dass differente Lohnfestsetzungen in den einzelnen Betrieben stattfinden. Dem gegenüber stehen kollektiv geführte Lohnverhandlungen, die zu einer egalitären Entlohnung führen. Somit kann durch Tarifverträge auch über unterschiedliche Betriebe hinweg eine gleiche Entlohnung für gleiche Arbeit durchgesetzt werden (Brandl 2010:84).

Zusammengefasst sollte aus theoretischer Perspektive eine höhere Tarifbindung die Streuung der Löhne sowohl zwischen als auch innerhalb der Betriebe senken und somit die Lohnungleichheit reduzieren. Aus Kapitel 2.1.3 wird allerdings deutlich, dass die Tarifbindung seit Mitte der 1990er Jahre stetig zurückgeht (Schulten 2018). Dies könnte zur Folge haben, dass die Löhne wieder stärker variieren und sich somit die Lohnungleichheit erhöht.

Die Wirkungsweise der Tarifbindung kann auch durch die Insider-Outsider-Theorie von Lindbeck und Snower 1989 erklärt werden. Hierbei wird der Blick nicht nur auf die Beschäftigten gelegt, sondern es werden auch die Arbeitslosen auf der Angebotsseite berücksichtigt.

Um durch die Insider-Outsider-Theorie den Zusammenhang zwischen dem gewerkschaftlichen Organisationsgrad und der Verteilung der Löhne theoretisch zu erklären, muss von einigen Grundannahmen des neoklassischen Modells abgewichen werden (Schwedler 1991:210). Danach gelten auf dem Arbeitsmarkt weder vollkommene Information noch eine Homogenität der gehandelten Güter noch Transaktionskosten oder eine unendlich schnelle Anpassungsreaktion.

Der Ansatz unterscheidet zwei Gruppen auf dem Arbeitsmarkt. Die Insider zeichnen sich durch eine lange Unternehmenserfahrung aus, wodurch diese ein hohes betriebsspezifisches Humankapital aufweisen können. Als Outsider können nicht nur Arbeitslose angesehen werden, sondern auch die prekär Beschäftigten (Schwedler 1991:211). Durch diese Aufteilung wird bereits die Entstehung unterschiedlicher Interessenlagen innerhalb der Arbeitsangebotsseite deutlich (Dingeldey u. a. 2015:242). Weiterhin zeigt sich eine selektive Repräsentation der verschiedenen Arbeitnehmergruppen bei der kollektiven Interessenvertretung. So gelten Gewerkschaften primär als Zusammenschluss von Insidern, die ihre Präferenzen maßgeblich vorantreiben (Sesselmeier 2004:129).

Insider versuchen durch bestimmte Schließungsmechanismen eine Verbesserung der Marktlöhne und der Arbeitsplatzsicherheit im Vergleich zu den Outsidern zu erzielen (Köhler, Sesselmeier, und Struck 2015:208). Diese Schließungsressourcen erhalten die Insider aufgrund ihrer Markt- und Produktionsmacht. Diese Macht kann entweder individuell oder kollektiv ausgespielt werden (Köhler u. a. 2015:208). Eine kollektive Durchsetzung dieser Marktmacht durch gewerkschaftliche Organisationen hat den Vorteil, dass durch gemeinschaftliche Aktionen, wie z.B. Streiks, die Intensität der Macht noch verstärkt werden kann (Lindbeck und Snower 2001:170). Da sich Gewerkschaften aus einer Vielzahl von Insidern zusammensetzen, ist die Macht der Gewerkschaft nicht zwangsläufig von der Stellung eines Insiders abhängig, sondern es kommt auf die Machtposition des Kollektives an (Dingeldey u. a. 2015:256). Dadurch, dass die Gewerkschaft als Vertretung vieler Beschäftigten auftritt, werden Lohnverhandlungen nicht mehr aufgrund von individuellen Merkmalen geführt, was zu einer Vereinheitlichung der Lohnhöhe führt. Outsider haben kaum eine Einflussmöglichkeit auf die Ziele der Gewerkschaften (Lindbeck und Snower 2002:28).

Eine hohe Tarifbindung trägt durch den verursachten Umverteilungsprozess somit deutlich zur Verringerung der Ungleichheit bei. Dies gilt allerdings nur für bestimmte Personengruppen. Eine besonders große Wirkung erzielen diese

Umverteilungsprozesse im mittleren und unteren Bereich der Lohnverteilung (Bosch und Weinkopf 2012:228). Höhere Löhne werden zumeist einzelvertraglich vereinbart. Daher haben Tarifverträge keinen Einfluss auf die Löhne von Hochqualifizierten. Zusammenfassend können aus den aufgezeigten theoretischen Überlegungen zum Zusammenhang zwischen dem gewerkschaftlichen Organisationsgrad und der Verteilung der Löhne die folgenden Hypothesen aufgestellt werden:

H5: Liegt Tarifbindung vor, hat dies einen positiven Einfluss auf die Lohnhöhe von Geringqualifizierten.

H6: Liegt Tarifbindung vor, hat dies einen positiven Einfluss auf die Lohnhöhe von Mittelqualifizierten.

H7: Liegt Tarifbindung vor, hat dies weder einen positiven noch einen negativen Einfluss auf die Lohnhöhe von Hochqualifizierten.

Wie bei der Wirkung des technischen Fortschritts beschreiben die Hypothesen der Tarifbindung zunächst den Einfluss auf den Lohn. Werden die Einflüsse dieser Hypothesen zusammengefasst, ergibt sich der Einfluss der Tarifbindung auf die Lohnverteilung bzw. die Lohnungleichheit. Die Tarifbindung erhöht sowohl die Löhne am unteren Ende der Verteilung als auch in der Mitte der Verteilung. Auf die Lohnhöhe am oberen Ende der Verteilung hat die Tarifbindung keinen Einfluss. Somit reduziert sich allerdings die Streuung der Löhne innerhalb der Verteilung, was sich durch eine reduzierte Lohnungleichheit bemerkbar macht. Im Umkehrschluss kann gesagt werden, dass wenn die Tarifbindung immer weiter zurückgeht, sich dadurch die Lohnungleichheit in Deutschland immer weiter erhöht. Daher kann aufbauend auf den Hypothesen 5 bis 7 bezüglich der Lohnverteilung die folgende Hypothese aufgestellt werden:

H8: Liegt Tarifbindung vor, steigen die Löhne im unteren und mittleren Bereich der Verteilung, was die Lohnungleichheit reduziert.

3.3.3. Kombination der Einflussfaktoren

Werden alle bisher aufgezeigten theoretischen Argumentationen zusammengefasst und miteinander verknüpft, kann aufgezeigt werden, dass der polarisierende Einfluss des technischen Fortschritts durch den Einfluss der Tarifbindung qualitativ überlagert wird. Durch den voranschreitenden technischen Fortschritt steigen vor allem die Löhne der Hoch- und Geringqualifizierten. Eine sinkende Tarifbindung führt dazu, dass vor allem Gering- und Mittelqualifizierte Lohneinbußen in Kauf nehmen müssen. Treffen nun beide Aussagen in gleichem Maße zu, können Hochqualifizierte Lohnsteigerungen erfahren, wohingegen Mittel- und Geringqualifizierte eher mit Lohnstagnationen oder Lohnreduktionen konfrontiert sind. Die folgende Abbildung fasst nochmals alle hier aufgezeigten Wirkungsmechanismen des technischen Fortschritts sowie der Tarifbindung zusammen.

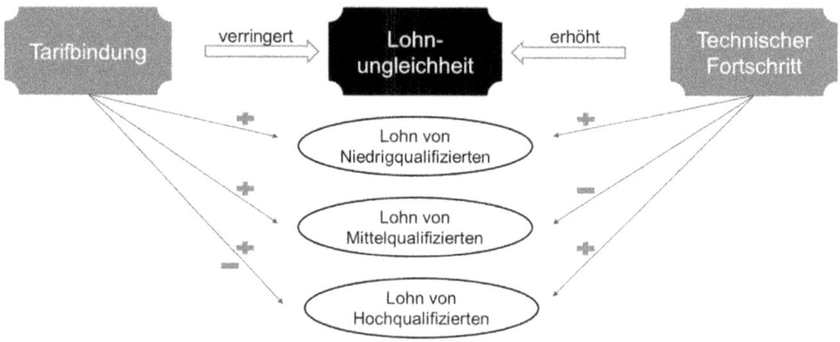

Abbildung 11: Übersicht der Wirkungszusammenhänge der zu untersuchenden Einflussfaktoren auf die Lohnungleichheit
Quelle: eigene Darstellung, 2020

Die bisherigen Überlegungen zeigen auf, welchen Einfluss jeweils der technische Fortschritt sowie die Tarifbindung auf die Lohnhöhe haben und wie sich dieser auf die Lohnverteilung auswirkt. Diese Ausführungen können noch keine Aussage darüber treffen, welchen gemeinsamen Effekt beide Faktoren auf die Lohnverteilung haben. Sie erklären also nicht die Folge, wenn sowohl Tarifbindung als auch ein ausgeprägter technischer Fortschritt im Betrieb zu finden sind. Für Geringqualifizierte gilt, dass sowohl die Tarifbindung als auch der technische Fortschritt einen positiven Einfluss auf die Lohnhöhe haben. Daher kann davon ausgegangen werden, dass, wenn beide Faktoren gemeinsam wirken, ebenfalls ein positiver Effekt auf die Lohnhöhe gefunden werden kann. Somit kann für Geringqualifizierte die folgende Hypothese aufgestellt werden:

> *H9: Liegt sowohl eine Tarifbindung als auch ein ausgeprägter technischer Fortschritt vor, hat dies einen positiven Einfluss auf die Lohnhöhe von Geringqualifizierten.*

Für Mittelqualifizierte gilt, dass die Tarifbindung einen positiven Einfluss auf die Lohnhöhe hat, wohingegen sich der technische Fortschritt negativ auf den

Lohn dieser Beschäftigten niederschlägt. Wird davon ausgegangen, dass beide Einflüsse etwa die gleiche Wirkungsstärke aufweisen, heben sich die beiden Wirkungsrichtungen auf. Dies hat zur Folge, dass eine Interaktion der beiden Einflussfaktoren weder einen positiven noch einen negativen Einfluss auf die Lohnhöhe von Mittelqualifizierten hat. Daher kann folgende Hypothese aufgestellt werden:

> *H10: Liegt sowohl eine Tarifbindung als auch ein ausgeprägter technischer Fortschritt vor, hat dies weder einen positiven noch einen negativen Einfluss auf die Lohnhöhe von Mittelqualifizierten.*

Für Hochqualifizierte kann gezeigt werden, dass der technische Fortschritt einen positiven Einfluss auf die Lohnhöhe hat. Für die Tarifbindung kann weder ein positiver noch ein negativer Einfluss auf die Lohnhöhe konstatiert werden. Sobald einer der beiden Faktoren einer Interaktion keinen Einfluss auf die zu untersuchende Variable aufweist, hat auch der gesamte Interaktionsterm keinen Einfluss. Daher kann für eine Interaktion zwischen dem technischen Fortschritt und der Tarifbindung für Hochqualifizierte die folgende Hypothese aufgestellt werden:

> *H11: Liegt sowohl eine Tarifbindung als auch ein ausgeprägter technischer Fortschritt vor, hat dies weder einen positiven noch einen negativen Einfluss auf die Lohnhöhe von Hochqualifizierten.*

Eine mögliche Interaktion des technischen Fortschritts und der Tarifbindung führt dazu, dass der Lohn von Geringqualifizierten ansteigt, die Lohnhöhe von Mittel- und Hochqualifizierten allerdings weder positiv noch negativ beeinflusst wird. Dies hat zur Folge, dass sich die Diskrepanz zwischen den Löhnen am unteren und oberen Ende der Verteilung reduziert, was dazu führt, dass sich die vorhandene Lohnungleichheit verringert. In Bezug auf den Einfluss des Interaktionsterms zwischen technischem Fortschritt und der Tarifbindung auf die Verteilung der Löhne kann folgende Hypothese aufgestellt werden.

> *H12: Unter Berücksichtigung des technischen Fortschritts und der Tarifbindung steigen die Löhne am unteren Ende der Verteilung, was die Lohnungleichheit reduziert.*

Die bisherigen Kapitel dienen dazu, den Einfluss des technischen Fortschritts und der Tarifbindung auf die Lohnhöhe bzw. die Lohnverteilung aufzuzeigen. Hierbei wurden theoriegeleitet Hypothesen aufgestellt, die im Folgenden empirisch überprüft werden sollen.

4. Operationalisierung und Methode

Das folgende Kapitel dient dazu, den für die Analyse verwendeten Datensatz vorzustellen und auf die angewandte Methodik einzugehen. Es liegt ein Fokus darauf, die Auswahl des Datensatzes und der verwendeten Variablen aufzuzeigen und die Vor- und Nachteile zu erläutern. Weiterhin wird das empirische Modell näher erläutert, indem zunächst die deskriptiven Analysen und anschließend das multivariate Modell vorgestellt werden.

4.1. LIAB: Linked-Employer-Employee-Daten des IAB

Der LIAB7517[12] stellt eine Verknüpfung unterschiedlicher Datenquellen des Instituts für Arbeitsmarkt- und Berufsforschung (IAB) dar. Der Datensatz wird mittels des Forschungsdatenzentrums (FDZ) der Bundesagentur für Arbeit (BA) für wissenschaftliche Analysen bereitgestellt (Schmidtlein, Seth, und Umkehrer 2019:6). Im LIAB7517 werden Daten aus dem jährlich durchgeführten IAB-Betriebspanel mit Informationen zu den Beschäftigten bzw. Arbeitslosen aus den Prozessdaten der Bundesagentur für Arbeit verknüpft. Die administrativen Prozessdaten werden über die Integrierten Erwerbsbiografien (IE) erhoben (Schmidtlein u. a. 2019:6).

Für das hier verwendete LIAB-Längsschnittmodell bildet das IAB-Betriebspanel den Ausgangspunkt für die Ziehung der Personendaten. Zunächst werden Betriebe für den Panelzeitraum aus dem IAB-Betriebspanel ausgewählt (Schmidtlein u. a. 2019:7). Danach werden Personen aus den für den Panelzeitraum ausgewählten Betrieben herausgegriffen, die nach den Prozessdaten mindestens einen Tag im Panelzeitraum bei zumindest einem der ausgewählten Betriebe beschäftigt waren. Abschließend werden diesen Personen alle verfügbaren administrativen Erwerbsbiografien zugespielt (Schmidtlein u. a. 2019:7). Hierbei ist darauf hinzuweisen, dass bei dem hier gewählten Panel-Design die Betriebe über den Beobachtungszeitraum identisch sind. Dies bedeutet allerdings nicht, dass auch die Beschäftigten in den Betrieben identisch sind. Hier

12 Die Datengrundlage dieses Beitrags bildet das LIAB-Längsschnittmodell, Version 1975–2017, der Linked Employer-Employee Daten des IAB. Der Datenzugang erfolgte über einen Gastaufenthalt am Forschungsdatenzentrum der Bundesagentur für Arbeit im Institut für Arbeitsmarkt- und Berufsforschung (FDZ) und anschließend mittels kontrollierter Datenfernverarbeitung beim FDZ. DOI:10.5164/IAB.LIABLM7517.de.en.v1

kann es über den Beobachtungszeitraum zu Beschäftigungswechseln kommen, die dazu führen, dass nicht immer die gleichen Individuen betrachtet werden.

IAB-Betriebspanel

Bei dem IAB-Betriebspanel handelt es sich um eine jährlich durchgeführte repräsentative Arbeitgeberbefragung zu betrieblichen Determinanten des Arbeitsmarktes (Fischer u. a. 2008:4). Seit dem Jahr 1993 wird das Panel in Westdeutschland erhoben. Im Jahr 1996 kamen die neuen Bundesländer hinzu. Aktuell sind somit die Wellen für die Jahre 1993 bis 2017 verfügbar. Jährlich werden etwa 16.000 Betriebe aller Wirtschaftszweige und Größenklassen befragt (Fischer u. a. 2008:4). Mittels des IAB-Betriebspanels können Aussagen zu folgenden Bereichen des Arbeitsmarktes getroffen werden:

« Beschäftigungsentwicklung
« Geschäftsentwicklung
« Investitions- und Innovationstätigkeiten
« Personalstruktur
« Aus- und Weiterbildungsmaßnahmen
« Allgemeine Betriebsangaben

Integrierte Erwerbsbiografien (IEB)

In den Integrierten Erwerbsbiografien sind Daten zu Personen enthalten, die im Beobachtungszeitraum mindestens einen der folgenden Zustände aufgewiesen haben:

« Sozialversicherungspflichtige Beschäftigung in Deutschland
« Geringfügige Beschäftigung in Deutschland
« Bezug von Leistungen des SGB II und SGB III
« Bei der Bundesagentur für Arbeit oder den Grundsicherungsträgern als arbeitssuchend gemeldet
« Teilnahme an arbeitsmarktpolitischen Maßnahmen

Alle Daten bezüglich der sozialversicherungspflichtigen und geringfügigen Beschäftigung stammen aus der Beschäftigtenhistorik (BeH). Die Daten bezüglich der Bezüge von Leistungen der SGB II und SGB III sind der Leistungsempfängerhistorik entnommen (Schmidtlein u. a. 2019:20). Für die hier aufgestellte Fragestellung werden keine Daten der Arbeitslosen benötigt. Daher werden die Daten der Leistungsempfängerhistorik aus der Analyse ausgeschlossen. Ein wichtiger Unterschied zu anderen Paneldaten ist, dass es sich bei den Daten der IEB nicht um Befragungsdaten handelt, sondern um Daten, die durch den Arbeitgeber der Bundesagentur für Arbeit gemeldet werden (Schmidtlein u. a. 2019:20).

In den Integrierten Erwerbsbiografien sind Informationen zu den folgenden Merkmalen enthalten:

« Gehalt
« Arbeits- und Wohnort
« Alter
« Geschlecht
« Nationalität
« Ausgeübte Tätigkeit
« Schul- und Berufsausbildung

Die folgende Abbildung fasst die einzelnen Datenquellen des LIAB7517 zusammen.

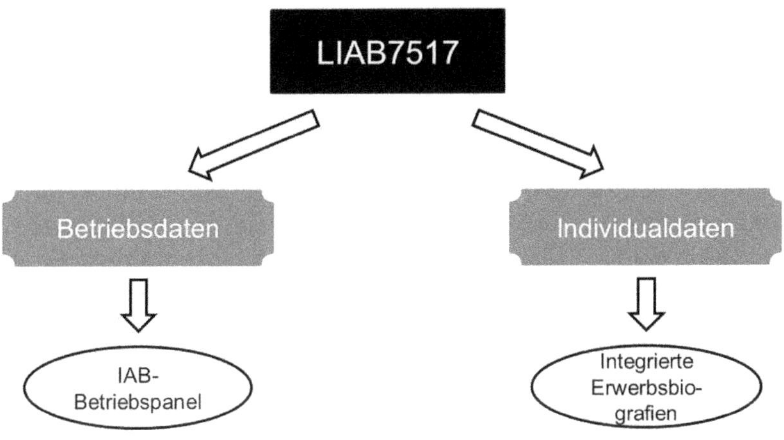

Abbildung 12: Datenquellen des LIAB7517
Quelle: Eigene Darstellung, 2020

Zusammenfassend lässt sich sagen, dass der LIAB-Datensatz sowohl Informationen seitens des Arbeitsangebotes als auch der Arbeitsnachfrage enthält. Somit wird die individuelle Perspektive um eine betriebliche ergänzt. Diese Kombination der Informationen war ausschlaggebend für die Auswahl des Datensatzes. Denn für die Beantwortung der Fragestellung ist es entscheidend, sowohl Informationen über die Beschäftigten (z.B. Lohn, ausgeübte Tätigkeit, Geschlecht) als auch Betriebsinformationen (z.B. Investitionen in IT, Tarifbindung, Branche) zu kennen. Dies wäre durch andere Panel-Datensätze, wie z.B. dem SOEP nicht möglich gewesen.

Weiterhin bietet der Datensatz den Vorteil, dass im LIAB7517 eine größere Stichprobe als im SOEP vorliegt. In ersterem werden zwei Prozent aller sozialversicherungspflichtig Beschäftigten berücksichtigt, wodurch sich eine repräsentative Grundgesamtheit für die Analyse ergibt. Weiterhin werden die Informationen bezüglich der Löhne nicht durch Befragungen ermittelt, sondern durch die amtlichen Meldungen der Arbeitgeber, wodurch sich bei der Lohnvariable keine Missings ergeben und keine soziale Erwünschtheit auftritt. Somit kann in dieser Hinsicht eine hohe Zuverlässigkeit der Daten garantiert werden.

Es gibt allerdings auch einige Nachteile des gewählten Datensatzes. Da es sich bei den Lohndaten um Meldungen der Arbeitgeber handelt, sind diese an der Beitragsbemessungsgrenze abgeschnitten. Daher findet eine Zensierung der oberen Löhne statt. Da für die Fragestellung allerdings das gesamte Lohnspektrum relevant ist, wird ein Imputationsverfahren vorgenommen, das in Kapitel 4.1.1 näher erläutert wird. Weiterhin fehlen im Datensatz einige Informationen, die einen Einfluss auf die Lohnhöhe haben und somit nicht als Kontrollvariablen berücksichtigt werden können. Dies umfasst bspw. den Familienstand und die Anzahl der Kinder, die nur bei der Leistungsempfängerhistorik erfasst werden und daher nicht für Beschäftigte vorliegen. Zudem sind keine Informationen im Datensatz enthalten, die die wöchentliche Arbeitszeit erfassen. Es kann lediglich zwischen Voll- und Teilzeit unterschieden werden. Aufgrund der besseren Vergleichbarkeit werden die Analysen nur für Vollzeitbeschäftigte durchgeführt. Die Selektion der Stichprobe orientiert sich an Baumgarten 2013; Card u. a. 2013; Felbermayr u. a. 2014.

Außerdem kann nicht der gesamte verfügbare Zeitraum genutzt werden, da Daten für Ostdeutschland erst ab dem Jahr 1996 erhoben sind. Da sich die Analyse jedoch auf das gesamte Bundesgebiet[13] bezieht, werden die Jahre 1993 bis 1995 nicht berücksichtigt. Weiterhin sind im gewählten Datensatz keine Informationen zu Beamten oder Selbstständigen enthalten. Daher können die hier durchgeführten Analysen lediglich Aussagen über sozialversicherungspflichtig Beschäftigte treffen. Diese Einteilung erscheint allerdings auch zweckdienlich für die Beantwortung der Fragestellung, da Beamte keine Tarifbindung aufweisen und das Einkommen von Selbstständigen im Wesentlichen von anderen Kriterien als der Tarifbindung und des technischen Fortschritts abhängt. Bevor im Folgenden auf die einzelnen Variablen im Detail eingegangen wird, zeigt die folgende Abbildung eine Übersicht der berücksichtigten Variablen. Diese können in abhängige, unabhängige und Kontrollvariablen unterteilt werden.

---

13 Für die Analyse wird das gesamte Bundesgebiet berücksichtigt, allerdings fließt die Unterscheidung nach Ost- und Westdeutschland als Kontrollvariable in die Berechnung ein.

Tabelle 3: Übersicht der in der Analyse berücksichtigten Variablen.

Variable	Quelle	Relevanz
Tagesentgelt	IEB	Abhängige Variable
Investitionen in IT	IAB Betriebspanel	Unabhängige Variable
Tarifverträge	IAB Betriebspanel	Unabhängige Variable
Alter	IEB	Kontrollvariable
Geschlecht	IEB	Kontrollvariable
Nationalität	IEB	Kontrollvariable
Schulische Ausbildung	IEB	Kontrollvariable
Berufliche Ausbildung	IEB	Kontrollvariable
Beruf	IEB	Kontrollvariable
Wirtschaftszweig	IAB Betriebspanel	Kontrollvariable
Anforderungsniveau	IEB	Kontrollvariable
Arbeitsort	IEB	Kontrollvariable
Betriebsgröße	IAB Betriebspanel	Kontrollvariable
Stand der Technik	IAB Betriebspanel	Kontrollvariable
Konjunktur	Stat. Bundesamt	Kontrollvariable

Quelle: Eigene Darstellung, 2020

4.1.1. Entwicklung der Löhne als zentrale abhängige Variable

Als zentrale zu untersuchende und somit abhängige Variable wird in dieser Arbeit die Verteilung der Löhne betrachtet. Es soll gezeigt werden, welchen Einfluss bestimmte Determinanten auf die Verteilung der Löhne haben. Um eine Aussage über die Verteilung der Löhne treffen zu können, müssen zunächst die Löhne betrachtet werden. Diese liegen im LIAB7517 durch das Bruttotagesentgelt vor.

Das Bruttotagesentgelt ist ein Merkmal aus der Beschäftigtenhistorik (BeH) und berechnet sich aus dem vom Arbeitgeber gemeldeten Zeitraumentgelt und der Dauer des Beschäftigungszeitraums in Kalendertagen im Beobachtungsjahr. Das Bruttotagesentgelt beinhaltet jegliche Zahlungen in einem Kalenderjahr, wie etwa Sonderzahlungen, Boni, Urlaubs- oder Weihnachtsgeld (Binder und Schwengler 2006:5). Bis zum Jahr 1998 wird das Tagesentgelt in DM angegeben. Ab dem Jahr 1999 werden Euro-Beträge berichtet (Herrlinger und Alda 2005:56). Daher wurde das Tagesentgelt der Jahre 1996 bis 1998 mit einem Faktor von 0,511292 in Euro umgerechnet (es gilt der Wechselkurs vom 25.11.2019) (Bundesfinanzministerium 2019). Bis zum Jahr 1998 wurde lediglich das sozialversicherungspflichtige Arbeitsentgelt durch den Arbeitgeber gemeldet. Mit Einbeziehung der geringfügigen Beschäftigung in das Meldeverfahren wurden ab dem Jahr 1999 auch Entgelte unterhalb der Geringfügigkeitsgrenze ausgewiesen (Herrlinger und Alda 2005:57). Da dies zu einem Bruch in den Lohndaten führt, wird für den gesamten Analysezeitraum das Entgelt von geringfügig Beschäftigten nicht berücksichtigt.[14] Weiterhin werden die Entgelte durch den Arbeitgeber nur bis zur Beitragsbemessungsgrenze der gesetzlichen Rentenversicherung gemeldet (Herrlinger und Alda 2005:57).

Da auch die oberen Löhne der Verteilung in der Analyse berücksichtigt werden sollen, wird ein Imputationsverfahren der Löhne oberhalb der Beitragsbemessungsgrenze durchgeführt. Die verwendeten Beitragsbemessungsgrenzen sind Tabelle A1 des Anhangs zu entnehmen. Um die Löhne oberhalb der Beitragsbemessungsgrenze schätzen zu können, eignet sich das Tobit-Modell (Gartner 2004:2). In diesem können Variablen wie etwa Alter, Geschlecht, Nationalität, Beruf oder Qualifikation als erklärende Faktoren für die zu schätzende Variable hinzugenommen werden.[15] Um eine bereinigte Korrelation des Lohns mit den Kovariablen zu bestimmen, wird ein zufälliger Wert lnw^{imp} (lnw ist der logarithmierte Lohn) aus einer Normalverteilung gezogen.

Im Folgenden wird mit *Lnw* der logarithmierte Lohn bezeichnet, der ab der Beitragsbemessungsgrenze α nicht mehr in den Daten vorliegt. Es soll somit der

14 Diese Annahme wurde getroffen, um die Vergleichbarkeit der Ergebnisse über den gesamten Beobachtungszeitraum zu gewährleisten. Idealerweise müssten auch die Löhne der geringfügig Beschäftigten in der Analyse berücksichtigt werden, um die gesamte Bandbreite der Löhne abzudecken. Dadurch hätten allerdings fünf Jahre des Beobachtungszeitraumes nicht berücksichtigt werden können.

15 Bei den hier aufgeführten Einflussgrößen handelt es sich um Variablen aus dem LIAB-Datensatz.

imputierte Lohn Lnw_i^{imp} über das Ziehen aus einer gestutzten Verteilung generiert werden, um eine bereinigte Korrelation zu erhalten.

So gilt $\alpha = \ln(Beitr)$ als die logarithmierte Beitragsbemessungsgrenze und $e = lnw^{imp} \sim N\left(x^t \breve{\beta}, \sigma^2\right)$. Anschließend werden e und α standardisiert, wodurch sich die folgenden Gleichungen ergeben:

$$\varepsilon = \frac{e - x^T \breve{\beta}}{\sigma} \sim N(0,1)$$

und

$$\propto = \frac{\alpha - x^T \breve{\beta}}{\sigma}$$

mit jeweils der Verteilungsfunktion Φ und der Dichtefunktion φ. Die Verteilungsfunktion $G_\varepsilon()$ von ε oberhalb der standardisierten Beitragsbemessungsgrenze lautet dann:

$$G_\varepsilon(z|z > \propto) = \mathbb{P}(\varepsilon \leq z|z > \propto) = \frac{\mathbb{P}(\varepsilon \leq z, z > \propto)}{\mathbb{P}(\varepsilon > \propto)}$$

$$= \frac{\mathbb{P}(\varepsilon \leq z, z > \propto)}{1 - \mathbb{P}(z \leq \propto)}$$

$$= \frac{1}{1 - \Phi(\propto)} * \int_{-\infty}^{z} \mathbb{I}_{\{y > \propto\}} \varphi(y) dy$$

$$= \frac{1}{1 - \Phi(\propto)} \int_{\infty}^{z} \varphi(y) dy$$

$$= \frac{1}{1 - \Phi(\propto)} \left(\int_{-\infty}^{z} \varphi(y) dy - \int_{-\infty}^{\infty} \varphi(y) dy \right)$$

$$= \frac{\Phi(z) - \Phi(\propto)}{1 - \Phi(\propto)}$$

Das Inverse der Funktion lautet:

$$[0,1] \ni G_z(z|z > \propto) =: Y = \frac{\Phi(z) - \Phi(\propto)}{1 - \Phi(\propto)}$$

$$\Leftrightarrow z = \Phi^{-1}\left(Y\left(1 - \Phi(\propto)\right) + \Phi(\propto)\right) = \varepsilon$$

Um damit rechnen zu können wird Γ mit dem Schätzer $\frac{1}{\Gamma}$ ersetzt und für Y eine auf dem Intervall [0,1] gleichverteilte generierte Zufallszahl verwendet. Aus

$$\varepsilon_i = \frac{Lnw_i^{imp} - x_i^T \breve{\beta}}{\breve{\sigma}}$$

folgt dann

$$Lnw_i^{imp} = x_i^T \breve{\beta} + \varepsilon_i \hat{\Gamma}$$

Um eine bessere Vergleichbarkeit der Entgelte über die Zeit zu erreichen, gehen diese inflationsbereinigt in die Analyse ein. Ausgangsjahr für die Inflationsbereinigung bildet das Jahr 2017. Hierbei werden die jährlichen Wachstumsraten des Verbraucherpreisindex des Statistischen Bundesamtes herangezogen und mit dem jährlich berichteten Lohn verrechnet (Statistisches Bundesamt 2020b). Die jährlichen Wachstumsraten des Verbraucherpreisindex können der Tabelle A3 im Anhang entnommen werden.

Da es sich um die gemeldeten Entgelte der Arbeitgeber handelt und diese versicherungsrelevant sind, wird davon ausgegangen, dass es sich um korrekte Meldungen handelt. Es kann allerdings nicht ausgeschlossen werden, dass es zu Fehlkodierungen gekommen ist. Daher werden Tagesentgelte unter 16 Euro aus der Analyse ausgeschlossen, da es sich hierbei um die auf den Kalendertag umgerechnete Geringfügigkeitsgrenze handelt (Herrlinger und Alda 2005:57).

Die nun final aufbereitete Variable des Tagesentgeltes wird in der Analyse zunächst für die deskriptiven Auswertungen verwendet. Für die Berücksichtigung der Variablen in den multivariaten Analysen ist es ferner notwendig, das Tagesentgelt zu logarithmieren. Trotz des Imputationsverfahrens der Löhne oberhalb der Beitragsbemessungsgrenze liegt weiterhin eine rechtsschiefe Verteilung des Tagesentgeltes vor. Da die Variablen im Regressionsmodell allerdings normalverteilt sein müssen, wird eine Logarithmierung des Tagesentgeltes vorgenommen (Jann 2005:180). Weiterhin liegt bei logarithmierten Löhnen eine schlankere Verteilung vor, wodurch Ausreißer einen geringeren Effekt auf den Output haben (Jann 2005:181).

Diese Untersuchung greift somit die Bruttoarbeitsentgelte aller sozialversicherungspflichtig Beschäftigten auf. Dies sind Arbeitsentgelte vor Abzug von Steuern und möglichen Transferzahlungen. Sie spiegeln die unmittelbare Entlohnung auf dem Arbeitsmarkt wider. Die trachtung dieser Kenngröße des Arbeitseinkommens ist sinnvoll, da zum einen rund 72 Prozent des gesamten Einkommens auf diese Einkommensquelle entfallen (Stein 2018:372) und zum anderen dort die potenziellen Auswirkungen der einzelnen Einflussfaktoren des Arbeitsmarktes am unmittelbarsten wirken (Bartels 2020:11). Wie im obigen Abschnitt bereits erwähnt, wird sich in der Analyse auf die Lohnentwicklung für sozialversicherungspflichtig Beschäftigte bezogen. Diese Vorgehensweise ist auch in vielen weiteren Studien zu finden (Bossler, Fitzenberger, und Seidlitz 2020; Felbermayr u. a. 2014; Fitzenberger 2012).

4.1.2. Der technische Fortschritt als zentrale unabhängige Variable

An dieser Stelle sei auf die in Kapitel 2.3.1 erarbeitete Definition des technischen Fortschritts verwiesen:

> *„Anwendung neuer Verfahren, die eine effektivere Produktion der bekannten Produkte und Materialien sowie die intelligente Nutzung von akkumuliertem Wissen in Form einer verbesserten Organisation der Produkte ermöglichen".*

Die Schwierigkeit einer adäquaten Operationalisierung besteht darin, im verwendeten Datensatz eine Variable zu finden, die den Inhalt möglichst genau widerspiegelt. Wie in Kapitel 3.1 bereits aufgearbeitet wurde, bietet die aktuelle Datengrundlage in Deutschland keine ideale Grundlage für die Operationalisierung des technischen Fortschritts. Zwar gibt es neuere Datensätze aus den vergangenen beiden Jahren, die versuchen, den aktuellen Stand der Technik in den Betrieben zu erfassen und Investitionen in neue Technologien aufzuzeigen (Arntz u. a. 2018:14). Allerdings bilden diese Befragungen nur einen kleinen zeitlichen Umfang (2011 bis 2016) ab. Daher wurde auf die Imputation dieser Befragung in den LIAB-Datensatz verzichtet und auf Variablen des IAB-Betriebspanels zurückgegriffen, die bereits Bestandteil des LIAB7517 sind.

Das IAB-Betriebspanel bietet eine Reihe von Variablen, die den Inhalt der oben aufgestellten Definition des technischen Fortschritts beinhalten:

« Investitionen in EDV oder Informations- und Kommunikationstechnik
« Anteil an Erweiterungsinvestitionen
« Implementierung eines verbesserten oder weiterentwickelten Produkts/Leistung
« Implementierung eines neuen Produkts/Leistung
« Entwicklung eines Verfahrens, die den Produktionsprozess merklich verbessert hat
« Zahl der Beschäftigten im Bereich Forschung und Entwicklung

Nach einer Sichtung aller Variablen im Datensatz fiel die Entscheidung, den technischen Fortschritt mittels der Variablen „Investitionen in EDV oder Informations- und Kommunikationstechnik" zu operationalisieren. Somit wurde eine Operationalisierung gewählt, die auch bereits in anderen Studien Anwendung fand (Ferschli u. a. 2019; Guthardt 1987; Klauder 1986; Picot, Reichwald, und Wigand 2001). Zudem gehört diese Variable zu jenen, die seit dem Beginn der Befragung im Jahr 1993 bis heute kontinuierlich abgefragt werden. Die weiteren oben aufgezeigten Variablen kamen erst später in den Fragebogen hinzu oder werden nur unregelmäßig abgefragt. Daher kann bei der ausgewählten Variablen der größte Zeithorizont erfasst werden. Eine große Zeitspanne ist besonders wichtig für die Beantwortung der Fragestellung, da die Verteilung der Löhne und deren Entwicklung im Fokus der Untersuchung steht und ein längerer Beobachtungszeitraum die Aussagekraft der Ergebnisse erhöht.

Außerdem beinhaltet die Variable wesentliche Bestandteile der oben aufgestellten Definition des technischen Fortschritts. So kann durch Investitionen in EDV eine rationellere Produktion ermöglicht werden. Eine verstärkte Informations- und Kommunikationstechnik kann ferner dazu beitragen, eine verbesserte Organisation der Produkte zu gewährleisten. Zuletzt bildet die Frage nach den Investitionen in EDV oder Informations- und Kommunikationstechnik den technischen Wandel als solchen ab. Im Jahr 1993 wurde unter EDV noch etwas anderes verstanden als heute. So wurde im Jahr 1993 möglicherweise die Anschaffung eines PCs oder Druckers als EDV bezeichnet. Im Jahr 2017 werden darunter allerdings auch große Datenverwaltungs- oder Analyseprogramme erfasst. Somit werden unabhängig vom Zeitpunkt die wesentlichen Elemente technischer Produkte erfasst, indem die in jedem Jahr relevanten Investitionen in technische Erneuerungen erfasst werden. Dies rechtfertigt auch die Abgrenzung des recht großen Zeithorizontes.

Die Variable geht als Dummy-Variable in die multivariate Regression ein, wobei die Ausprägung „null" für keine Investitionen in EDV oder Informations- und Kommunikationstechnik steht und die Ausprägung „eins" für getätigte Investitionen. Die absolute Höhe an Investitionen in EDV oder Informations- und Kommunikationstechnik wird im Datensatz nicht erfasst, was in Abschnitt 5.5 der Limitationen aufgenommen und diskutiert wird.

4.1.3. Weitere unabhängige und Kontrollvariablen

Aus den theoretischen Überlegungen geht hervor, dass neben dem technischen Fortschritt auch institutionelle Faktoren als unabhängige Variablen in die Analyse eingehen. Hierbei steht vor allem die tarifliche Deckungsrate im Fokus. In Bezug auf diese können Informationen aus dem IAB-Betriebspanel genutzt werden. Hier wird abgefragt, ob im jeweiligen Betrieb ein Branchentarifvertrag, ein Haus- oder Unternehmenstarifvertrag oder kein Tarifvertrag gilt. Anhand der jeweiligen Mitarbeiterzahl des Betriebes kann abgeschätzt werden, wie viele Beschäftigte in Deutschland einer Tarifbindung unterliegen. Hierbei handelt es sich allerdings nur um eine annäherungsweise Darstellung, da in einem Betrieb, der einer Tarifbindung unterliegt, nicht immer alle Beschäftigten tatsächlich tariflich angestellt sind.

Hierfür wären individuelle Abfragen über eine tarifliche Anstellung notwendig, die allerdings im LIAB7517 nicht vorliegen. Diese Art der Operationalisierung[16] ist in zahlreichen Studien zu finden (Addison, Teixeira, und Zwick 2006; Antonczyk u. a. 2010; Dustmann u. a. 2009; Felbermayr u. a. 2014). Um die Variable in der multivariaten Analyse verwenden zu können, wird eine Dummy-Variable erstellt. Die Ausprägung von „null" bedeutet hier kein Tarifvertrag und bei der Ausprägung „eins" liegt entweder ein Branchen-, Haus- oder Unternehmenstarifvertrag vor. Auch diese Variable ist über den gesamten Beobachtungszeitraum verfügbar.

---

16 Die Analyse wurde auch mit der unabhängigen Variablen durchgeführt, die die Tarifbindung der Unternehmen berücksichtigt. Hierbei wurde ebenfalls eine Dummy-Variable erstellt mit der Ausprägung „null" für keine Tarifbindung und der Ausprägung von „eins" für Unternehmen, die einem Tarifvertrag unterliegen oder sich an einem orientieren. Da sich die Ergebnisse nicht wesentlich unterscheiden, wurde aus Gründen der Übersichtlichkeit entschieden, nur die Ergebnisse mit der Tarifbindung der Beschäftigten zu zeigen.

Die Kontrollvariablen beziehen sich zumeist auf die in Kapitel 2.1 vorgestellten Einflussfaktoren auf den Lohn. Um den tatsächlichen Effekt des technischen Fortschritts auf die Verteilung der Löhne zu erhalten, müssen die weiteren Einflussfaktoren als Kontrollvariablen in das multivariate Modell aufgenommen werden, um mögliche Scheinkorrelationen und unbeobachtete Effekte ausschließen zu können.

Um die individuellen Faktoren zu berücksichtigen, fließen die Variablen Geschlecht, Alter, Nationalität und Ausbildung in die Analyse mit ein. Um die Unterschiede der Analyse nach Geschlecht herauszuarbeiten, werden die multivariaten Modelle nach Geschlecht getrennt berechnet und anschließend miteinander verglichen. Daher geht das Geschlecht nicht als Dummy-Variable in die Analyse ein. Das Alter findet zunächst als metrische Variable in dem Modell Verwendung. Aus den theoretischen Überlegungen in Kapitel 2.1 wird ersichtlich, dass das Alter keinen linearen Effekt auf den Lohn hat, da ab einem gewissen Alter der Lohn zu stagnieren beginnt bzw. sinkt. Daher geht neben der Variable Alter auch das quadrierte Alter in die Regression mit ein.

Die Nationalität der Beschäftigten ist Bestandteil der integrierten Erwerbsbiografien, wie auch die beiden Variablen Alter und Geschlecht. Es werden einzelne Nationalitäten erhoben. Für die Analyse ist es allerdings nur entscheidend, ob eine deutsche oder eine nicht-deutsche Nationalität vorliegt. Daher geht die Variable Nationalität als Dummy-Variable in die Analyse ein. „Null" entspricht hier deutscher Nationalität, „eins" entspricht nicht-deutscher Nationalität. Bei der Ausbildung wird zwischen schulischer und beruflicher Ausbildung unterschieden. Beide Informationen sind den integrierten Erwerbsbiografien zu entnehmen. Die schulische Ausbildung kann in drei Gruppen unterteilt werden. Unter die Gruppe mit geringer Schulausbildung fallen Personen, die entweder keinen Abschluss oder einen Hauptschulabschluss aufweisen. Das mittlere Schulniveau weisen Absolventen mit Mittlerer Reife auf und ein hohes Schulqualifikationsniveau haben Schüler mit entweder eine Fachhochschulreife oder dem Abitur bzw. der Hochschulreife. Für die multivariate Analyse wird eine Dummy-Variable gebildet, bei denen jeweils für die niedrige und die mittlere Qualifikation eine „null" eingesetzt wird und für das hohe Schulqualifikationsniveau eine „eins". Die berufliche Ausbildung unterscheidet ebenfalls zwischen drei Gruppen. Hier gibt es Personen ohne berufliche Ausbildung, solche mit beruflicher oder schulischer Ausbildung und Personen mit einem Fachhochschul- oder Universitätsabschluss. Diese Variable geht ebenfalls als Dummy-Variable in die multivariate Analyse ein. Eine Ausprägung von „null" wird gesetzt, wenn entweder keine Ausbildung oder eine schulische bzw. berufliche Ausbildung vorliegt und eine Ausprägung von „eins", wenn ein Fachhochschul- oder Universitätsabschluss gegeben ist.

Weiterhin haben branchen- oder berufsspezifische Faktoren einen Einfluss auf die Verteilung der Löhne. Um für diese zu kontrollieren, gehen die Variablen Beruf, Branche und Betriebsgröße als Kontrollvariablen in die multivariate Analyse mit ein. Die Variablen Beruf und Branche können den integrierten Erwerbsbiografien entnommen werden, die Betriebsgröße wird durch das IAB Betriebspanel erhoben. Die Variable Beruf liegt anhand der Klassifikation der Berufe aus dem Jahr 2010 auf Ebene der 3-Steller vor. Hierbei können 144 Berufe unterschieden werden (Bundesagentur für Arbeit 2011).[17] Die erhobenen Daten aus den Jahren vor 2010 wurden anhand der neuen Klassifikation aus dem Jahr 2010 umgeschlüsselt, sodass über den gesamten Beobachtungszeitraum die gleiche Klassifikation angewandt werden kann. In die Analyse geht für jeden Beruf eine eigene Dummy-Variable ein. Die Wirtschaftszweige werden anhand der Klassifikation WZ 08 auf dem Niveau der 3-Steller erhoben. Hierbei werden 272 Branchen unterschieden (Statistisches Bundesamt 2008).[18] Wie auch bei den Berufen, wurden die Branchen, die vor dem Jahr 2008 anhand einer anderen Klassifikation erfasst wurden, auf die aktuelle WZ 08 Klassifikation umgeschlüsselt. Auch hier werden für die multivariaten Analysen Dummy-Variablen je Wirtschaftszweig erstellt.

Aus den theoretischen Überlegungen geht hervor, dass der technische Fortschritt unterschiedlich nach der Art der Tätigkeit wirkt. Da im verwendeten Datensatz keine Informationen über die ausgeübten Tätigkeiten zu finden sind, wird die Regression getrennt nach Qualifikationsgruppen durchgeführt. Diese Art der Operationalisierung ist adäquat, da in der Literatur gezeigt wurde, dass Tätigkeiten anhand der Qualifikation geclustert werden können (Autor u. a. 2003; Spitz-Oener 2006). Somit üben Personen mit einem gewissen Qualifikationsniveau auch bestimmte Tätigkeiten aus. Entscheidend ist allerdings, darauf zu achten, das Qualifikationsniveau anhand der Berufsbezeichnung der Bundesagentur für Arbeit aus dem Jahr 2010 zu operationalisieren. Diese Klassifikation wurde im vorherigen Abschnitt bereits beschrieben. Bei dieser Klassifikation wird immer auch die Qualifikation des ausgeübten Berufes angegeben. Diese kann von dem formalen Ausbildungsniveau abweichen. Eine Operationalisierung durch das formale Ausbildungsniveau könnte somit die Analyse verzerren.

---

17 Nähere Informationen über die Klassifikation der Berufe können folgender Publikation entnommen werden: Bundesagentur für Arbeit (2011): Klassifikation der Berufe 2010. Band 1: Systematischer und alphabetischer Teil mit Erklärungen.

18 Nähere Informationen über die Klassifikation der Wirtschaftszweige können folgender Publikation entnommen werden: Statistisches Bundesamt (2008): Klassifikation der Wirtschaftszweige. Mit Erläuterungen.

Die Bundesagentur für Arbeit unterscheidet vier Qualifikationsniveaus, den Helfer, die Fachkraft, den Spezialisten und den Experten. Für die hier durchgeführte Analyse werden Helfer den Geringqualifizierten zugeordnet, Fachkräfte den Mittelqualifizierten und Spezialisten und Experten den Hochqualifizierten.

Im IAB Betriebspanel wird nach der Zahl der Beschäftigten im Betrieb gefragt. Aus der Variablen mit der offenen Abfrage der Beschäftigten wird eine Variable mit drei Ausprägungen erstellt. Hierbei wird nach kleinen Betrieben (5 bis unter 50 Beschäftigte), mittelgroßen Betrieben (50 bis unter 250) und großen Betrieben (größer oder gleich 250) unterschieden. Für die Analyse wird eine Dummy-Variable erstellt, die jeweils die Ausprägung von „eins" für Betriebe mit 250 oder mehr Beschäftigten aufweist und den Wert von „null" für Betriebe, die weniger als 250 Beschäftigte haben.

Um neben dem technischen Fortschritt weitere globale Faktoren in der Analyse zu berücksichtigen, steht aus den integrierten Erwerbsbiografien lediglich der Arbeitsort zur Verfügung. Bei dieser Variablen kann nach Bundesländern unterschieden werden. Für das multivariate Modell wird für den Arbeitsort eine Dummy-Variable erstellt, die die Ausprägung „null" für westdeutsche Bundesländer und die Ausprägung „eins" für ostdeutsche Bundesländer aufweist. Da die Daten der ostdeutschen Bundesländer erst ab dem Jahr 1996 verfügbar sind, wird der Beobachtungszeitraum von 1993 bis 2017 auf 1996 bis 2017 verkleinert. Um den Einflussfaktor der Globalisierung operationalisieren zu können, stehen aus dem verwendeten Datensatz keine adäquaten Variablen zur Verfügung. Daher bleibt dieser Einflussfaktor in der hier durchgeführten Analyse unberücksichtigt. Die Variable Stand der Technik wird in der Analyse berücksichtigt, um den Effekt zu kontrollieren, dass Betriebe mit einem bereits hohen Stand der Technik weniger in Technik investieren. Hierfür wird eine Dummy-Variable erstellt, mit der Ausprägung „null" für einen mittleren oder geringen Stand der technischen Anlagen und der Ausprägung „eins" für einen hohen Stand der Technik.

Weiterhin wird eine zusätzliche Kontrollvariable generiert, die den Einfluss der Konjunktur in der Analyse berücksichtigen soll. Im LIAB7517 stehen keine Informationen bezüglich der konjunkturellen Lage in Deutschland zur Verfügung. Daher wird an dieser Stelle auf Daten des statistischen Bundesamtes zurückgegriffen und diese in den Datensatz integriert. Als Indikator für die konjunkturelle Lage wird das jährliche Wachstum des preisbereinigten Bruttoinlandsproduktes (BIP) herangezogen. Diese Daten liegen für den Zeitraum zwischen 1996 und 2017 bei der volkswirtschaftlichen Gesamtrechnung des Bundes vor. Anhand des jährlichen Wachstums des BIP wird eine Variable mit den Ausprägungen eins bis zehn erstellt, wobei eins eine sehr schlechte konjunkturelle Lage darstellt und 10 eine sehr gute. Die jährlichen Wachstumsraten des BIP werden häufig herangezogen, um die Konjunktur in empirischen Analysen zu berücksichtigen (Heger 2008; Jannsen und Potjagailo 2016; Sick 2014). Die genauen Ausprägungen und jährlichen Wachstumsrate können Tabelle A2 im Anhang entnommen werden. Die Variable geht als metrische Variable in die Analyse mit ein.

Alle hier aufgeführten Variablen sind für den gesamten Beobachtungszeitraum zwischen 1996 und 2017 verfügbar.

4.2. Methodische Vorgehensweise

Zunächst wird beschrieben, welche deskriptiven Analysen durchgeführt werden. Hierbei geht es vor allem um die Bestimmung von Ungleichheitsmaßen und eine Darstellung der Lohnverteilung. Anschließend wird das Modell der multivariaten Analyse vorgestellt. Hierbei handelt es sich um ein Regressionsmodell unter Berücksichtigung von Panel-Daten.

4.2.1. Deskriptive Analyse

Bevor der Einfluss des technischen Fortschritts auf die Lohnverteilung quantifiziert werden kann, muss aufgezeigt werden, ob sich die Verteilung der Löhne über die Zeit verändert hat. Anders ausgedrückt wird zunächst in der deskriptiven Analyse untersucht, wie sich die Ungleichverteilung der Löhne zwischen 1996 und 2017 entwickelt hat. Hierfür können eine Reihe von Ungleichheitsmaßen herangezogen werden, wie dem Gini-Koeffizienten, dem Theil-Index, sowie Verhältnisse einzelner Dezile zueinander.

Bei dem Gini-Koeffizienten handelt es sich um das am häufigsten verwendete Ungleichheitsmaß. Er ist ein statistisches Maß zur Darstellung von Ungleichverteilungen. Dieser findet in zahlreichen wissenschaftlichen Analysen Anwendung (Felbermayr, Battisti, und Lehwald 2016; Goebel und Krause 2007; Spannagel und Molitor 2019). Der Gini-Koeffizient wird aus der Lorenz-Kurve abgeleitet. Er drückt nummerisch die Gegebenheiten aus, die durch die Lorenzkurve dargestellt werden (Jann 2005:56). Bei der Lorenzkurve handelt es sich um eine Sonderform der grafischen Darstellung einer Häufigkeitsverteilung. Aus der Abszissachse wird der Anteil am Gesamteinkommen abgetragen und auf der Ordinatenachse der Anteil der Beschäftigten. Bei dieser wird vor allem die relative Konzentration der Verteilungsgröße verdeutlicht. Für die Berechnung des Gini-Koeffizienten wird die Fläche zwischen der ersten Winkelhalbierenden und der Lorenzkurve ins Verhältnis zur Gesamtfläche zwischen der ersten Winkelhalbierenden und der Abszissenachse gesetzt (Jann 2005:56):

$$Gini = \frac{\textit{Fläche zwischen 1. Winkelhalbierenden und Lorenzkurve}}{\textit{Fläche zwischen 1. Winkelhalbierenden und Abszissachse}}$$

Die Verteilungsungleichheit ist umso größer, je weiter die Lorenzkurve von der Winkelhalbierenden entfernt ist (Jann 2005:56). Daher gilt auch, dass, je größer die Verteilungsungleichheit ist, desto größer der Gini-Koeffizient. Liegt eine geordnete Urliste $\chi_1 \leq \chi_2 \leq \chi_n$ vor, kann der Gini-Koeffizient anhand folgender Gleichung berechnet werden (Jann 2005:56):

$$G = \frac{2\Sigma^{n}_{i=1} {}^{ix_{(i)}}}{n\Sigma^{n}_{i=1} {}^{x_i}} - \frac{n+1}{n}$$

Der Koeffizient nimmt minimal den Wert 0 an und maximal $\frac{n-1}{n}$. Ist der Koeffizient gleich 0, sind alle Merkmalsträger gleich verteilt. Nimmt der Koeffizient den maximalen Wert $\frac{n-1}{n}$ an, konzentriert sich die gesamte Merkmalssumme auf nur einen Merkmalsträger (Jann 2005:57). Zusammenfassend kann somit gesagt werden, dass, je höher der Gini-Koeffizient ausfällt, desto höher auch die Verteilungsungleichheit ist. Trotz seiner häufigen Nutzung bringt der Gini-Koeffizient auch Nachteile mit sich.

Die Lohngewichtung basiert bei dem Gini-Koeffizienten nicht auf der Lohnhöhe, sondern auf dem Lohnrang (Rodenhäuser, Held, und Diefenbacher 2019:12). Die Gewichtung der Löhne hängt somit von der Anzahl der Personen ab. Eine gleiche Veränderung hoher Löhne würde die Ungleichheit weniger stärker beeinflussen als die Veränderung niedriger Löhne (Rodenhäuser u. a. 2019:13). Somit hängt die Gewichtung der Löhne von der Stichprobengröße bzw. den gebildeten Einkommensklassen ab (Rodenhäuser u. a. 2019:13).

Ein Maß, das allen Löhnen in der Verteilung ein gleiches Gewicht zuweist, ist der Theil-Index. Weiterhin ist der Theil-Index additiv zerlegbar, da er auf Quantilsverteilungen[19] aufbaut (Spannagel und Molitor 2019:7). Der Theil-Index beschreibt Lohnanteile verschiedener Gruppen im Verhältnis zur Größe der jeweiligen Gruppe. Mathematisch lässt sich dieser folgendermaßen beschreiben (Stein 2018:379):

19 Diese werden im Laufe dieses Abschnitts noch näher erläutert.

$$Theil = \frac{1}{n}\sum_{i=1}^{n}\frac{y_i}{\overline{y}}\ln(\frac{y_i}{\overline{y}})$$

wobei n die Zahl der Beschäftigten mit individuellen Löhnen y_i in der Bevölkerung beschreibt. $\overline{y}$ ist der Durchschnittslohn aller Beschäftigten (Stein 2018:379). Der Theil-Index reagiert besonders sensibel auf Umverteilungen von arm zu reich. Wenn der Lohnanteil mit dem Bevölkerungsanteil übereinstimmt, d.h. $y_i = \overline{y} \Rightarrow \ln\left(\frac{y_i}{\overline{y}}\right) = \ln(1) = 0$, nimmt der Theil-Index einen Wert von „null" an (Spannagel und Molitor 2019:7).

Neben dem Theil-Index gibt es noch weitere Maßzahlen, die vor allem die Ränder der Lohnverteilung in den Blick nehmen und auf Quantilsverteilungen basieren. Bei diesen werden beobachtete Einheiten aufsteigend nach dem Lohn in gleich große Gruppen unterteilt. Bei Dezilen etwa werden die Beschäftigten in zehn gleich große Gruppen eingeteilt (Spannagel und Molitor 2019:7). Die zehn Prozent der Beschäftigten mit dem niedrigsten Lohn werden in das unterste bzw. erste Dezil eingeteilt, die zehn Prozent der Beschäftigten mit dem höchsten Lohn bilden das zehnte Dezil (Spannagel und Molitor 2019:7).

So können die Löhne bestimmter Dezile über die Zeit miteinander verglichen werden. Werden die Veränderung der Medianlöhne der unteren 20 Prozent, der ersten 50 Prozent und der oberen 20 Prozent aufgezeigt, können die Lohnentwicklungen unterschiedlicher Lohngruppen gegenübergestellt und verglichen werden (Felbermayr u. a. 2014:11).

Bei den Decile Ratios werden zwei Dezile zueinander ins Verhältnis gesetzt. Gängige Verhältnisse sind etwa 9:1 oder 8:2 (Spannagel und Molitor 2019:7). Mit diesem Verhältnis wird die Lohnentwicklung der unteren Lohngruppen mit den oberen verglichen. Ergibt das Verhältnis (9:1) den Wert zwei, ist der Lohn der Beschäftigten des neunten Deziles zweimal höher als der Lohn der Beschäftigten aus dem ersten Dezil. Decile Ratios werden in vielen Studien wie etwa Felbermayr u. a. 2014; Möller 2016 oder Spannagel und Molitor 2019 verwendet, um die Lohnentwicklung unterschiedlicher Gruppe aufzuzeigen und miteinander zu vergleichen.

In dieser Arbeit wird das Verhältnis vom achten zum zweiten Dezil verwendet. Da ursprünglich zensierte Daten für hohe Löhne vorlagen, bildet dieses Verhältnis (im Vergleich zum 9:1 Verhältnis) die validere Datengrundlage. Da auch unterschiedliche Lohngruppen miteinander verglichen werden sollen, wird neben dem Vergleich von der hohen zu niedrigen Lohngruppe auch ein

Vergleich der hohen zur mittleren Lohngruppe (8:5) und ein Vergleich der mittleren zur niedrigen Lohngruppen (5:2) durchgeführt.

Die deskriptiven Analysen können aufzeigen, wie sich die Lohnungleichheit in den letzten Jahren entwickelt bzw. verändert hat. Dieser Schritt ist notwendig, da untersucht werden soll, welchen Einfluss der technische Fortschritt und institutionelle Faktoren auf die Lohnverteilung in Deutschland haben. Um jedoch einen möglichen Einfluss zu quantifizieren, ist es zunächst notwendig, zu wissen, wie die Lohnverteilung über die Zeit aussieht. Um einen möglichen Einfluss des technischen Fortschritts und der institutionellen Faktoren auf die Lohnverteilung quantifizieren zu können, müssen multivariate Modelle herangezogen werden.

4.2.2. Multivariate Analyse

Um Einflüsse einer unabhängigen Variablen x auf eine abhängige Variable y schätzen zu können, werden Regressionsmodelle herangezogen. Da allerdings Panel-Daten vorliegen, werden Regressionsmodelle für Panel-Daten verwendet. Diese werden im Folgenden erläutert.

Um eine Regression mit Panel-Daten durchzuführen ist es nötig, eine einheitliche Darstellung der Individual- und der Zeitebene zu generieren. Neben der Unterscheidung nach Individuen findet bei der Panel-Regression auch eine Unterscheidung nach Zeitpunkunten statt (Stein und Bekalarczyk 2010:38). Entscheidend ist, ob sich die Zusammenhangsstruktur auf einer der beiden Ebenen signifikant von der Zusammenhangsstruktur der indifferenten Gesamtebene unterscheidet. Stehen Daten im Panel-Format zur Verfügung, so ergeben sich drei mögliche Dimensionen (Stein und Bekalarczyk 2010:45):

« Die Dimension der Variablen
« Die Dimension der Objekte
« Die Dimension der Zeitpunkte

Wird bei dem Vorliegen von Querschnittsdaten eine univariate Verteilung analysiert, lässt sich nur eine Quelle der Variation feststellen, nämlich dass die Werte einer Variablen mit den Beobachtungen variieren. Diese Variations- und Streuungsquelle erweitert sich bei Paneldaten durch eine zweite Dimension (Stein und Bekalarczyk 2010:46):

« „Between Variation" (Varianz zwischen Objekten)
« „Within Variation" (Varianz eines Objektes zwischen den Zeitpunkten)

Über die Zerlegung der Varianz der abhängigen Variablen in eine Innergruppen- und eine Zwischengruppenkomponente wird geprüft, inwieweit die Gruppierung einen Einfluss auf die gesamte Streuung der abhängigen Variablen hat. Der Einfluss ist umso stärker, je homogener sich die einzelnen Individuen im Zeitverlauf verhalten und je deutlicher sich die unterschiedlichen Individuen voneinander unterscheiden (Stein und Bekalarczyk 2010:46).

Daher besteht bei einer Panel-Regression der Vorteil gegenüber einer Regression mit Querschnittsdaten darin, dass nicht nur eine gesamte Varianz durch das Modell erklärt werden kann, sondern diese in eine Varianz zwischen den Individuen und innerhalb der Individuen aufgesplittet wird. Somit liegt ein höherer Informationsgehalt vor, wenn Panel-Daten analysiert werden (Stein und Bekalarczyk 2010:47).

Ein weiterer Vorteil der Panel-Regression ist, dass für individuelle zeitkonstante Effekte kontrolliert werden kann (unbeobachtete Heterogenität). Es ist daher nicht mehr notwendig, zeitkonstante Variablen, die einen Einfluss auf die unabhängige Variable haben könnten, in dem Modell zu berücksichtigten (Stein und Bekalarczyk 2010:51). In Anbetracht der abhängigen Variablen der Lohnverteilung bzw. des Lohns ist dieser Vorteil sehr entscheidend, da Einflüsse, wie etwa die Intelligenz, individuelle Fähigkeiten oder die Persönlichkeit, einen Effekt auf die Höhe des Lohns haben könnten, jedoch in den meisten Datensätzen nicht als beobachtbare Variablen erfasst werden und somit nicht explizit im Modell berücksichtigt werden können.

Dies ist allerdings nur der Fall, wenn die sog. „Within Variation" betrachtet wird. Bei der sog. „Between Variation" kann hingegen nicht für individuelle zeitkonstante Variablen kontrolliert werden, wodurch weiterhin unbeobachtete Heterogenität vorliegt, was den Schätzer eventuell verzerren kann (Brüderl 2010:967). Panel-Modelle, die sich ausschließlich auf die „Within Variation" beziehen, können somit für unbeobachtete individuelle zeitkonstante Effekte kontrollieren, was eine bessere Modellspezifikation mit sich bringt (Stein und Bekalarczyk 2010:52).

4.2.2.1. Modellspezifikation

Bevor das multivariate Regressionsmodell definiert und aufgestellt werden kann, müssen gewisse Spezifikation des Modells vorgenommen werden. Um die Varianz innerhalb der Individuen aufzeigen zu können, können zwei Modelle herangezogen werden.

Ausgangspunkt für beide Modelle bildet das Fehlerkomponentenmodell, auch Varianzkomponentenmodell genannt (Brüderl 2010:972):

$$y_{it} = x'_{it}\beta + \alpha_i + \varepsilon_{it}$$

Bei ε_{it} handelt es sich um die idiosynkratischen Fehler, die über i und t unabhängig und identisch verteilt ist. α_i stellt einen personenspezifischen und zeitkonstanten Fehlerterm und somit eine Zufallsvariable dar (Brüderl 2010:972). Je nachdem welche weiteren Annahmen über den personenspezifischen Fehler getroffen werden, können zwei grundlegende Modelle unterschieden werden. Ist α_i potenziell mit den beobachteten Regressoren korreliert, wird das Fixed-Effects-Modell herangezogen. Bei einem Random-Effects-Modell wird hingegen angenommen, dass die personenspezifischen Fehler α_i unabhängig von den Regressoren sind (Brüderl 2010:972).

Eine weitere Unterscheidung der Modelle besteht darin, dass sich das Fixed-Effects-Modell nur auf die „Within Variation" bezieht und das Random-Effekt-Modell sowohl die „Within" als auch die „Between Variation" für die Schätzung der Koeffizienten berücksichtigt (Brüderl 2010:975). Da allerdings nur die „Within Variation" für die unbeobachtete Heterogenität kontrollieren kann, sollte eher das Fixed-Effects-Modell verwendet werden, da bei diesem Modell durch die Möglichkeit des Within-Vergleiches der Schätzer trotz Vorliegen von unbeobachteter Heterogenität nicht verzerrt ist (Brüderl 2010:975). Da das Random-Effects-Modell neben der Within auch die Between Varianz für die Schätzung der Effekte verwendet, kann bei diesem Modell nicht für unbeobachtete Heterogenität kontrolliert werden und der Schätzer wird verzerrt (Brüderl 2010:975).

Jedoch bieten nicht alle Daten die nötigen Voraussetzungen für die Verwendung eines Fixed-Effects-Modells. Um zu prüfen, ob mit den zugrunde gelegten Daten ein Fixed- oder Random-Effects-Modell berechnet werden sollte, eignet sich der Haussman-Test[20] (Brüderl 2010:976). Für die hier verwendeten LIAB-Daten gibt der Haussman-Test an, mit einem Fixed-Effects-Modell zu rechnen.

Wie oben bereits ausgeführt, werden bei den Fixed-Effects-Modellen die personenspezifischen Fehlerterme α_i als korreliert mit den Regressoren angesehen. Somit gehen die Regressionskonstanten der einzelnen Personen explizit als Dummy-Variablen in die Parameterschätzung mit ein. Damit werden die Regressionsparameter von x'_{it} unter Kontrolle der individuellen Ausgangslage geschätzt (Stein und Bekalarczyk 2010:57).

Es wird somit nur die „Within Variation" als Variations- und Informationsquelle für die Berechnung des Einflusses von x auf y genutzt. Somit sagt der

20 Auf eine ausführliche Beschreibung des Haussman-Tests wird an dieser Stelle aus Gründen der Übersichtlichkeit verzichtet. Eine detaillierte Ausführung des Haussman-Tests kann Brüderl 2010:976 entnommen werden.

Regressionskoeffizient in einem Fixed-Effects-Modell[21] aus, wie sich y in Abhängigkeit von x im Zeitverlauf verändert, wenn inter-individuelle Ausgangslagen konstant gehalten werden (Stein und Bekalarczyk 2010:58).

Die explizite Modellierung von unabhängigen zeitkonstanten Variablen ist nicht möglich. Es können daher keine Effekte zeitkonstanter veränderlicher Merkmale berechnet werden, da diese fixen Variablen implizit herausgerechnet werden (Stein und Bekalarczyk 2010:58). Dies stellt bei der hier durchgeführten Untersuchung kein Problem dar, da für zeitunveränderliche individuelle Variablen wie Geschlecht oder Qualifikation separate Modelle berechnet werden.

Aus den bisherigen Ausführungen kann die folgende Regressionsgleichung aufgestellt werden:

$$Y_{it} = \beta_{oit} + \beta_{1it} * X_{1it} + \beta_{2it} * X_{2it} + \varepsilon_{it}$$

wobei *Y* für das logarithmierte Tagesentgelt steht, X_1 für die Investitionen in IT, X_2 für das Vorhandensein eines Tarifvertrages und ε für den Fehlerterm. Die Indizes *i* und *t* stehen für das Individuum bzw. den Zeitpunkt.

Um den Interaktionsterm zwischen dem technischen Fortschritt und der Tarifbindung zu berücksichtigen, muss die oben aufgestellte Regressionsgleichung erweitert werden. Als Interaktion wird das nicht additive Zusammenwirken zweier oder mehrerer Variablen bezeichnet (Gries 2012:41). Der Interaktionseffekt wird als zusätzliches Element in die Regressionsgleichung aufgenommen, indem das Produkt der unabhängigen Variablen, die für den Interaktionseffekt betrachtet werden, gebildet wird (Jann 2005:181).

Daher muss die obige Gleichung folgendermaßen ergänzt werden:

$$Y_{it} = \beta_{oit} + \beta_{1it} * X_{1it} + \beta_{2it} * X_{2it} + \beta_{3it} * X_{1it} * X_{2it} + \varepsilon_{it}$$

Die aufgestellte Regressionsgleichung wird noch um die folgenden Kontrollvariablen ergänzt:

« Alter (x_4)
« Nationalität (x_5)
« Schulische Ausbildung (x_6)

21 Eine ausführliche Herleitung der Fixed-Effects-Modelle kann Stein und Bekalarczyk 2017 entnommen werden

« Berufliche Ausbildung (x_7)
« Beruf (x_8)
« Wirtschaftszweig (x_9)
« Arbeitsort (x_{10})
« Betriebsgröße (x_{11})
« Stand der Technik (x_{12})
« Konjunktur (x_{13})

Daraus ergibt sich die folgende finale Regressionsgleichung:

$$\begin{aligned} Y_{it} = \beta_{oit} &+ \beta_{1it} * X_{1it} + \beta_{2it} * X_{2it} + \beta_{3it} * X_{1it} * X_{2it} + \beta_{4it} * X_{4it} + \beta_{5it} * X_{5it} \\ &+ \beta_{6it} * X_{6it} + \beta_{7it} * X_{7it} + \beta_{8it} * X_{8it} + \beta_{9it} * X_{9it} + \beta_{10it} * X_{10it} \\ &+ \beta_{11it} * X_{11it} + \beta_{12it} * X_{12it} + \beta_{13it} * X_{13it} + \varepsilon_{it} \end{aligned}$$

Da in der Analyse nur Vollzeitbeschäftigte berücksichtigt werden, ist die Kontrollvariable „Teilzeit“ nicht notwendig. Aus den oben aufgestellten Hypothesen geht hervor, dass sich die Effekte der unabhängigen Variablen nach dem Qualifikationsniveau unterscheiden sollten. Daher werden getrennte Regressionen nach dem Qualifikationsniveau berechnet. Somit können die einzelnen Korrelationskoeffizienten miteinander verglichen werden und die Hypothesen 1, 2, 3,5, 6, 7, 9, 10 und 11 überprüft werden.

4.2.2.2. Berücksichtigung der individuellen Effekte bei der Berechnung der Lohnungleichheit

Durch die Regressionsanalyse können die individuellen Effekte der unabhängigen Variablen auf das Tagesentgelt bestimmt werden. Anschließend können diese Effekte dazu verwendet werden, den Effekt des technischen Fortschritts bzw. der institutionellen Faktoren aus dem berichteten Tagesentgelt zu extrahieren. Werden die Effekte mit dem Tagesentgelt verrechnet, ergibt sich ein neues Tagesentgelt ohne den Einfluss der unabhängigen Variablen. Somit ergibt sich ein fiktives Tagesentgelt, das entstehen würde, wenn es keinen Einfluss des technischen Fortschritts und der Tarifbindung gäbe. Dieses neue bereinigte Tagesentgelt kann dann wiederum dazu genutzt werden, die oben bereits beschriebenen Ungleichheitsmaße zu berechnen. Somit erhält man eine neue fiktive Lohnverteilung, die sich ohne den Einfluss des technischen Fortschritts bzw. der Tarifbindung ergeben würde. Diese neuen Ungleichheitsmaße können wiederum mit den ursprünglich berechneten Ungleichheitsmaßen verglichen werden und die aufgestellten Hypothesen 4, 8 und 12 überprüft werden.

5. Analyse der Ergebnisse

Nach der Darstellung der methodischen Vorgehensweise werden im folgenden Kapitel die Ergebnisse der empirischen Analyse vorgestellt. Diese dienen dazu, den Einfluss des technischen Fortschritts auf die Verteilung der Löhne in Deutschland unter Berücksichtigung der Tarifbindung zu erklären.

Die deskriptiven Ergebnisse zeigen, wie sich die Lohnungleichheit seit dem Jahr 1996 in Deutschland entwickelt hat. Im darauffolgenden Abschnitt erfolgen diverse Auswertungen der beiden zentralen unabhängigen Variablen. Diese sollen zeigen, welche Gruppen in besonderem Maße den technischen Fortschritt vorantreiben oder besonders von einer Tarifbindung betroffen sind. Somit können erste Hinweise auf mögliche Zusammenhänge erkannt werden. Die anschließenden multivariaten Analysen gehen auf den tatsächlichen Zusammenhang zwischen dem Lohn und den zentralen erklärenden Faktoren ein. Die Ergebnisse aus der multivariaten Analyse können abschließend dafür verwendet werden, den Einfluss des technischen Fortschritts und der Tarifbindung aus den Lohndaten zu extrahieren, eine neue Lohnverteilung aufzustellen und diese mit der ursprünglichen Verteilung zu vergleichen.

Die hier aufgezeigten Ergebnisse dienen dazu, die aufgestellten Hypothesen zu verifizieren, um die übergeordnete Fragestellung dieser Arbeit beantworten zu können.

5.1. Eine Analyse der Entwicklung der Lohnungleichheit

Um den Einfluss des technischen Fortschritts und der Tarifbindung auf die Lohnverteilung quantifizieren zu können, ist es zunächst notwendig, die Lohnverteilung und dessen Entwicklung aufzuzeigen. Hierfür können eine Reihe an Ungleichheitsmaßen herangezogen werden, die bereits im vorherigen Kapitel erläutert wurden. Zunächst wird näher auf den Medianlohn und dessen Entwicklung seit dem Jahr 1996 eingegangen. Die Ungleichheitsmaße werden zunächst in genereller Form und anschließend nach Geschlecht differenziert dargestellt.

5.1.1. Allgemeine Lohnungleichheitsentwicklung

Die folgende Tabelle zeigt den Medianlohn der Vollzeitbeschäftigten für die Jahre 1996, 2000, 2005, 2010 und 2017 auf. Der Medianlohn liegt im verwendeten Datensatz als das berichtete Tagesentgelt vor. Da es sich hierbei allerdings nicht um eine gängige Größe handelt, wird der Medianlohn zusätzlich als Monats- und Jahresentgelt umgerechnet, indem das Tagesentgelt mit 30,5 bzw. 365 multipliziert wird[22]. Andere Studien mit der gleichen Datengrundlage gehen an dieser Stelle in ähnlicher Form vor (Boll u. a. 2016; Eichhorst u. a. 2015; Ruppe und Stephan 2009).

Tabelle 4: Übersicht des Medianlohns für ausgewählte Jahre.

Jahr	Medianlohn (EUR)		
	Tagesentgelt	Monatsentgelt	Jahresentgelt
1996	99	3.020	35.244
2000	104	3.169	36.988
2005	112	3.410	39.801
2010	113	3.440	40.157
2017	121	3.703	43.218

Quelle: Eigene Berechnung auf Datengrundlage des LIAB7517, 2020

Im Jahr 1996 liegt für Vollzeitbeschäftigte ein Mediantagesentgelt von 99 Euro vor. Dies entspricht einem Monatsentgelt von etwa 3.000 Euro und einem Jahresentgelt in Höhe von 35.200 Euro. Es gilt hier zu beachten, dass es sich bei dem berichteten Tagesentgelt um das Bruttogehalt handelt, bei dem auch etwaige Sonderzahlungen wie Boni, Urlaubs- oder Weihnachtsgeld berücksichtigt werden. Weiterhin werden die Daten um den Einfluss der Inflation bereinigt. Das Ausgangsjahr hierzu bildet das Jahr 2017.

Bis zum Jahr 2017 kann über die fünf berichteten Zeitpunkte ein durchgehendender Anstieg des Medianlohns beobachtet werden. Zwischen 1996 und 2005 wächst das Tagesentgelt um 13 Prozent auf 112 Euro an. Zwischen 2005 und 2017 steigt das Tagesentgelt nochmals um neun Prozent auf 121 Euro. Somit kann über den beobachteten Zeitraum ein Anstieg des Medianlohns um 22 Prozent verzeichnet werden. Das Tagesentgelt in Höhe von 121 Euro entspricht einem Monatsentgelt von etwa 3.700 Euro und einem Jahresentgelt von 43.200 Euro. Andere Untersuchungen kommen für das Jahr 2017 ebenfalls zu einem Bruttomonatsentgelt für Vollzeitbeschäftigte in Höhe von etwa 3.700 Euro (Rudnicka 2019:8). Das hier berichtete Monatsentgelt liegt in Etwa auf gleicher

22 Das Tagesentgelt wird hier nur zum Zweck der besseren Verständlichkeit hochgerechnet. In die multivariaten Analysen fließt das im Datensatz vorliegende Tagesentgelt ein.

Höhe. Selbst berichtete Löhne, wie sie bspw. im SOEP vorliegen, sind häufig etwas niedriger (Grabka u. a. 2019:346). Dies liegt zum einen daran, dass bei diesen Werten häufig die Sonderzahlungen wie Boni oder Urlaubsgeld nicht mit eingerechnet werden, oder befragte Personen ihr Einkommen eher unter- als überschätzen. Allerdings muss darauf hingewiesen werden, dass in Befragungen wie dem sozioökonomischen Panel das monatlich verfügbare Haushaltseinkommen aufgenommen wird, das nicht direkt mit dem hier berichteten individuellen Bruttomonatsentgelt verglichen werden kann.

Interessant erscheinen die Lohnsteigerungen hauptsächlich zwischen den Jahren 2000 bis 2005 und 2005 bis 2010. Es handelt sich hierbei um einen Zeitraum von jeweils fünf Jahren. Zwischen 2000 und 2005 steigt das Tagesentgelt um etwa acht Prozent, zwischen 2005 und 2010 noch um etwa 0,9 Prozent. Es wird deutlich, dass kein gleichmäßiges Wachstum des Medianlohns vorliegt, sondern sich Phasen eines stärkeren und eines schwächeren Wachstums abwechseln. Es zeigt sich, dass das gesamte Wachstum vor allem auf den Zeitraum zwischen 2000 und 2005 sowie 2010 und 2017 zurückzuführen ist. Möglicherweise können die unterschiedlichen Wachstumsphasen durch die konjunkturellen Einflüsse erklärt werden. Die beiden aufgezeigten Zeiträume können als konjunkturelle Hochphasen angesehen werden (Statistisches Bundesamt (Destatis) 2020).

Diese Wachstumsunterschiede zeigen, dass für detaillierte Analysen auf das jährliche Wachstum des Medianlohns eingegangen werden muss, um unterschiedliche Wachstumsverläufe aufzeigen zu können. Die folgende Abbildung zeigt den Verlauf des normierten Medianlohns zwischen den Jahren 1996 und 2017 auf. 1996 bildet dabei das Ausgangsjahr.

Auch in dieser Abbildung wird der steigende Medianlohn zwischen 1996 und 2017 deutlich. Im Jahr 2017 liegt der Medianlohn etwa 22 Prozent über dem Medianlohn aus dem Jahr 1996. Die jahresgenaue Betrachtung zeigt allerdings nicht nur ein positives Wachstum des Medianlohns, sondern für einige Jahre auch ein negatives Wachstum. Das negative Wachstum wird in der Abbildung durch eine nach unten verlaufende Linie deutlich. Zwischen 1996 und 1997 geht der Medianlohn leicht um etwa zwei Prozent zurück. Ein etwas stärkerer Rückgang ist zwischen 2003 und 2004 zu beobachten. Hier geht der Medianlohn um etwa vier Prozent zurück. Noch bis zum Jahr 2005 war die wirtschaftliche Lage in Deutschland eher moderat. Die Binnenkonjunktur stagnierte oder ging sogar zurück und die Weltkonjunktur war zu schwach, um ausgleichend wirken zu können. Die Zahl der Arbeitslosen stieg vor allem im Jahr 2003 stark an (Möller und Sonntag 2004:2). Diese Entwicklungen könnten, wie bereits oben in der theoretischen Argumentation aufgeführt, dazu geführt haben, dass Beschäftigte eher auf einen Teil des Lohns verzichten, dafür aber den Arbeitsplatz behalten können. So könnte der Rückgang des Wachstums zwischen den Jahren 2003 und 2004 erklärt werden.

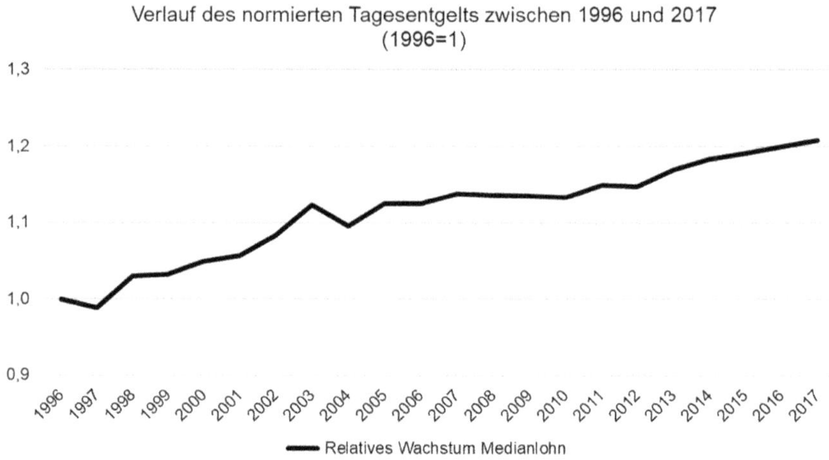

Abbildung 13: Verlauf des normierten Medianlohns zwischen 1996 und 2017
Quelle: Eigene Berechnung auf Datengrundlage des LIAB7517, 2020

Der starke prozentuale Anstieg des Medianlohns zwischen 2000 und 2005, der bereits aus der vorherigen Tabelle ersichtlich wird, zeigt sich auch in Abbildung 13. Besonders zwischen den Jahren 2000 und 2003 ist ein recht starker Anstieg des Medianlohns zu erkennen. Aus Tabelle 4 wird deutlich, dass zwischen 2000 und 2005 der stärkste Anstieg des Medianlohns verzeichnet werden konnte. Dies erscheint vor dem Hintergrund, dass zwischen 2003 und 2004 der stärkste Rückgang des Wachstums des Medianlohns stattfindet, noch erstaunlicher und verdeutlicht das starke Wachstum des Medianlohns in diesem Zeitraum, der das negative Wachstum so stark kompensieren kann, dass trotzdem noch der stärkste Anstieg über den gesamten Beobachtungszeitraum zu verzeichnen ist.

Andere Studien, die sich mit der Entwicklung des Medianlohns beschäftigen, kommen zu ähnlichen Ergebnissen. Die Studie von Felbermayr und anderen aus dem Jahr 2014 zeigt die Entwicklung des Medianlohns zwischen 1992 und 2010 auf. Bis zum Jahr 2005 kann ein Anstieg des Medianlohns festgestellt werden, danach kommt es zu einem Rückgang bis zum Jahr 2010, wobei der Medianlohn im Jahr 2010 immer noch über dem Lohn aus dem Jahr 1992 liegt (Felbermayr u. a. 2014:11). Die Abweichungen des unterschiedlichen Lohnrückgangs zwischen 2005 und 2009 könnten auf unterschiedliche Ausgangsjahre zurückzuführen sein. Neuere Ergebnisse bezüglich der Entwicklung des Medianlohns liegen lediglich anhand von Auswertungen des SOEP vor. Aufgrund der oben beschriebenen Unterschiede können diese Ergebnisse nur mit Einschränkungen miteinander verglichen werden. Eine Studie von Spannagel und Molitor aus dem Jahr 2019 zeigt für das verfügbare Haushaltseinkommen zwischen 2005 und 2016 einen Einkommenszuwachs von etwa zehn Prozent auf (Spannagel und Molitor 2019:13). Somit ist für das verfügbare Nettohaushaltseinkommen ein ähnlicher Verlauf zwischen 2005 und 2016 festzustellen wie für das Bruttotagesentgelt, das, wie aus Tabelle 4 hervorgeht, um etwa elf Prozent ansteigt.

Grundsätzlich kann ein steigender Medianlohn über die Zeit als positives Zeichen gewertet werden. Im Durchschnitt haben die Beschäftigten mehr Geld zur Verfügung. Über die eigentliche Verteilung des Lohns kann anhand des Medianlohns noch keine Aussage getroffen werden. Die Veränderungen des Medianlohns können durch unterschiedliche Mechanismen eintreten. So könnte bspw. nur die Gruppe der Mittelverdienenden einen Lohnzuwachs generieren und die Gering- und Hochverdienenden erhalten keine Lohnzuwächse. Dies könnte ebenso eine Erhöhung des Medianlohns zur Folge haben, wie ein Lohnzuwachs der Hoch- oder Geringverdiener.

Eine Möglichkeit, Aussagen über die Verteilung der Löhne und dessen Veränderung zu treffen, ist, die Medianlöhne von einzelnen Gruppen zu betrachten. Die Beschäftigten können bspw. anhand von Lohndezilen eingeteilt werden. Hier werden diese aufsteigend nach dem Lohn in eine Reihenfolge gebracht. Bis einschließlich zum zweiten Dezil gehören die 20 Prozent der Beschäftigten mit dem niedrigsten Lohn, ab dem achten Dezil sind die 20 Prozent der Beschäftigten mit dem höchsten Lohn zu finden. Der Lohn des fünften Deziles zeigt an, dass es genauso viele Beschäftigte mit einem höheren Lohn wie mit einem niedrigeren Lohn gibt. Somit teilt dieses Dezil die Gruppe der Beschäftigten in zwei gleich große Teile. Abbildung 14 verdeutlicht die Lohnentwicklung für das zweite, fünfte und achte[23] Dezil zwischen 1996 und 2017.

Der schwarze Balken zeigt das Tagesentgelt für das Jahr 1996 auf. Die unteren 20 Prozent der Beschäftigten in der Lohnverteilung verzeichnen ein Tagesentgelt von etwa 77 Euro. Dies entspricht einem Monatsentgelt in Höhe von 2.300 Euro und einem Jahresentgelt von 28.100 Euro.

---

23 Das berichtete Tagesentgelt im LIAB7517 ist ab der Beitragsbemessungsgrenze zensiert. Mit einem Imputationsverfahren wurden die Löhne oberhalb der Beitragsbemessungsgrenze geschätzt. Pro Jahr betrifft dies etwa zwischen 10 und 13 Prozent der Werte. Daher wird bei der Darstellung der Ungleichverteilung auf das achte Dezil zurückgegriffen, da diese Daten nicht von einem Imputationsverfahren beeinflusst werden.

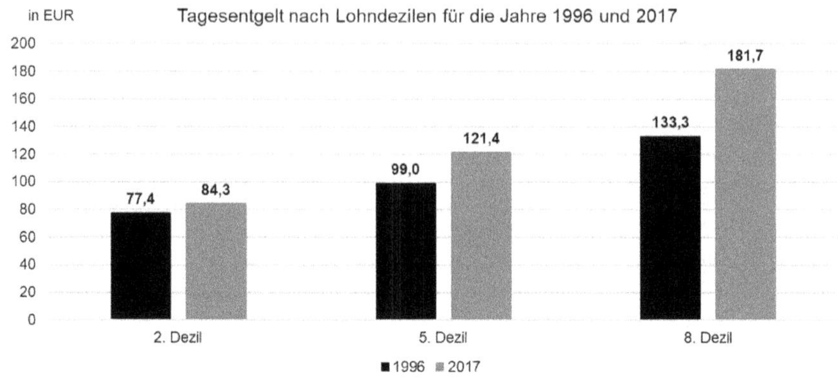

Abbildung 14: Medianlohn für das zweite, fünfte und achte Lohndezil für die Jahre 1996 und 2017
Quelle: Eigene Berechnung auf Datengrundlage des LIAB7517, 2020

Im Vergleich dazu liegt das Mediantagesentgelt der oberen 20 Prozent in der Lohnverteilung im Jahr 1996 bei 133 Euro, was einem Monatsentgelt von 4.100 Euro und einem Jahresentgelt von 48.500 Euro entspricht. Das Tagesentgelt des fünften Deziles entspricht exakt dem Mediantagesentgelt aller Beschäftigten aus Tabelle 4.

Der graue Balken entspricht dem Tagesentgelt der jeweiligen Dezile im Jahr 2017. Beschäftigte aus dem zweiten Dezil erzielen ein um neun Prozent höheres Tagesentgelt im Jahr 2017 im Vergleich zum Jahr 1996. Im Jahr 2017 liegt das Tagesentgelt der Beschäftigten aus dem achten Dezil bei 182 Euro und somit 36 Prozent über dem Medianlohn aus dem Jahr 1996. Die Beschäftigten aus dem fünften Dezil erzielen einen Lohnzuwachs von 22 Prozent zwischen 1996 und 2017. Es wird deutlich, dass die Lohnsteigerungen zwischen 1996 und 2017 nicht in jedem Dezil gleichermaßen zu finden sind. Die Lohnsteigerung der Beschäftigten aus dem achten Dezil ist um das Vierfache höher als die Lohnsteigerung der Beschäftigten aus dem zweiten Dezil. Die Lohnsteigerung der unteren 50 Prozent der Lohnverteilung zwischen 1996 und 2017 ist noch um mehr als das Zweifache höher als die Lohnsteigerung der untersten 20 Prozent. Es zeigt sich, dass vor allem die Beschäftigten aus der Mitte und dem oberen Ende der Verteilung Lohnzuwächse erhalten haben.

Dies wird auch durch die folgende Abbildung deutlich, die den Verlauf des normierten Tagesentgelts der drei betrachteten Dezile zwischen 1996 und 2017 aufzeigt. Die schwarze Linie zeigt den Verlauf des achten Dezils auf, die dunkelgraue den Verlauf des fünften Deziles und die hellgraue Linie verdeutlicht den Verlauf des Medianlohns des zweiten Deziles.

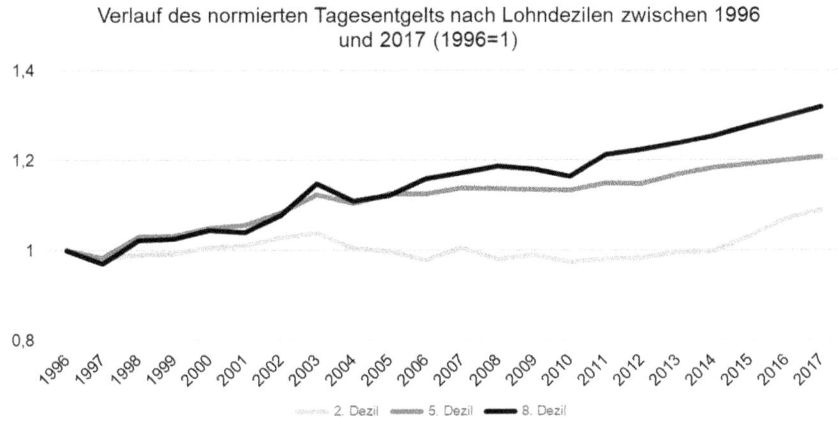

Abbildung 15: Verlauf des normierten Medianlohns nach Lohndezilen zwischen 1996 und 2017
Quelle: Eigene Berechnung auf Datengrundlage des LIAB7517, 2020

Bis zum Jahr 1998 verlaufen alle drei Linien in etwa auf demselben Niveau. Dies bedeutet, dass bei allen drei Dezilen ein ähnliches Lohnwachstum stattfindet. Im Jahr 1998 findet ein stärkeres Lohnwachstum beim fünften und achten Dezil statt. Dies könnte mit dem Inkrafttreten des dritten Sozialgesetzbuches zusammenhängen. Am 01.01.1998 wurde das Arbeitsförderungsgesetzt (AFG) durch das Sozialgesetzbuch III (SGB III) ersetzt. Mit der Einführung des SGB III wollte der Gesetzgeber das Arbeitsförderungsrecht grundlegend reformieren (Sell 1998:532). Ein zentrales Ziel des SGB III ist es, Zeiten der Arbeitslosigkeit und somit den Bezug des Arbeitslosengeldes zu vermeiden oder zu reduzieren. Dies führt allerdings dazu, dass arbeitslose Personen in eine Beschäftigung gedrängt werden, die nicht ihrer Qualifikation entspricht oder geringer vergütet wird (Sell 1998:533). Dies erhöht vor allem den Druck auf Beschäftigte mit einem geringen Einkommen, da diese durch die Regelungen des SGB III Konkurrenz auf dem Arbeitsmarkt erhalten. Dies ist eine Erklärung dafür, warum die Löhne von Geringqualifizierten seit dem Jahr 1998 nur noch mäßig oder nicht mehr ansteigen (Knuth und Kaps 2014:177).

Bis zum Jahr 2005 verlaufen die drei Linien recht parallel zueinander, was wieder für ein ähnliches Lohnwachstum spricht, allerdings auf unterschiedlichem Niveau. Zwischen den Jahren 2005 und 2012 ist für die Beschäftigten des zweiten Deziles ein teilweise negatives Lohnwachstum zu beobachten. Weiterhin wächst der Lohn der Beschäftigten des achten Deziles stärker an als der Lohn der Beschäftigten des fünften Deziles. Lediglich zwischen den Jahren 2009 und

2010 wird ein negatives Lohnwachstum für die Beschäftigten aus dem achten Dezil deutlich. Das negative Wachstum in dieser Zeit kann durch die Finanzkrise erklärt werden. Vor allem Beschäftigte mit hohen Löhnen mussten zu dieser Zeit Lohneinbußen in Kauf nehmen (Börsch-Supan, Bucher-Koenen, und Ziegelmeyer 2009). Ab dem Jahr 2015 kann für das zweite Dezil ein etwas stärkerer Lohnanstieg verzeichnet werden. Dies könnte auf die flächendeckende Einführung des Mindestlohns im Jahr 2014 zurückzuführen sein. Die Einführung des Mindestlohns scheint zu einem bedeutenden Anstieg der Löhne im unteren Bereich der Lohnverteilung zu führen und mildert den bis dahin schlechten Verlauf der Lohnentwicklung des zweiten Dezils etwas ab. Ohne die Einführung des Mindestlohns könnte davon ausgegangen werden, dass die Lohnspanne im Jahr 2017 zwischen dem achten und zweiten Dezil noch größer ausfallen würde. Ähnliche Ergebnisse bezüglich des Einflusses des Mindestlohns auf die untere Lohnverteilung können bei einer Studie von Bossler und Schank aus dem Jahr 2020 gefunden werden (Bossler und Schank 2020:7).

Die hier aufgezeigten Verläufe der betrachteten Dezile sind auch in zahlreichen anderen Untersuchungen zu finden (Felbermayr u. a. 2014; Grabka u. a. 2019; Spannagel und Molitor 2019). Hierbei scheint vor allem interessant zu sein, dass alle Untersuchungen zu einem ähnlichen Ergebnis kommen, obwohl unterschiedliche Datenquellen vorliegen.

Generell kann konstatiert werden, dass der gestiegene Medianlohn zwischen den Jahren 1996 und 2017 vor allem durch Lohnzuwächse der Mittel- und Hochverdiener zustande kommt. Dies ist ein erstes Indiz für eine gestiegene Lohnungleichheit, da nicht alle Lohngruppen in gleichem Maße von einer Lohnsteigerung profitieren.

Um die Lohnungleichheit aufzeigen zu können, kann auf die in Kapitel 4.2.1 vorgestellten Ungleichheitsmaße Gini-Koeffizient und Theil-Index zurückgegriffen werden. Diese beiden Kennzahlen werden in Abbildung 16 für die Jahre 1996 bis 2017 grafisch dargestellt. Die schwarze Linie zeigt den Verlauf des Gini-Koeffizienten und die graue Linie den Verlauf des Theil-Index auf.

Grundsätzlich ist zwischen 1996 und 2017 für beide Maßzahlen ein Anstieg festzustellen. Der Gini-Koeffizient liegt im Jahr 1996 bei 0,220. Das Auseinanderdriften der Lohndezile im Jahr 1998, das in Abbildung 15 deutlich wird, macht sich auch durch eine Erhöhung des Gini-Koeffizienten in diesem Jahr bemerkbar. Einen ersten Höhepunkt erreicht der Koeffizient mit 0,292 im Jahr 2005. Danach ist bis zum Jahr 2009 ein leichter Rückgang des Koeffizienten zu beobachten. Bis zum Jahr 2017 steigt der Gini-Koeffizient wieder an und erreicht mit 0,301 einen neuen Höchstwert.

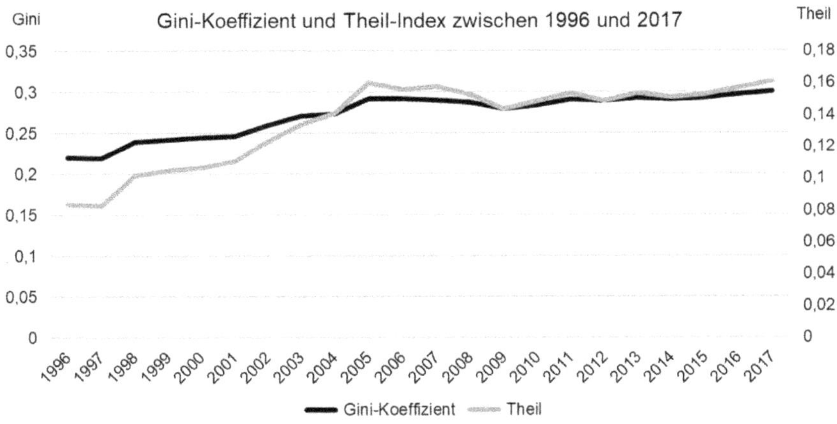

Abbildung 16: Gini-Koeffizient und Theil-Index zwischen 1996 und 2017
Quelle: Eigene Berechnung auf Datengrundlage des LIAB7517, 2020

Der Theil-Index verläuft ähnlich zu dem Gini-Koeffizienten. Auch dieser Index steigt über die Zeit an. Im Jahr 1996 liegt der Theil-Index bei einem Wert von 0,084. Bis zum Jahr 2005 steigt der Index stark an auf einen Wert von 0,160 und verdoppelt sich somit fast. Der Anstieg des Index verläuft noch steiler, als es bei dem Gini-Koeffizienten der Fall ist. Deutlich wird dies vor allem im Jahr 1998 oder ab dem Jahr 2005. Da der Theil-Index besonders sensibel auf Veränderungen an den Rändern der Verteilung reagiert, zeigt sich, dass die gestiegene Ungleichheit vor allem durch die Veränderungen an den Rändern der Verteilung getrieben wird. Dies wird bereits in Abbildung 15 deutlich, da vor allem Beschäftigte aus dem achten Dezil hohe Lohnsteigerungen erfahren. Wie der Gini-Koeffizient sinkt auch der Theil-Index bis zum Jahr 2009 leicht ab, um anschließend bis zum Jahr 2017 wieder anzusteigen und über den Wert aus dem Jahr 2005 hinauszugehen. Im Jahr 2017 liegt der Theil-Index bei einem Wert von 0,161.

Auch andere Studien kommen zu ähnlichen Ergebnissen bei der Betrachtung des Gini-Koeffizienten. Felbermayr und andere (2014) weisen einen kontinuierlichen Anstieg des Gini-Koeffizienten zwischen den Jahren 1993 und 2010 aus. Im Jahr 2010 erreicht der Index einen neuen Höchstwert von etwa 0,300 (Felbermayr u. a. 2014:9). Werte für spätere Zeitpunkte werden in der Studie nicht ausgewiesen. Hierfür muss auf Studien mit einer anderen Datengrundlage zurückgegriffen werden. Spannagel und Molitor (2019) können auf Grundlage der SOEP-Daten zwischen 2005 und 2016 ebenfalls einen steigenden

Gini-Koeffizienten nachweisen. In dieser Untersuchung geht dieser von 0,289 im Jahr 2005 zunächst bis zum Jahr 2009 auf 0,280 zurück, woraufhin er bis zum Jahr 2016 wieder auf 0,295 ansteigt und einen neuen Höchstwert erreicht (Spannagel und Molitor 2019:9). Spannagel und Molitor (2019) gehören zu den wenigen Autoren, die neben dem Gini-Koeffizienten den Theil-Index für die Jahre zwischen 2005 und 2016 in ihrer Studie aufzeigen. Es kann ein ähnlicher Verlauf wie in Abbildung 16 aufgezeigt werden. Zwischen 2005 und 2010 geht der Theil-Index etwas zurück (von 0,159 auf 0,141), um anschließend bis zum Jahr 2016 wieder auf 0,161 anzusteigen (Spannagel und Molitor 2019:9).

Der Verlauf der beiden Koeffizienten kann so interpretiert werden, dass zwischen den Jahren 1996 und 2017 die Lohnungleichheit zugenommen hat. Der stärkste Anstieg der Lohnungleichheit erfolgte zwischen den Jahren 2000 und 2005. Danach ist die Lohnungleichheit bis zu den Krisenjahren 2008 bis 2010 leicht zurückgegangen, um anschließend noch über das Niveau aus dem Jahr 2005 anzusteigen. Somit liegt im Jahr 2017 eine etwas höhere Lohnungleichheit vor als im Jahr 2005. Die gestiegene Lohnungleichheit kann vor allem durch die Veränderung der Löhne an den Rändern der Verteilung erklärt werden. Der Einfluss des Mindestlohns konnte bei beiden Kennzahlen ab dem Jahr 2015 zu keiner wesentlichen Reduktion beitragen. Somit scheint die Einführung des Mindestlohns keinen wesentlichen Effekt auf die Lohnungleichheit zu haben, wenn Ungleichheitsmaße wie der Gini-Koeffizient oder der Theil-Index betrachtet werden. Eine mögliche Erklärung könnte sein, dass in diesem Zeitraum das Wachstum des fünften Deziles leicht abflacht, wie aus Abbildung 15 deutlich wird. Somit scheint der positive Effekt des Mindestlohns auf die Lohnentwicklung des zweiten Dezils durch die Auswirkungen des abflachenden Wachstums des fünften Dezils überlagert zu werden.

Die Randverteilungen können nochmals genauer betrachtet werden, wenn einzelne Dezile zueinander ins Verhältnis gesetzt werden. Diese sogenannten Decile Ratios sagen aus, welchen Lohn Beschäftigte aus einem Dezil in Relation zu einem anderen erhalten. In Abbildung 17 wird der Verlauf von drei Decile Ratios zwischen 1996 und 2017 aufgezeigt, dem achten Dezil zum zweiten Dezil (schwarze Linie), dem achten Dezil zum fünften Dezil (dunkelgraue Linie) und dem fünften Dezil zum zweiten (hellgraue Linie).

Im Jahr 1996 liegt das Decile Ratio des achten zum zweiten Dezil bei 1,7. Dies bedeutet, dass die Beschäftigten des achten Dezils das 1,7-fache der Beschäftigten des zweiten Deziles verdienen. Im Vergleich zu den Beschäftigten des fünften Dezils verdienen die Beschäftigten aus dem achten Dezil das 1,3-fache. Ebenfalls das 1,3-fache verdienen die Beschäftigten des fünften Dezils im Vergleich zu Beschäftigten des zweiten Dezils.

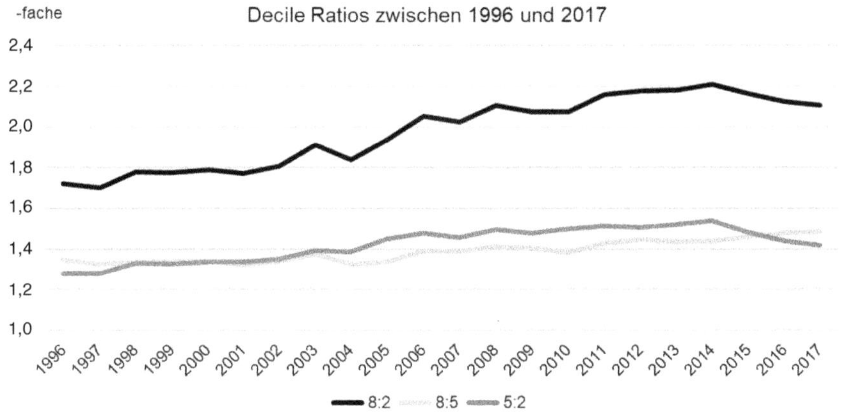

Abbildung 17: Decile Ratios (8:2, 8:5 und 5:2) zwischen 1996 und 2017
Quelle: Eigene Berechnung auf Datengrundlage des LIAB7517, 2020

Generell lassen sich aus diesen Verhältnissen noch keine Rückschlüsse auf eine Veränderung der Lohnungleichheit ziehen. Hierzu muss der zeitliche Verlauf der Decile Ratios beachtet werden.

Für alle drei Decile Ratios ist ein Anstieg bis zum Jahr 2017 zu beobachten. Der Anstieg fällt bei den Decile Ratios 8:5 und 5:3 nur moderat aus. Im Jahr 2017 verdienen Beschäftigte aus dem achten Dezil das 1,5-fache der Beschäftigten des fünften Dezils und Beschäftigte des fünften Dezils das 1,4-fache der Beschäftigten des zweiten Dezils. Ein etwas stärkerer Anstieg des Decile Ratios lässt sich bei dem Verhältnis des achten zum zweiten Dezil beobachten. Beschäftigte aus dem achten Dezil erzielen im Jahr 2017 einem um das 2,1-fache höheren Lohn als Beschäftigte aus dem zweiten Dezil. Bei den 8:2- und 5:2- Decile Ratios macht sich der Einfluss des Mindestlohns ab dem Jahr 2015 bemerkbar. Für die Jahre 2015, 2016 und 2017 ist ein deutlicher Rückgang der Decile Ratios zu beobachten. Dies ist auf den Anstieg der Löhne des zweiten Dezils ab dem Jahr 2015 zurückzuführen, der aus Abbildung 15 deutlich wird. Somit scheint sich die Einführung des Mindestlohns bei der Betrachtung von Ungleichheitsmaßen, welche die Randverteilungen betreffen, reduzierend auf die vorhandene Lohnungleichheit auszuwirken (Burauel u. a. 2018:49).

Mit den Daten des LIAB-Datensatzes werden bisher noch keine Decile Ratios ausgewiesen. Daher muss hier für eine Einordnung der Ergebnisse auf Auswertungen anderer Datenquellen zurückgegriffen werden. Spannagel und Molitor (2019) weisen in ihrer Untersuchung das 8:2- Decile Ratio für den Zeitraum zwischen 2005 und 2016 aus. Im Jahr 2005 verdienen Beschäftigte aus dem achten

Dezil etwa das 2,1-fache der Beschäftigten aus dem zweiten Dezil. Bis zum Jahr 2016 steigt diese Diskrepanz auf das 2,3-fache an (Spannagel und Molitor 2019:12). Somit finden Spannagel und Molitor ähnliche Ergebnisse wie sie hier in Abbildung 17 dargestellt werden.

Wie durch den Gini-Koeffizienten bzw. den Theil-Index bereits deutlich wird, kann eine gestiegene Lohnungleichheit auch anhand der Decile Ratios festgestellt werden. Durch die Decile Ratios kann allerdings nicht nur gezeigt werden, dass die Lohnungleichheit zugenommen hat, sondern auch durch welche Veränderungen es zu einem Anstieg der Lohnungleichheit kommt. Der Anstieg der Decile Ratios zwischen 1996 und 2017 zeigt, dass sich die Lohnungleichheit in diesem Zeitraum erhöht hat. Wie auch durch Abbildung 15 deutlich wird, können vor allem Beschäftigte aus dem oberen und mittleren Bereich der Verteilung hohe Lohnsteigerungen erzielen. Beschäftigte aus dem unteren Bereich der Verteilung erzielen nur moderate oder keine Lohnsteigerungen. Dies führt dazu, dass die Diskrepanz zwischen dem Lohn von Hoch- und von Geringverdienern immer weiter zunimmt und die Decile Ratios über die Zeit ansteigen. Im Vergleich dazu steigt das Decile Ratio des achten zum fünften Dezil zwischen 1996 und 2017 nur leicht an. Daher kann konstatiert werden, dass die Zunahme der Lohnungleichheit zwischen 1996 und 2017 vor allem durch die unterschiedliche Entwicklung der Löhne an den Rändern der Verteilung erklärt werden kann.

5.1.2. Lohnungleichheitsentwicklung nach Geschlecht

Die bisher aufgezeigten Ungleichheitsmaße können aufgrund der Individualbetrachtung im Datensatz nach dem Geschlecht differenziert werden. In anderen Panel-Datensätzen wie bspw. dem sozioökonomischen Panel wird eine Befragung des Haushaltseinkommens durchgeführt, womit nicht mehr nachvollziehbar ist, welches Haushaltsmitglied welchen Beitrag zum Haushaltseinkommen leistet. Daher kommt die Darstellung von Lohnungleichheiten nach dem Geschlecht in bisherigen Untersuchungen nur selten vor.

Abbildung 18 zeigt den Verlauf normierten Tagesentgelts getrennt für Männer und Frauen zwischen den Jahren 1996 und 2017 auf. Dabei verdeutlich die schwarze Linie das Wachstum des Medianlohns der Männer, die graue Linie zeigt das Wachstum des Medianlohns für Frauen auf.

Zwischen den Jahren 1996 und 2002 verläuft das Wachstum des Medianlohns der Frauen ähnlich zu dem der Männer. Was aus der Abbildung allerdings nicht hervorgeht, ist die grundsätzlich unterschiedliche Höhe des Medianlohns von Männern und Frauen. Im Jahr 1996 liegt der Medianlohn für Frauen bei einem Bruttotagesentgelt in Höhe von 88 Euro.

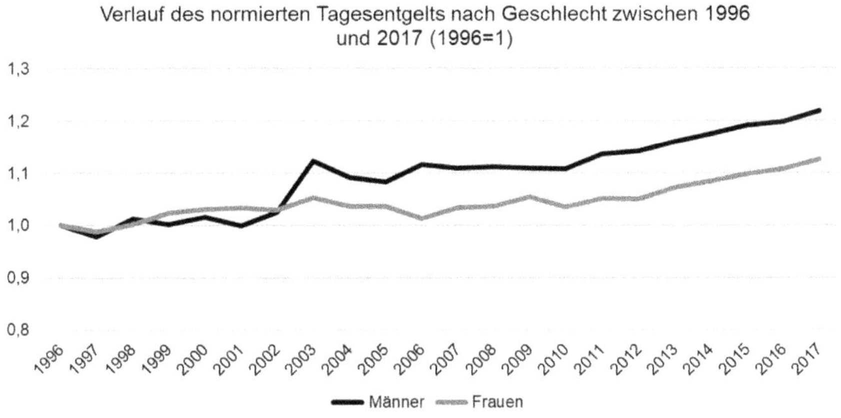

Abbildung 18: Verlauf des normierten Medianlohns nach Geschlecht zwischen 1996 und 2017
Quelle: Eigene Berechnung auf Datengrundlage des LIAB7517, 2020

Dies entspricht einem Monatslohn von 2.684 Euro. Im Vergleich dazu liegt das Bruttotagesentgelt für Männer im Jahr 1996 bei 113 Euro, was einem Monatslohn in Höhe von 3.447 Euro entspricht. Somit liegt der Medianlohn von Männern im Jahr 1996 etwa 30 Prozent über dem Medianlohn für Frauen.[24]

Zwischen den Jahren 2002 und 2003 ist für beide Geschlechter ein Lohnanstieg festzustellen, der allerdings bei den Männern wesentlich stärker ausfällt als bei den Frauen. Dass Männer in diesem Zeitraum ein stärkeres Lohnwachstum als Frauen erhalten, könnte damit erklärt werden, dass die Frauenerwerbstätigkeit zwischen 2002 und 2003 im Vergleich zu den Jahren davor angestiegen ist (WSI GenderDatenPortal 2020). Frauen arbeiten jedoch häufig weniger Wochenarbeitsstunden als Männer, was dazu führt, dass das Tagesentgelt der Männer stärker ansteigt als das der Frauen. Bis zum Jahr 2003 verläuft das relative Wachstum des Medianlohns der Frauen zeitweise über dem relativen Lohnwachstum der Männer. Dies ändert sich ab dem Jahr 2003, seitdem verläuft das relative Lohnwachstum der Männer konstant über dem der Frauen. Im Jahr 2003 ist der Lohn der Männer stärker angestiegen als der Lohn der Frauen. Diesen Lohnanstieg können die Frauen im Zeitverlauf nicht mehr aufholen, was dazu

24 Zwar werden in der Analyse nur Vollzeitbeschäftigte berücksichtigt, allerdings kann nicht die tatsächlich geleistete Zahl an Arbeitsstunden kontrolliert werden. Daher handelt es sich an dieser Stelle um die unbereinigte Lohndifferenz zwischen Männern und Frauen.

führt, dass ab dem Jahr 2003 das Wachstum des Medianlohns der Männer konstant über dem Lohnwachstum der Frauen verläuft.

Dies bedeutet, dass ab diesem Zeitpunkt der Lohn der Männer stärker angestiegen ist als der Lohn der Frauen. Ab dem Jahr 2006 verlaufen beide Linien in etwa parallel zueinander. Für diesen Zeitraum kann ein kontinuierlicher Anstieg des Medianlohns für beide Geschlechter beobachtet werden. Im Jahr 2017 liegt der Medianlohn der Männer bei einem Tagesentgelt von 140 Euro. Somit ist der Medianlohn der Männer zwischen 1996 und 2017 um etwa 23 Prozent angestiegen. Im gleichen Zeitraum steigt der Medianlohn für Frauen von 88 Euro im Jahr 1996 um 13 Prozent auf 99 Euro im Jahr 2017.

Der Medianlohn der Männer steigt damit zwischen 1996 und 2017 um annähernd das Doppelte im Vergleich zum Medianlohn der Frauen. Es kann geschlussfolgert werden, dass sich der Gender Pay Gap im Beobachtungszeitraum weiter verstärkt hat. Analysen wie Boll und andere (2016), Statistisches Bundesamt (Destatis) (2019) oder Wrohlich (2017) finden ähnliche Verdienstunterschiede zwischen Männern und Frauen. Die Untersuchungen greifen sowohl auf den SIAB-Datensatz zurück, der sich ebenfalls aus Daten der Integrierten Erwerbsbiografien des IAB speist, als auch auf die Verdienststrukturerhebung des Statistischen Bundesamts.

Wie sich die Lohnungleichheit zwischen den Geschlechtern unterscheidet, kann allerdings durch die reine Betrachtung des Medianlohns noch nicht aufgezeigt werden. Erste Hinweise auf die Ausprägung der Lohnungleichheit liefert die Auswertung des Medianlohns nach Lohndezilen für das Jahr 2017, die der Abbildung 19 zu entnehmen ist. Dargestellt ist das Tagesentgelt für das zweite, fünfte und achte Lohndezil. Die schwarzen Balken beziehen sich auf das Tagesentgelt der Männer, die grauen Balken zeigen das Tagesentgelt der Frauen auf.

Wie die Auswertung des Medianlohns bereits vermuten lässt, liegt bei allen drei Dezilen das Tagesentgelt der Männer deutlich über dem Tagesentgelt der Frauen. Männliche Beschäftigte aus dem zweiten Lohndezil erreichen im Jahr 2017 ein Mediantagesentgelt in Höhe von etwa 99 Euro. Bei Frauen liegt das Tagesentgelt in diesem Lohndezil bei etwa 65 Euro. Somit verdienen Männer im zweiten Lohndezil etwa 53 Prozent mehr als Frauen aus dem vergleichbaren Lohndezil. Die Tagesentgelte des fünften Lohndeziles entsprechen den bereits oben berichteten Medianlöhnen. Männer verdienen in diesem Lohndezil etwa 40 Euro mehr als Frauen, was 41 Prozent entspricht. Im achten Dezil erzielen Männer ein Mediantagesentgelt in Höhe von 196 Euro und Frauen ein Tagesentgelt von 141 Euro. Männer verdienen somit in diesem Lohndezil etwa 39 Prozent mehr als Frauen. Es bleibt allerdings festzuhalten, dass sich die Lohndifferenz zwischen Männern und Frauen mit steigendem Lohndezil verringert.

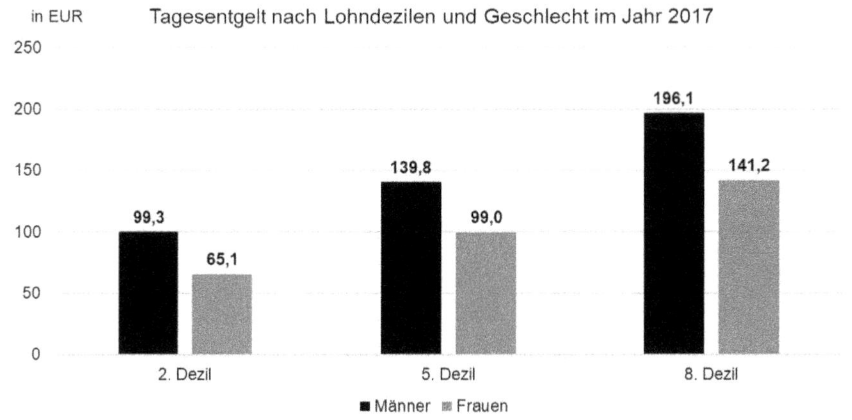

Abbildung 19: Medianlohn nach Lohndezilen und Geschlecht im Jahr 2017
Quelle: Eigene Berechnung auf Datengrundlage des LIAB7517, 2020

Andere Untersuchungen, die Lohndezile nach dem Geschlecht unterscheiden, konnten nicht identifiziert werden, daher bleibt an dieser Stelle eine Einordnung der Ergebnisse aus.

Um einen ersten Eindruck bezüglich der Ungleichverteilung innerhalb der Geschlechter zu gewinnen, kann die Differenz zwischen dem Medianlohn des achten und des zweiten Dezils betrachtet werden. Für Männer liegt diese Differenz bei etwa 100 Euro. Dies bedeutet, dass Männer aus dem achten Dezil im Schnitt etwa 100 Euro mehr verdienen als Männer aus dem zweiten Dezil. Für Frauen liegt diese Differenz bei 76 Euro. Es wird deutlich, dass die Differenz des Medianlohns zwischen dem achten und dem zweiten Lohndezil bei Frauen etwas geringer ist als bei Männern. Dies zeigt, dass die Streuung der Löhne bei Männern größer ist als bei Frauen, was auf eine größere Lohnungleichheit bei Männern hindeutet.

Um dies genauer zu untersuchen, werden in Abbildung 20 der Gini-Koeffizient und der Theil-Index nach Geschlecht zwischen den Jahren 1996 und 2017 dargestellt. Bei diesen beiden Kennzahlen handelt es sich um zentrale Ungleichheitsmaße. Die jeweils durchgezogenen Linien beziehen sich auf die Ungleichheitsmaße für Männer, die gestrichelten Linien verdeutlichen die beiden Maße für Frauen. Der Gini-Koeffizient wird durch die beiden schwarzen Linien dargestellt und bezieht sich auf die linke Achsenbeschriftung. Die beiden grauen Linien verdeutlichen den Verlauf des Theil-Index, der sich auf die rechte Achsenbeschriftung bezieht.

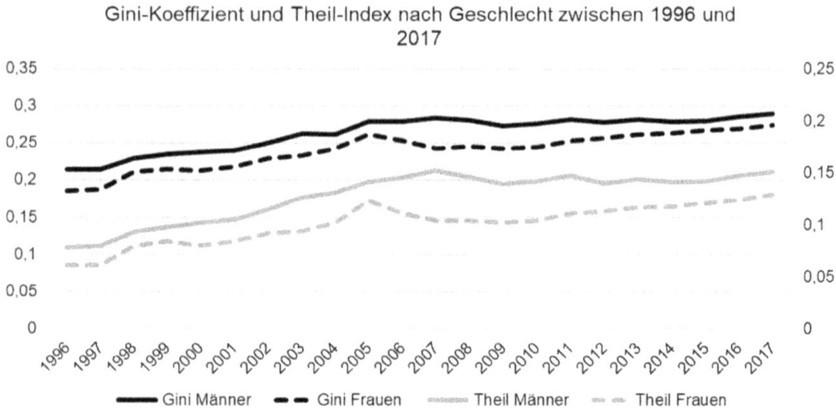

Abbildung 20: Gini-Koeffizient und Theil-Index nach Geschlecht zwischen 1996 und 2017
Quelle: Eigene Berechnung auf Datengrundlage des LIAB7517, 2020

Bei beiden Kennzahlen verläuft die Linie der Männer über der Linie der Frauen. Dies zeigt, dass die Lohnungleichheit bei Männern größer ausfällt als bei Frauen. Der Gini-Koeffizient für Frauen im Jahr 1996 liegt bei 0,185. Für Männer liegt der Gini-Koeffizient in diesem Jahr bei 0,214. Bis zum Jahr 2005 steigen beide Linien stark an und erreichen einen ersten Höhepunkt mit einem Wert von 0,279 für Männer und 0,262 für Frauen. Anschließend verlaufen beide Linien etwas flacher, steigen allerdings bis zum Jahr 2017 noch leicht an auf einen Wert von 0,274 für Frauen und 0,290 für Männer. Damit liegt der Gini-Koeffizient für beide Geschlechter im Jahr 2017 nochmals über dem Wert aus dem Jahr 2005 und zeigt auf, dass die Lohnungleichheit in diesem Zeitraum nochmals angestiegen ist, wenn auch nicht so deutlich wie im Zeitraum zwischen 1996 und 2005.

Für den Theil-Index kann eine ähnliche Entwicklung der beiden Linien aufgezeigt werden. Der Theil-Index der Frauen liegt im gesamten Beobachtungszeitraum unter dem Theil-Index der Männer. Im Jahr 2017 erreichen beide Linien ihren Höhepunkt mit einem Wert von 0,129 für Frauen und 0,151 für Männer. Bei diesem scheint auch die Diskrepanz der beiden Werte etwas größer zu sein als die Diskrepanz beim Gini-Koeffizienten. Dies kann dadurch erklärt werden, dass die Streuung der Löhne bei den Männern deutlich ausgeprägter zu sein scheint als bei den Frauen, was die Differenzen der Medianlöhne des achten zum zweiten Lohndezil aus Abbildung 19 bereits aufzeigen.

Neben dem Vergleich zwischen den beiden Geschlechtern lohnt sich auch ein Blick auf die Höhe des Gini-Koeffizienten aus Abbildung 16. In dieser wird der

Gini-Koeffizient für alle Beschäftigten unabhängig des Geschlechts aufgezeigt. Dieser liegt im Jahr 1996 bei 0,220 und im Jahr 2017 bei 0,301. Es wird deutlich, dass dieser Wert sowohl über dem Koeffizienten für Männer als auch über dem der Frauen liegt. Dabei läge die Vermutung eigentlich nahe, dass der generelle Gini-Koeffizient zwischen dem Wert der Männer und der Frauen liegen würde. Dies ist hier allerdings nicht der Fall. Sowohl die Streuung der Löhne innerhalb der betrachteten Männer als auch die Lohnstreuung innerhalb der Frauen ist nicht so groß wie die gesamte Lohnstreuung. Somit ergibt sich diese erst, wenn die Lohnverteilung der Frauen über die Lohnverteilung der Männer gelegt wird.

Eine Erklärung für die breitere Gesamtstreuung der Löhne bietet ein Blick auf die Medianlöhne der unterschiedlichen Lohndezile aus Abbildung 19. Da der Medianlohn der Frauen im zweiten Dezil deutlich geringer ist als der der Männer, beginnt die Gesamtverteilung der Löhne auf einem niedrigeren Niveau, als wenn nur die Männer betrachtet werden würden. Gleiches gilt für die Medianlöhne aus dem achten Dezil. Diese liegen bei Männern erheblich höher als bei Frauen. Somit liegt die obere Grenze der Verteilung höher, wenn alle Beschäftigte betrachtet werden, als wenn nur die Frauen betrachtet werden. Werden somit die Lohnverteilungen der Männer und Frauen gemeinsam betrachtet, steigt die Streuung zwischen dem unteren und dem oberen Ende der Verteilung, was zu einem höheren Gini-Koeffizienten bzw. höheren Theil-Index führt.

Aufgrund der Datenlage gibt es nur wenige Studien zur Lohnverteilung nach Geschlecht getrennt. Einige wenige Beispiele sind Auswertungen des Sachverständigenrates zur Begutachtung der gesamtwirtschaftlichen Entwicklung und des IZAs im Auftrag des Bundesministeriums für Arbeit und Soziales. Die Analysen des Sachverständigenrates beziehen sich auf Auswertungen des SOEP. Um Verteilungsaussagen nach dem Geschlecht anhand der Datengrundlage treffen zu können, wird eine Äquivalenzgewichtung der Netto-Haushaltseinkommen vorgenommen (Sachverständigenrat zur Begutachtung der Gesamtwirtschaftlichen Entwicklung 2018:422). Dies könnte eine mögliche Begründung dafür sein, dass der Sachverständigenrat zu grundsätzlich anderen Ergebnissen kommt als die hier durchgeführte Analyse. Die Autoren finden sowohl einen in etwa gleich hohen Gini-Koeffizienten bei Männern und Frauen als auch nur geringe Geschlechterunterschiede bei dem Medianlohn für das Jahr 2016 (Sachverständigenrat zur Begutachtung der Gesamtwirtschaftlichen Entwicklung 2018:422). Auch in der Studie des IZA wird auf die Äquivalenzeinkommen des SOEP zurückgegriffen. Allerdings unterscheiden sich die Ergebnisse im Vergleich zu den Analysen des Sachverständigenrates deutlich. Zwischen den Jahren 2006 und 2011 finden die Autoren einen höheren Gini-Koeffizienten bei Männern als bei Frauen. Im Jahr 2011 lag der Gini-Koeffizient der Männer bei 0,294 und der von Frauen bei 0,282 (Pestel und Sommer 2016:43). Die unterschiedlichen Ergebnisse der beiden Studien können ggf. auf eine unterschiedliche Auswahl der Grundgesamtheit zurückgeführt werden.

In der folgenden Abbildung wird jeweils das achte Dezil ins Verhältnis zum zweiten (8:2) und zum fünften Dezil gesetzt (8:5). Das 8:2-Decile Ratio wird durch die schwarzen Linien dargestellt und das 8:5-Decile Ratio durch die dunkelgrauen Linien. Dabei beziehen sich die durchgezogenen Linien auf die Decile Ratios der Männer und die gestrichelten Linien auf die Decile Ratios der Frauen.

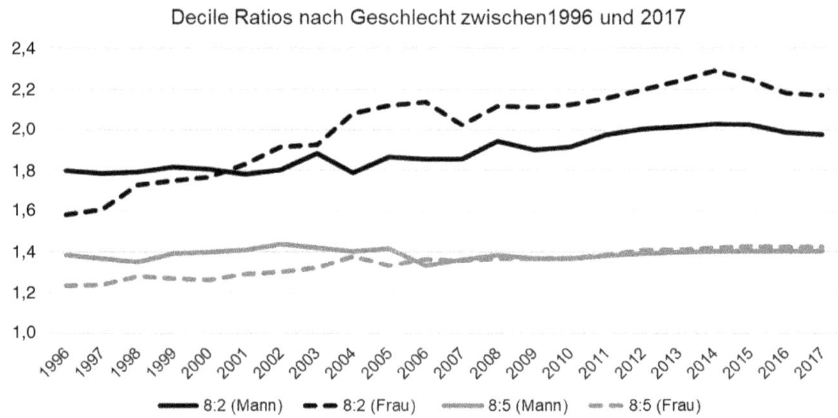

Abbildung 21: Decile Ratios nach Geschlecht zwischen 1996 und 2017
Quelle: Eigene Berechnung auf Datengrundlage des LIAB7517, 2020

Im Jahr 1996 liegt das 8:2-Decile Ratio für Frauen bei 1,6 und für Männer bei 1,8. Somit verdienen Frauen aus dem achten Dezil das 1,6-fache von Frauen aus dem zweiten Dezil. Absolut entspricht dies einem Mehrverdienst pro Tag von etwa 40 Euro. Männer aus dem achten Dezil verdienen das 1,8-fache von Männern aus dem zweiten Dezil, was einem absoluten Mehrverdienst von 70 Euro entspricht. Wird der Verlauf der beiden schwarzen Linien betrachtet, fällt auf, dass die Linie der Frauen (gestrichelt) stärker ansteigt als die Linie der Männer. Bereits ab dem Jahr 2000 verläuft die gestrichelte Linie über der durchgezogenen. Im Jahr 2017 verdienen Frauen aus dem achten Dezil das 2,2-fache von Frauen aus dem zweiten Dezil. Männer aus dem achten Dezil verdienen das Zweifache von Männern aus dem zweiten Dezil. Somit ist die Diskrepanz der Medianlöhne aus dem achten zum zweiten Lohndezil bei Frauen über den Beobachtungszeitraum stärker angestiegen als bei den Männern. Auch hier macht sich die Einführung des Mindestlohns bemerkbar. Beide schwarze Linien gehen ab dem Jahr

2015 zurück. Dabei fällt auf, dass das 8:2-Decile Ratio der Frauen etwas stärker zurückgeht als das der Männer. Daraus könnte die Schlussfolgerung gezogen werden, dass Frauen aus dem zweiten Dezil relativ gesehen stärker von der Einführung des Mindestlohns profitiert haben als Männer aus dem zweiten Dezil.

Der Anstieg des 8:2-Decile Ratios bei Frauen zwischen 1996 und 2017 ist vor allem darauf zurückzuführen, dass der Medianlohn der Frauen aus dem achten Dezil in diesem Zeitraum um etwa 31 Prozent angestiegen ist, der Medianlohn von Frauen aus dem zweiten Lohndezil im gleichen Zeitraum aber um zehn Prozent gesunken ist. Somit kann für Frauen aus dem oberen Bereich der Lohnverteilung eine Lohnsteigerung beobachtet werden, für Frauen aus dem unteren Bereich der Lohnverteilung allerdings Lohneinbußen. Wird die Lohnungleichheit an den Rändern der Verteilung näher betrachtet, kann gezeigt werden, dass diese für Frauen im Jahr 2017 höher ausfällt als bei Männern. Wird allerdings die gesamte Verteilung beachtet, liegt die Lohnungleichheit der Frauen unter der der Männer, was durch den Gini-Koeffizienten aus Abbildung 20 gezeigt werden konnte.

Ein etwas anderes Bild ergibt sich, wenn ein Fokus auf den Verlauf des 8:5-Decile Ratios gelegt wird. Im Jahr 1996 liegt dieses Decile Ratio für Frauen bei 1,2 und für Männer bei 1,4. Somit verdienen Frauen aus dem achten Dezil das 1,2-fache von Frauen aus dem fünften Dezil und Männer das 1,4-fache. Bis zum Jahr 2006 gleichen sich die Linien immer weiter an und verlaufen dann bis zum Jahr 2017 auf dem gleichen Niveau. Im Jahr 2017 verdienen sowohl Frauen als auch Männer aus dem achten Dezil das 1,4-fache der Beschäftigten des jeweiligen Geschlechts aus dem fünften Dezil. Das Decile Ratio der Männer hat sich somit im Zeitverlauf nicht verändert, das der Frauen ist leicht angestiegen. Um 23 Prozent sind sowohl die Medianlöhne von männlichen Beschäftigten aus dem fünften als auch aus dem achten Dezil angestiegen. Der Medianlohn von Frauen aus dem achten Dezil ist um etwa 30 Prozent angestiegen, der Medianlohn der beschäftigten Frauen aus dem fünften Dezil allerdings nur um etwa 13 Prozent. Somit kann der Anstieg des 8:5 Decile Ratios der Frauen zwischen 1996 und 2017 erklärt werden.

Grundsätzlich konnte durch die deskriptiven Analysen gezeigt werden, dass die Lohnungleichheit zwischen 1996 und 2017 zugenommen hat. Eine Differenzierung der Veränderung der Lohnungleichheit nach Geschlecht konnte zudem aufzeigen, durch welche Mechanismen es zu dieser steigenden Ungleichheit kam. Weiterhin konnte das Verständnis über die Lohnungleichheit nach Geschlecht weiter ausgebaut werden. Die folgenden Analysen sollen zeigen, wie stark der technische Fortschritt, die Tarifbindung und die Kombination dieser beiden Einflussfaktoren die Entwicklung der Lohnungleichheit beeinflusst hat. Zunächst werden dazu die beiden zentralen erklärenden Variablen näher betrachtet.

5.2. Ein detaillierter Blick auf die beiden zentralen erklärenden Variablen technischer Fortschritt und Tarifbindung

Bevor die multivariate Analyse aufzeigen soll, welchen Einfluss der technische Fortschritt und die Tarifbindung auf die Lohnhöhe haben werden die beiden Einflussfaktoren im Folgenden näher beleuchtet. Zunächst wird aufgezeigt, wie sich der technische Fortschritt im Beobachtungszeitraum entwickelt hat, in welchen Branchen und Bundesländern der technische Fortschritt besonders weit vorangeschritten ist und wie sich der technische Fortschritt in Abhängigkeit von der Betriebsgröße verhält. Anschließend erfolgen einige Detaillierungen bezüglich der Tarifbindung. Neben der Veränderung der Tarifbindung über den Beobachtungszeitraum wird aufgezeigt, wie sich die Tarifbindung zwischen Geschlecht, Branchen, Berufen oder Arbeitnehmergruppen unterscheidet. Durch diese teils bivariaten Darstellungen können auch erste Hinweise bezüglich des Einflusses der beiden zentralen unabhängigen Variablen auf den Lohn bzw. die Lohnungleichheit aufgezeigt werden.

5.2.1. Technischer Fortschritt

In dieser Arbeit wird der technische Fortschritt, wie in Kapitel 4.1.2 beschrieben, anhand der getätigten Investitionen in EDV oder Informations- und Kommunikationstechnik operationalisiert. Daher zeigt Abbildung 22 den Anteil der Betriebe, die Investitionen in IT getätigt haben in den Jahren 1996 und 2017.

Über den gesamten Beobachtungszeitraum sind moderate Schwankungen der Investitionen in EDV oder Informations- und Kommunikationstechnik zu finden. Allerdings kann insgesamt eine Tendenz hin zu sinkenden Investitionen aufgezeigt werden. Die Spanne der Investitionen liegt zwischen 28 und 44 Prozent. Im Jahr 1996 investieren etwa 43 Prozent der befragten Betriebe in EDV oder Informations- und Kommunikationstechnik. Bis zum Jahr 2001 bleibt dieser Wert mit leichten Schwankungen konstant. Im Jahr 2001 investieren etwa 44 Prozent der befragten Betriebe in IT. In keinem anderen Jahr des Beobachtungszeitraumes investieren mehr Betriebe in EDV oder Informations- und Kommunikationstechnik.

Unter leichten Schwankungen geht der Anteil an Betrieben, die in IT investieren, zwischen 2000 und 2010 stetig zurück. 2010 investieren nur noch etwa 28 Prozent der befragten Betriebe in EDV oder Informations- und Kommunikationstechnik. Dies entspricht dem geringsten Wert zwischen 1996 und 2017.

Abbildung 22: Verlauf von Investitionen in IT zwischen 1996 und 2017
Quelle: Eigene Berechnung auf Datengrundlage des LIAB7517, 2020

Der Tiefstwert aus dem Jahr 2010 kann durch die Wirtschaftskrise erklärt werden, die in Deutschland vor allem in den Jahren 2008 bis 2010 spürbar ist. In dieser Zeit hatten die Betriebe häufig geringere Mittel für Investitionen zur Verfügung, wodurch der Anteil der investierenden Unternehmen zurückgeht.

Zwischen 2010 und 2014 steigt der Anteil der Betriebe, die in EDV oder Informations- und Kommunikationstechnik investieren wieder und liegt im Jahr 2014 bei etwa 35 Prozent. Seit dem Jahr 2014 ist der Anteil der Betriebe, die in IT investieren wieder leicht rückläufig und liegt im Jahr 2017 bei etwa 31 Prozent. Insgesamt muss berücksichtigt werden, dass unter den Investitionen in IT sowohl Ersatz- als auch Erstinvestitionen verstanden werden (Müller u. a. 2017:90). Daher kann ein Rückgang der investierenden Betriebe entweder so interpretiert werden, dass die Investitionsfreudigkeit der Betriebe generell zurückgeht, oder dass durch die getätigten Investitionen einige Unternehmen die Wahrnehmung haben, keine neuen Investitionen tätigen zu müssen, da die Ausstattung dem üblichen Standard entspricht oder die Unsicherheiten in der Zukunft zu hoch sind, z.B. bei Cloud Investitionen und der Speicherung von Daten.

Diese Entwicklung kann auch bei Müller und anderen 2017 gefunden werden. Die Autoren analysieren in ihrer Untersuchung ebenfalls den Anteil der Betriebe, die in EDV oder Informations- und Kommunikationstechnik investieren. Hierbei greifen die Autoren auch auf das IAB-Betriebspanel zurück. Die Autoren können zeigen, dass im Jahr 2000 etwa 40 Prozent der befragten Betriebe in IT investieren, im Jahr 2016 nur noch etwa 29 Prozent (Müller u. a. 2017:91).

Diese Zahlen entsprechen mit nur leichten Abweichungen den in Abbildung 23 dargestellten Werten. Die leichten Abweichungen können ggf. dadurch erklärt werden, dass in der hier durchgeführten Analyse nicht alle Betriebe berücksichtigt wurden, sondern nur solche mit fünf oder mehr Beschäftigten.

In der hier durchgeführten Analyse wird der Anteil der Betriebe mit Investitionen in IT an allen betrachteten Betrieben dargestellt. Es besteht allerdings auch die Möglichkeit, nicht alle Betriebe zu berücksichtigten, sondern nur solche, die Investitionen getätigt haben. Wird dieser Ansatz zugrunde gelegt, so ist der Anteil an Betrieben, die Investitionen in IT tätigen deutlich höher als die Werte aus Abbildung 22. Im Jahr 2017 liegt dieser Anteil bei etwa 81 Prozent. Dies zeigt, dass wenn Betriebe, die Investitionen tätigen, häufig in EDV oder Informations- und Kommunikationstechnik investieren.

Deutlichere Unterschiede bezüglich der Investitionen in IT können gefunden werden, wenn die Investitionen nach Betriebsgröße unterschieden werden. In Abbildung 23 wird der Anteil an Betrieben, die in IT investieren, nach Betriebsgröße für das Jahr 2017 aufgezeigt. Als kleine Betriebe werden solche mit 5 bis unter 50 Beschäftigten verstanden; 50 bis unter 250 Beschäftigte charakterisieren mittlere Betriebe und große Betriebe haben 250 oder mehr Beschäftigte.

Die Abbildung zeigt, dass eine deutliche Diskrepanz der Investitionen in IT nach Betriebsgröße besteht. Im Jahr 2017 investieren etwa 15 Prozent der kleinen Betriebe in EDV oder Informations- und Kommunikationstechnik. Fast doppelt so hoch ist der Anteil der mittleren Betriebe, die in IT investieren. Im Jahr 2017 liegt dieser bei 26 Prozent. Dagegen investiert mit 54 Prozent mehr als die Hälfte der großen Betriebe im Jahr 2017 in EDV oder Informations- und Kommunikationstechnik. Es wird deutlich, dass mit steigender Beschäftigtenzahl auch mehr Investitionen in IT getätigt werden.

Dies kann dadurch erklärt werden, dass größere Betriebe generell mehr Umsatz erwirtschaften, was häufig auch mit einem absolut gesehen größeren Gewinn verbunden ist und somit Skaleneffekte erzielt werden können. Diese Summen können genutzt werden, um neue Investitionen in IT zu tätigen. Kleinere Betriebe haben absolut gesehen oft nicht die notwendigen Mittel, um in häufig kostspielige IT-Anwendungen zu investieren. Allerdings zeigt eine Studie des DIW aus dem Jahr 2017, dass auch kleine Betriebe Innovationen in IT tätigen, welche die Arbeitsproduktivität erhöhen. Sie tun dies allerdings seltener als mittlere und große Betriebe (Kritikos, Hafenstein, und Schiersch 2017:755).

Weitere Erkenntnisse bezüglich der Investitionen in IT ergeben sich, wenn diese separat nach Bundesländern betrachtet werden. Aufgrund der Datensatzstruktur können die Betriebe, die in IT investieren, nicht nur nach Ost- und

Westdeutschland unterschieden werden (wie es häufig in Untersuchungen der Fall ist), sondern nach einzelnen Bundesländern.

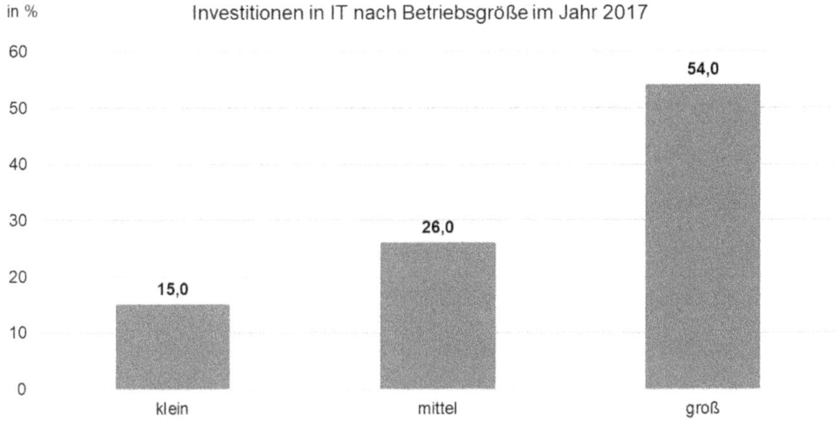

Abbildung 23: Investitionen in IT nach Betriebsgröße im Jahr 2017
Quelle: Eigene Berechnung auf Datengrundlage des LIAB7517, 2020

Abbildung 24 zeigt den Anteil der Betriebe je Bundesland, die im Jahr 2017 in IT investiert haben. Die Bundesländer sind nach absteigender Reihenfolge sortiert. In Hamburg haben im Jahr 2017 etwas mehr als 56 Prozent aller befragten Betriebe in EDV oder Informations- und Kommunikationstechnik investiert. In keinem anderen Bundesland liegt der Anteil an Betrieben mit Investitionen in IT im Jahr 2017 so hoch. Auch in Berlin, Niedersachsen und Nordrhein-Westfalen haben etwa 50 Prozent oder mehr der befragten Betriebe in IT investiert. Im Gegensatz dazu haben nur etwa 15 Prozent der Betriebe im Saarland in IT investiert. In diesem Bundesland haben mit Abstand die wenigsten Betriebe in EDV oder Informations- und Kommunikationstechnik im Jahr 2017 investiert. Danach folgen Sachsen-Anhalt, Mecklenburg-Vorpommern und Schleswig-Holstein mit etwa 30 Prozent. Es ist hervorzuheben, dass die ostdeutschen Bundesländer eher im unteren Bereich der Abbildung zu finden sind. Eine Ursache für die niedrigere Investitionsbereitschaft von ostdeutschen Betrieben könnte sein, dass in diesen Bundesländern eher kleinere und mittlere Unternehmen verbreitet sind, die, wie aus Abbildung 24 deutlich wird weniger in IT investieren als große Betriebe. Auch andere Untersuchungen kommen zu dem Ergebnis, dass in Ostdeutschland weniger Investitionen in IT getätigt werden als in Westdeutschland. Müller u. a. 2017 kommen zu dem Ergebnis, dass in Ostdeutschland etwa 25 Prozent der Betriebe in IT investieren und in Westdeutschland etwa 30 Prozent (Müller u. a. 2017:91).

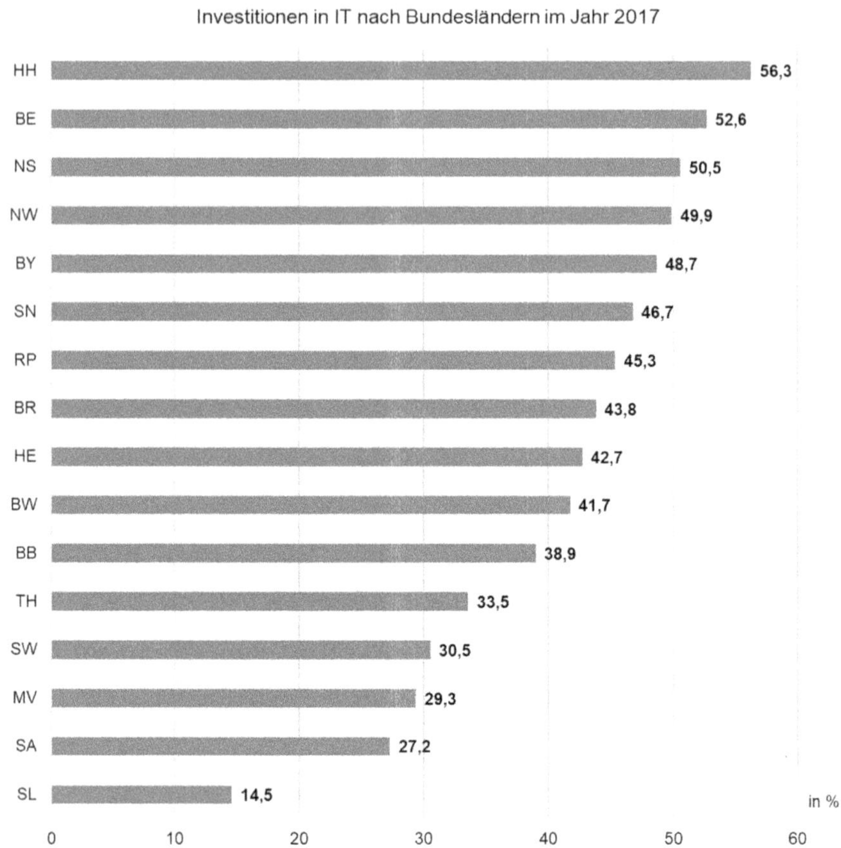

Abbildung 24: Investitionen in IT nach Bundesländern im Jahr 2017
Quelle: Eigene Berechnung auf Datengrundlage des LIAB7517, 2020

Auch hier könnten erste Hinweise bezüglich einer möglichen Ungleichheitsverteilung der Löhne aufgrund unterschiedlich hoher Investitionen in IT zwischen Ost- und Westdeutschland gefunden werden.

Eine Ausnahme dazu bildet Sachsen, wo etwa 47 Prozent der befragten Betriebe in EDV oder Informations- und Kommunikationstechnik investieren. Somit liegt der Anteil an Betrieben mit Investitionen in IT in Sachsen noch über dem Anteil von Bundesländern wie etwa Baden-Württemberg oder Hessen. Zu ähnlichen Ergebnissen kommt auch eine Studie über den Innovationsstandort Sachsen, die durch das Sächsische Staatsministerium für

Wirtschaft, Arbeit und Verkehr im Jahr 2019 in Auftrag gegeben wurde. In der Studie kommen die Autoren zu dem Ergebnis, dass die Innovatorenquote in Sachsen leicht unter dem gesamtdeutschen Schnitt liegt, allerdings deutlich über dem Schnitt aller ostdeutschen Bundesländer (Berger u. a. 2019:29). Als Erklärung führen die Autoren die Größenstruktur der in Sachsen ansässigen Betriebe an. Großunternehmen tätigen wesentlich mehr Innovationen als kleine und mittlere Unternehmen (KMU). Sachsen nimmt hierbei eine Zwischenstellung zwischen der stark durch Großkonzerne geprägten Struktur der westdeutschen und der starken Verbreitung von KMUs in den ostdeutschen Ländern ein (Berger u. a. 2019:52).

Auch die Branchenstruktur kann ein möglicher Erklärungsfaktor für die unterschiedliche Höhe an Investitionen in IT der einzelnen Betriebe sein. Die nachfolgende Abbildung zeigt die drei Branchen mit dem höchsten Anteil an Investitionen in IT und die drei Branchen mit den geringsten Anteilen an Investitionen jeweils für das Jahr 2017. Die Branchen sind in absteigender Reihenfolge bezüglich des Anteils an Unternehmen mit IT-Investitionen sortiert. Anzumerken ist weiterhin, dass nicht alle betrachteten Branchen in der Abbildung erfasst werden, sondern nur diese mit den höchsten bzw. geringsten Investitionsanteilen.

Abbildung 25: Investitionen in IT nach Branchen im Jahr 2017
Quelle: Eigene Berechnung auf Datengrundlage des LIAB7517, 2020

Etwa 60 Prozent der befragten Betriebe aus dem Informations- und Kommunikationssektor (IKT) haben im Jahr 2017 in EDV oder Informations- und Kommunikationstechnik investiert. Dahinter folgt das produzierende bzw. verarbeitende Gewerbe mit etwa 55 Prozent. Auf dem dritten Rang liegt das Gesundheitswesen. In diesem Bereich haben noch etwa 45 Prozent der Unternehmen in IT investiert. Am unteren Ende der Verteilung finden sich die Branchen mit den geringsten Investitionen in IT. In den drei Branchen mit den wenigsten Investitionen haben nur etwa 20 Prozent oder weniger der befragten Betriebe im Jahr 2017 in IT investiert. Am geringsten ist der Anteil in der öffentlichen Verwaltung. Hier haben nur etwa 14 Prozent der Betriebe in EDV oder Informations- und Kommunikationstechnik investiert. Sollten Investitionen in IT einen Einfluss auf die Lohnhöhe der Beschäftigten haben, wäre dieser vor allem in den Branchen IKT, dem produzierenden Gewerbe und dem Gesundheitswesen spürbar.

Ein Vergleich mit anderen Untersuchungen ist nur begrenzt möglich, da häufig unterschiedliche Branchenunterteilungen herangezogen wurden. Im Auftrag des Bundesministeriums für Wirtschaft und Energie (BMWi) wurde ein Monitoring-Report „Wirtschaft Digital" für das Jahr 2018 veröffentlicht. In diesem wurden Unternehmen bezüglich ihrer Digitalisierungsinvestitionen befragt. Hohe Investitionen in Digitalisierung tätigen nach der Befragung vor allem Dienstleistungsunternehmen sowie IKT-Unternehmen aber auch Unternehmen aus dem Gesundheitswesen. Ein geringer Anteil an hohen Investitionen ist hingegen im Handel und im Bereich des sonstigen verarbeitenden Gewerbes zu finden (Bundesministerium für Wirtschaft und Energie (BMWi) 2018:25). Auch wenn eine andere Branchenabgrenzung sowie unterschiedliche Bezugsgrößen (Digitalisierung vs. EDV oder Informations- und Kommunikationstechnik) herangezogen werden, können einige Überschneidungen der Branchen zu der hier durchgeführten Analyse festgestellt werden.

Die bisherigen Auswertungen konnten zeigen, dass der Anteil der Betriebe mit Investitionen in IT zwischen 1996 und 2017 zurückgegangen ist. Vor allem mittlere und große Betriebe investieren in EDV oder Informations- und Kommunikationstechnik, ebenso Betriebe aus dem Dienstleistungsgewerbe, dem produzierenden Gewerbe oder dem Gesundheitsbereich. Diese Charakteristika sind vor allem in Westdeutschland zu finden, was dazu führt, dass der Anteil der Betriebe, die in IT investieren, in Westdeutschland höher ist als in Ostdeutschland. Im nächsten Schritt soll ein detaillierter Blick auf die zweite erklärende Variable geworfen werden.

5.2.2. Tarifbindung

Aus der jährlichen Betriebsbefragung des IAB geht nicht nur hervor, ob in den befragten Betrieben eine Tarifbindung besteht, sondern es kann genauer nach Flächen- und Haustarifverträgen differenziert werden. Unter einem Flächentarifvertrag werden Tarifverträge verstanden, die für eine ganze Branche und bestimmte regionale Bereiche gelten (Ministerium für Arbeit, Gesundheit und Soziales des Landes Nordrhein-Westfalen 2020). Im Gegensatz dazu werden Haustarifverträge zwischen einem Betrieb und der zuständigen Fachgewerkschaft geschlossen. Dieser Tarifvertrag beinhaltet besondere Belange, die direkt auf den Betrieb abgestimmt werden können. Allerdings liegt der Geltungsbereich des Tarifvertrages lediglich auf dem einen Betrieb (Ministerium für Arbeit, Gesundheit und Soziales des Landes Nordrhein-Westfalen 2020). Die folgende Abbildung zeigt die Tarifbindung der Betriebe in Deutschland zwischen den Jahren 1996 und 2017 auf. Hierbei kann zwischen Betrieben unterschieden werden, ob diese einem Flächentarifvertrag unterliegen (schwarze Linie), einem Haustarifvertrag (dunkelgraue Linie), oder keinem Tarifvertrag (hellgraue Linie). Die Betriebe, die keinem Tarifvertrag unterliegen, wurde allerdings zusätzlich gefragt, ob sich diese an einem Branchentarifvertrag orientieren. Dieser Anteil wird durch die hellgrau gestrichelte Linie dargestellt.

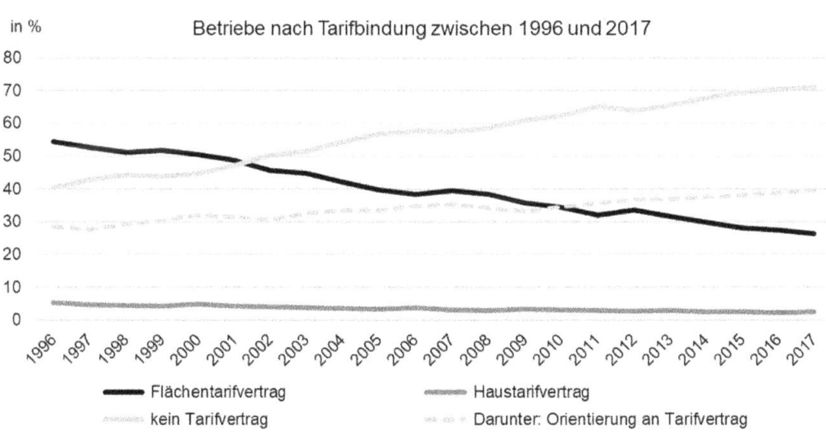

Abbildung 26: Anteil der Betriebe mit Tarifbindung zwischen den Jahren 1996 und 2017
Quelle: Eigene Berechnung auf Datengrundlage des LIAB7517, 2020

Durch die Abbildung wird deutlich, dass der Anteil der Betriebe, die durch einen Branchentarifvertrag gebunden sind zwischen 1996 und 2017 deutlich zurückgegangen ist. Im Jahr 1996 waren noch 54,3 Prozent der Betriebe branchentariflich gebunden, im Jahr 2017 sind es nur noch 26,4 Prozent, was einem Rückgang von über 50 Prozent entspricht. Im gleichen Zeitraum ist der Anteil der Betriebe ohne Tarifbindung von 40,4 Prozent im Jahr 1996 auf 71,1 Prozent im Jahr 2017 gestiegen. Der Anteil der Betriebe mit einem Haustarifvertrag bleibt über den Beobachtungszeitraum nahezu unverändert. Kohaut und Ellguth (2008) können in ihrer Untersuchung zwei wesentliche Gründe für diese Entwicklung ausmachen. Zum einen ist der beobachtete Rückgang der tarifgebundenen Betriebe darauf zurückzuführen, dass die Betriebe unzufrieden mit den verhandelten Bedingungen sind und sich daher von einem Branchentarifvertrag abwenden (Kohaut 2008:5). Zum anderen können die Autoren zeigen, dass die laufende Erneuerung der Betriebslandschaft dafür verantwortlich ist, dass der Anteil der tarifgebundenen Betriebe kontinuierlich zurückgeht (Kohaut 2008:6).

Die Betriebe, die keine Tarifbindung aufweisen, können weiterhin in zwei Gruppen unterteilt werden. Unter diesen Betrieben wurde zusätzlich gefragt, ob diese sich an einem Branchentarifvertrag orientieren. Dieser Anteil liegt im Jahr 2017 bei etwa 40 Prozent und hat sich seit 1996 um etwas mehr als ein Drittel erhöht. Kohaut (2018) führt allerdings an, dass sich nur ein kleiner Teil dieser Betriebe an allen relevanten Punkten des Branchentarifvertrages orientiert (Kohaut 2018).

Aus der Mitarbeiterzahl der Betriebe kann auf die tarifliche Abdeckung der Beschäftigten geschlossen werden. Ein Blick in die bisherige Forschungsliteratur zeigt, dass sich verstärkt auf den Anteil der tariflich gebundenen Beschäftigten bezogen wird und nicht auf die tarifliche Deckungsrate der Betriebe. Daher beziehen sich alle weiteren Abbildungen auf die tarifliche Deckungsrate der Beschäftigten. Abbildung 27 zeigt die Tarifbindung nach Art des Tarifvertrages für den Beobachtungszeitraum zwischen 1996 und 2017. Die schwarze Linie verdeutlicht dabei den Anteil der Beschäftigten mit einem Flächentarifvertrag, die dunkelgraue Linie zeigt den Anteil der Beschäftigten, die nach einem Haustarifvertrag angestellt sind und die hellgraue Linie steht für den Anteil der Beschäftigten, die keinem Tarifvertrag unterliegen. Als Grundlage werden alle Vollzeitbeschäftigten zwischen 19 und 65 Jahren betrachtet.

Generell ist zu beobachten, dass der Anteil der Beschäftigten mit einem Flächentarifvertrag über den Beobachtungszeitraum immer weiter zurückgeht und gleichzeitig der Anteil der Beschäftigten ohne Tarifvertrag zunimmt. Der Anteil der Beschäftigten mit einem Haustarifvertrag geht zwischen den Jahren 1996 und 2017 nur leicht zurück.

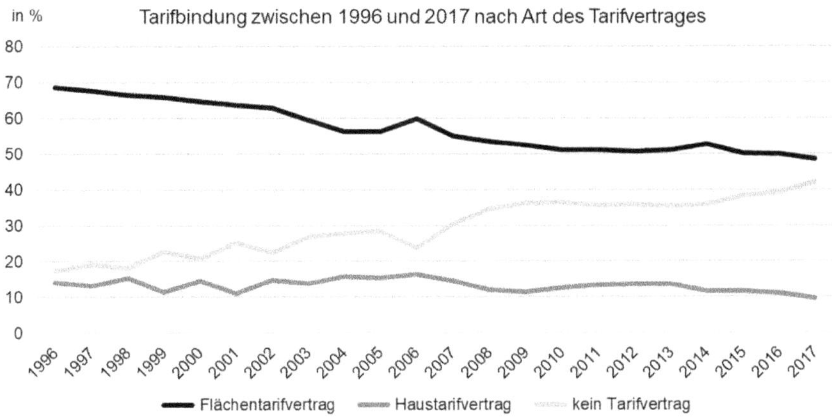

Abbildung 27: Tarifbindung nach Art des Tarifvertrages zwischen 1996 und 2017
Quelle: Eigene Berechnung auf Datengrundlage des LIAB7517, 2020

Im Jahr 1996 liegt der Anteil der Beschäftigten mit einem Flächentarifvertrag bei fast 70 Prozent. Bis zum Jahr 2004 ist ein kontinuierlicher Rückgang dieses Anteils auf etwa 58 Prozent zu beobachten. Zwischen den Jahren 2004 und 2006 ist wieder ein kleiner Anstieg des Anteils der Beschäftigten mit einem Flächentarifvertrag auf 60 Prozent zu verzeichnen. Bis zum Jahr 2010 sinkt der Anteil der Beschäftigten mit einem Flächentarifvertrag auf etwa 50 Prozent und verläuft anschließend bis zum Jahr 2017 konstant. Im Jahr 2017 unterliegt nur noch die Hälfte der befragten Beschäftigten einem Flächentarifvertrag. Zwischen 1996 und 2017 ist somit ein Rückgang des Anteils um 20 Prozentpunkte zu verzeichnen.

Bei diesen 20 Prozentpunkten handelt es sich in etwa um den Anstieg des Anteils der Beschäftigten ohne Tarifbindung zwischen 1996 und 2017. Im Jahr 1996 liegt dieser noch bei etwa 19 Prozent und steigt stetig bis zum Jahr 2017 auf über 40 Prozent an. Lediglich im Jahr 2006 ist ein Rückgang des Anteils der Beschäftigten ohne Tarifbindung zu beobachten. Der Anteil der Beschäftigten, die nach einem Haustarifvertrag angestellt sind, liegt im Jahr 1996 bei etwa 15 Prozent und sinkt leicht bis zum Jahr 2017 auf zehn Prozent. Werden sowohl Flächen- als auch Haustarifverträge berücksichtigt, so unterliegen im Jahr 2017 etwa 58 Prozent der Beschäftigten in Deutschland einer Tarifbindung im Vergleich zu 85 Prozent im Jahr 1996.

Kohaut 2018 hat ebenfalls auf der Datengrundlage des IAB-Betriebspanels die Flächentarifbindung der Beschäftigten zwischen 1996 und 2017 analysiert.

Der Autor findet ähnliche Ergebnisse, wie sie in Abbildung 27 dargestellt werden. Im Jahr 1996 liegt der Anteil der Beschäftigten mit einem Flächentarif bei 70 Prozent. Bis zum Jahr 2017 sinkt dieser Anteil auf 49 Prozent (Kohaut 2018). Das IW Köln hat im Jahr 2018 eine Analyse der Tarifbindung in Deutschland anhand der Daten des sozioökonomischen Panels durchgeführt. Die Auswertungen zeigen, dass im Jahr 2016 etwa 38 Prozent der befragten Beschäftigten flächentariflich gebunden sind. Dieser Anteil liegt etwas unter dem in dieser Arbeit ausgewiesenen Wert von etwa 50 Prozent (Schneider und Vogel 2018:5). Die Unterschiede könnten sich daraus ergeben, dass im SOEP die Individuen direkt nach ihrer Tarifbindung befragt werden. Im LIAB7517 hingegen liegt die Information vor, ob ein Betrieb einer Tarifbindung unterliegt. Bei der Hochrechnung wurde für alle Beschäftigten aus diesem Betrieb angenommen, dass diese tariflich angestellt sind. Dies muss allerdings nicht zwingend der Fall sein, wodurch die Zahl der tariflich angestellten Beschäftigten im LIAB7517 höher ausfällt als im SOEP.

Anhand der Verdienststrukturerhebung aus dem Jahr 2014 können ebenfalls Informationen bezüglich der Tarifbindung der Beschäftigten gewonnen werden. Diese Informationen werden durch das statistische Bundesamt bereitgestellt. Im Jahr 2014 liegt der Anteil der tarifgebundenen Arbeitnehmer bei 46 Prozent (Statistisches Bundesamt (Destatis) 2016). Bei den Arbeitnehmern werden keine Auszubildenden oder geringfügig Beschäftigten berücksichtigt. Es wird deutlich, dass auch dieser berichtete Wert unter den Zahlen des IAB-Betriebspanels liegt. Ähnlich wie bei dem sozioökonomischen Panel wird die Tarifbindung bei der Verdienststrukturerhebung direkt durch die Individuen erfasst. Aktuellere Auswertungen nach dem Jahr 2014 anhand der Verdienststrukturerhebung sind allerdings nicht verfügbar. Allen aufgeführten Datensätzen ist allerdings gemein, dass die Zahl der tarifgebundenen Beschäftigten seit Mitte der 1990er Jahre stetig zurückgeht.

Die Tarifbindung kann weiterhin nach Arbeitnehmergruppen differenziert werden. Die Ergebnisse werden in der folgenden Abbildung aufgezeigt. Unter die Gruppe der Beschäftigten mit einer Tarifbindung fallen sowohl Beschäftigte mit einem Flächen- als auch mit einem Haustarifvertrag. Die Arten des Tarifvertrages werden in den nachfolgenden Abbildungen nicht weiter differenziert, da sich die weiteren Ausführungen lediglich auf eine Tarifbindung beziehen und keiner weiteren Unterscheidung unterliegen.

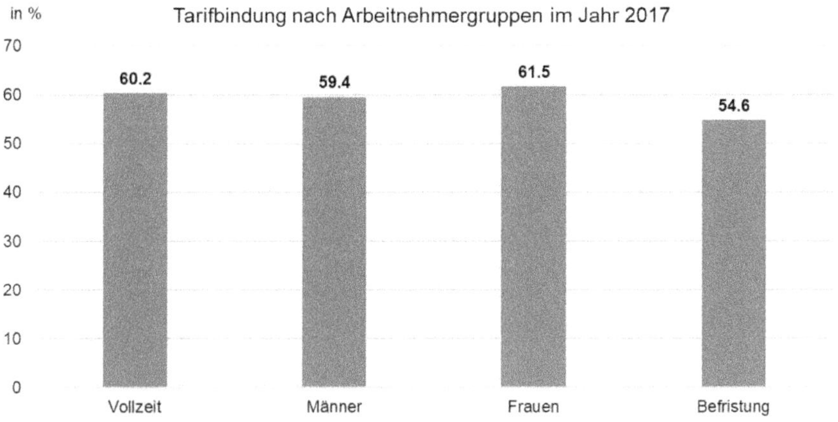

Abbildung 28: Tarifbindung nach Arbeitnehmergruppe für das Jahr 2017
Quelle: Eigene Berechnung auf Datengrundlage des LIAB7517, 2020

Etwa 60 Prozent der Beschäftigten in Vollzeit, die keinen befristeten Vertrag haben, sind im Jahr 2017 tariflich angestellt. Wird diese Gruppe zusätzlich nach dem Geschlecht unterschieden, ergibt sich eine Tarifbindung für Männer in Höhe von 59,4 Prozent und für Frauen von 61,5 Prozent. Somit liegt die Tarifbindung von Frauen etwas über der der Männer. Schneider und Vogel (2018) finden hier widersprüchliche Ergebnisse. Die Autoren können auf Datengrundlage des SOEP für Männer eine höhere Tarifbindung feststellen als für Frauen (Schneider und Vogel 2018:6). Auch hier können die divergenten Ergebnisse auf die unterschiedlichen Erhebungsmethoden zurückgeführt werden. Weiterhin könnte die Diskrepanz damit erklärt werden, dass in der hier durchgeführten Arbeit keine Teilzeitbeschäftigung berücksichtigt wird. Diese wird vorrangig von Frauen ausgeübt. Somit wird ein großer Teil der beschäftigten Frauen unberücksichtigt gelassen, was die Ergebnisse leicht verzerren könnte.

Etwa 55 Prozent der befristet Beschäftigten sind im Jahr 2017 tariflich angestellt. Schneider und Vogel finden in ihrer Analyse einen Anteil von 44 Prozent für befristet Beschäftigte, die flächentariflich angestellt sind (Schneider und Vogel 2018:8). Diese Beschäftigungsart fällt unter die atypische Beschäftigung. Es wird deutlich, dass die Tarifbindung von atypisch Beschäftigten deutlich unter den Beschäftigten mit Normalarbeitsverhältnis liegt. Durch die geringe Tarifbindung dieser Gruppe wird es möglich, die Randbelegschaft eines Betriebes günstiger zu beschäftigten als die Stammbelegschaft (Eichhorst, Marx, und Thode 2010:21). Die Tarifbindung der Teilzeitbeschäftigten kann an dieser Stelle nicht explizit ausgewiesen werden, da diese aus der Analyse ausgeschlossen wurde. Die unterschiedlich hohe Tarifbindung könnte eine mögliche Ursache der sehr ungleichen Lohnniveaus der einzelnen Arbeitnehmergruppen darstellen.

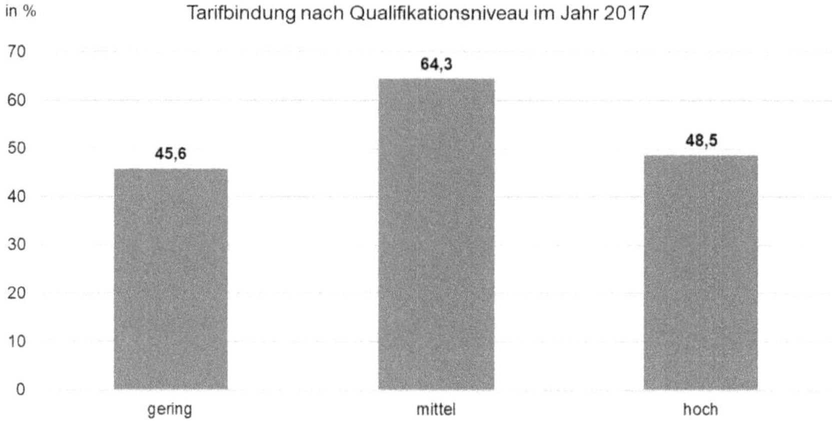

Abbildung 29: Tarifbindung nach Qualifikationsniveau für das Jahr 2017
Quelle: Eigene Berechnung auf Datengrundlage des LIAB7517, 2020

Neben der Arbeitnehmergruppe kann die Tarifbindung weiterhin nach Qualifikationsniveau unterschieden werden. Aus den theoretischen Überlegungen in Kapitel 3.3.2 wird deutlich, dass sich die Tarifbindung nach dem Qualifikationsniveau unterscheiden sollte. Diese Aussage wird durch Abbildung 29 bestätigt.

Das Qualifikationsniveau der Beschäftigten kann anhand der Klassifikation der Berufe aus dem Jahr 2010 der Bundesagentur für Arbeit unterteilt werden. Unter Geringqualifizierte fallen vor allem Beschäftigte, die Helfertätigkeiten ausüben; Mittelqualifizierte sind vor allem beschäftigte Fachkräfte und Hochqualifizierte üben Spezialisten- und Expertentätigkeiten aus. Die Mittelqualifizierten stellen die Beschäftigungsgruppe mit der höchsten Taftbindung dar. Im Jahr 2017 sind hier etwa 65 Prozent der Beschäftigten tariflich angestellt.

Bei den Geringqualifizierten sind etwa 45 Prozent der Beschäftigten tariflich angestellt. Dieser Anteil liegt 20 Prozentpunkte unter der Tarifbindung der Mittelqualifizierten. Somit ist bei der Gruppe der Geringqualifizierten weniger als jeder zweite Beschäftigte tariflich angestellt. Die im Vergleich zu den Mittelqualifizierten geringere Tarifbindung der Geringqualifizierten kann durch den hohen Anteil atypisch Beschäftigter erklärt werden. Die Tarifbindung dieser

Beschäftigungsgruppe ist geringer im Vergleich zu den Beschäftigten mit Normalarbeitsverhältnis, wie aus Abbildung 28 hervorgeht. Bei der Gruppe der Hochqualifizierten liegt der Anteil der Beschäftigten mit einer Tarifbindung bei etwa 49 Prozent und somit leicht über dem Anteil der Geringqualifizierten.

Aus der theoretischen Argumentation aus Kapitel 3.3.2 geht hervor, dass Hochqualifizierte aufgrund ihrer Arbeitsmarktposition ihre Löhne häufig individuell verhandeln und nicht auf eine tarifliche Anstellung angewiesen sind. Daher wäre naheliegend, dass der Anteil der Hochqualifizierten mit Tarifbindung noch unter dem Anteil der Geringqualifizierten liegt. Dies ist allerdings nicht der Fall. Der leicht höhere Anteil könnte dadurch erklärt werden, dass in dieser Arbeit sowohl Beschäftigte mit Spezialisten- als auch Expertentätigkeiten zu der Gruppe der Hochqualifizierten gezählt werden. Bei den Spezialisten gelten häufiger Tarifverträge als bei den Experten. Eine andere Möglichkeit wäre es, zu den Hochqualifizierten nur die Experten zu zählen. Die gewählte Auslegung der Definition von Hochqualifizierten könnte hier den Anteil der Tarifbindung beeinflussen.

Schneider und Vogel (2018) haben in ihrer Analyse der Tarifbindung auf Grundlage des SOEP eine Vierteilung der Qualifikationsniveaus vorgenommen und somit die Gruppe der Hochqualifizierten nochmals in Beschäftigte mit gehobenen gelernten Tätigkeiten und höhere Tätigkeiten unterteilt. Ähnlich zu den bisher vorgestellten Ergebnissen finden die Autorinnen die höchste Tarifbindung bei den Mittelqualifizierten. In dieser Beschäftigungsgruppe sind etwa 65 Prozent tarifgebunden angestellt (Schneider und Vogel 2018:9). Danach folgen die Beschäftigten, die gehobene Tätigkeiten ausüben mit einer Tarifbindung von 64 Prozent. Diese Gruppe unterscheidet sich somit nicht wesentlich von den Mittelqualifizierten. Beschäftigte, die höhere Tätigkeiten ausführen, weisen eine Tarifbindung von 62 Prozent auf. Dieser Wert unterscheidet sich deutlich von dem in Abbildung 29 aufgezeigten Anteil von knapp 50 Prozent (Schneider und Vogel 2018:9). Eine mögliche Erklärung für die unterschiedlichen Tarifbindungen könnte neben der bereits angesprochenen unterschiedlichen Erhebung der Tarifbindung die gewählte Unterteilung der Qualifikationsgruppen sein.

Die Studie von Schneider und Vogel bezieht sich auf die Vorgänger-Klassifikation BKZ88 der in dieser Studie verwendeten Klassifikation der Berufe aus dem Jahr 2010. Durch die Einführung der neuen Klassifikation sind wesentliche Berufe umstrukturiert oder gänzlich neu hinzugekommen, was zu einer leicht veränderten Einteilung der Qualifikationsniveaus geführt hat. Auch die Tarifbindung der Geringqualifizierten unterscheidet sich in der Analyse von Schneider und Vogel von den hier berichteten Werten. Auf Grundlage des SOEP sind etwa 57 Prozent der Geringqualifizierten tariflich angestellt (Schneider und Vogel 2018:9).

Neben den Merkmalen der Arbeitnehmerschaft kann die Tarifbindung auch nach Betriebsmerkmalen unterschieden werden. Anhand der Datengrundlage aus dem IAB-Betriebspanel kann die Tarifbindung nach Betriebsgröße differenziert werden.

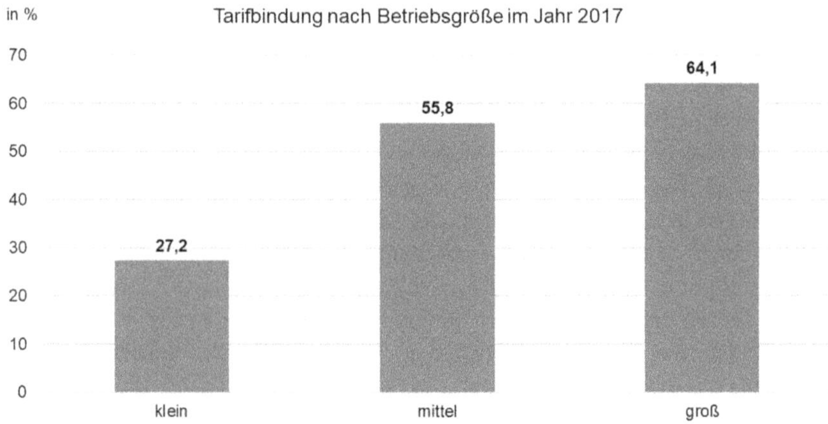

Abbildung 30: Tarifbindung nach Betriebsgröße für das Jahr 2017
Quelle: Eigene Berechnung auf Datengrundlage des LIAB7517, 2020

Kleine Betriebe umfassen in dieser Arbeit solche mit 5 bis unter 50 Beschäftigten, mittelgroße Betriebe weisen zwischen 50 und unter 250 Beschäftigte auf und große Betriebe 250 oder mehr Beschäftigte. Abbildung 30 zeigt deutlich die unterschiedliche Tarifbindung nach Betriebsgröße auf. Etwa 64 Prozent der Beschäftigten, die in Großunternehmen tätig sind, weisen eine Tarifbindung auf. Im Gegensatz dazu sind nur etwa 27 Prozent der Beschäftigten in kleinen Betrieben tariflich angestellt. Die Tarifbindung bei Beschäftigten aus mittelgroßen Betrieben liegt mit 56 Prozent zwischen den beiden anderen Betriebsgrößen. Die unterschiedlich stark ausgeprägte Tarifbindung je Betriebsgröße könnte unter anderem dafür verantwortlich sein, dass Beschäftigte aus unterschiedlich großen Betrieben große Lohndifferenzen aufweisen.

Es kann festgehalten werden, dass etwa zwei Drittel der Beschäftigten aus Großunternehmen tariflich angestellt sind, bei mittelgroßen Betrieben sind es noch etwas mehr als die Hälfte der Beschäftigten. Bei kleinen Unternehmen ist nicht einmal jeder dritte Beschäftigte tariflich angestellt. Die unterschiedlich hohe Tarifbindung nach Betriebsgröße kann dadurch erklärt werden, dass zum einen der Aufwand für mittelgroße und große Betriebe, Einzelverträge zu verhandeln, viel zu groß wäre und daher Tarifverträge die zeitökonomischere

Alternative darstellen (Ellguth und Kohaut 2016:283). Zum anderen können kleine Betriebe, um konkurrenzfähig zu bleiben, auf eine schlankere Gestaltung von Arbeitsprozessen zurückgreifen, worunter geringere Löhne sowie längere Arbeitszeiten fallen. Diese Vorgehensweise würde durch die Einführung von Tarifverträgen zerschlagen werden (Bechmann u. a. 2011:19).

Zudem ist die gewerkschaftliche Verankerung, die eine Tarifbindung durchsetzen könnte, in kleinen Betrieben deutlich geringer als in mittleren und großen Betrieben (Franz und Pfeiffer 2001:8). Kohaut (2018) findet auf Grundlage des IAB-Betriebspanels aus dem Jahr 2017 ähnliche Ergebnisse und zeigt auf, dass vor allem Beschäftigte aus großen und mittleren Betrieben eine Tarifbindung aufweisen (Kohaut 2018).

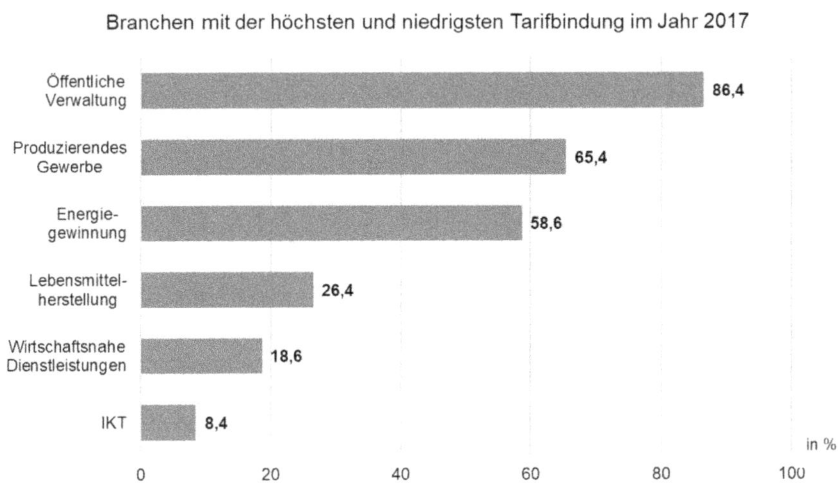

Abbildung 31: Tarifbindung nach Branche für das Jahr 2017
Quelle: Eigene Berechnung auf Datengrundlage des LIAB7517, 2020

Neben der Betriebsgröße könnte auch die Branche ein erklärender Faktor für eine unterschiedlich ausgeprägte Tarifbindung sein. Abbildung 31 zeigt sowohl die drei Branchen mit der höchsten Tarifbindung als auch die mit der geringsten Tarifbindung im Jahr 2017 auf. Die Branchen sind nach Anteil der Tarifbindung in absteigender Reihenfolge dargestellt.

Die mit Abstand höchste Tarifbindung liegt in der Branche der öffentlichen Verwaltung vor. Hier sind über 86 Prozent der Beschäftigten tariflich angestellt. Dahinter folgt bereits mit einigem Abstand das produzierende Gewerbe mit einem Anteil von etwa 65 Prozent der Beschäftigten mit Tarifbindung. Darauf folgt die Energiegewinnung mit einer Tarifdeckung von 59 Prozent. Werden die Branchen mit einer hohen Tarifbindung genauer betrachtet, fällt auf, dass diese Branchen mitgliederstarken Gewerkschaften in Deutschland zugeordnet werden können. Dies wären zum Beispiel die IG Metall (für die Branchen Automobil, Metall/Elektro, Stahl, Textil/Bekleidung, Holz/Kunststoff und Informations- und Kommunikationstechnologiebranche) und die IG BCE (für die Branchen Bergbau, Chemie, Gas, Glas, Kautschuk, Keramik, Kunststoffe, Leder, Mineralöl, Papier, Pharma, Sanierung/Entsorgung, Steinkohle und Wasserwirtschaft). Somit kann ein positiver Zusammenhang zwischen starken Gewerkschaften[25] und einer hohen Tarifbindung gesehen werden.

Zu den Branchen mit der geringsten Tarifbindung gehören die Lebensmittelherstellung mit einer Tarifbindung von 26 Prozent, die wirtschaftsnahen Dienstleistungen mit 19 Prozent und die Informations- und Kommunikationsbranche mit nur etwa acht Prozent. Auch hier lässt sich ein Zusammenhang zwischen der Tarifbindung und der Gewerkschaftsstärke aufzeigen (Jaumotte und Buitron 2015:11). Vor allem die Informations- und Kommunikationsbranche ist dafür bekannt, keiner Gewerkschaft zu unterstehen. Somit liegt in diesem Bereich eine besonders geringe Tarifbindung vor. An dieser Stelle sollte allerdings vermerkt werden, dass eine geringe Tarifbindung nicht zwangsläufig mit einem geringen Lohn gleichzusetzen ist. Gerade die Informations- und Kommunikationsbranche ist dafür bekannt, auch ohne Tarifbindung recht hohe Löhne zu bezahlen.

Sowohl die Analysen von Ellguth und Kohaut (2017) als auch die von Schneider und Vogel (2018) kommen zu ähnlichen Ergebnissen bezüglich der unterschiedlichen Tarifbindung nach Branche (Ellguth und Kohaut 2019:293; Schneider und Vogel 2018:10).

Neben der Branchenbetrachtung kann auch eine Berufsbetrachtung vorgenommen werden. Abbildung 32 zeigt die Berufe mit den höchsten und geringsten Tarifbindungen für das Jahr 2017 auf. Die Berufe sind in absteigender Reihenfolge nach Anteil der Beschäftigten mit Tarifbindung sortiert.

Generell ist zu beobachten, dass die Berufe mit einer hohen Tarifbindung auch in den Branchen mit einer hohen Tarifbindung zu finden sind und dies wiederum

25 Interessant erscheint, dass keine Branche von verdi, eine der mitgliederstärksten Gewerkschaften in Deutschland, unter den Branchen mit der höchsten Tarifbindung zu finden ist. Die Tarifbindung besonders im Handel ist seit Beginn der 200er Jahre besonders stark zurückgegangen, wodurch sich diese Branchen im Jahr 2017 nur noch im Mittelfeld der tarifgebundenen Branchen befindet (Felbermayr und Lehwald 2015:35). Über mögliche Gründe hierfür konnte in der bisherigen Literatur nur spekuliert werden, wodurch diese noch final ausstehen.

auf die Stärke der jeweils vertretenen Gewerkschaft zurückzuführen ist. Etwa 82 Prozent der Beschäftigten in Berufen der Unternehmensorganisation (hierzu zählen vor allem Büro- und Verwaltungsberufe) sind tariflich angestellt. Dicht dahinter folgen die Berufe in der Rohstoffgewinnung. Hier liegt eine Tarifbindung in Höhe von 80 Prozent vor. Auch Beschäftigte aus dem Bereich der Maschinen- und Fahrzeugtechnik sind in etwa 77 Prozent tarifgebunden angestellt.

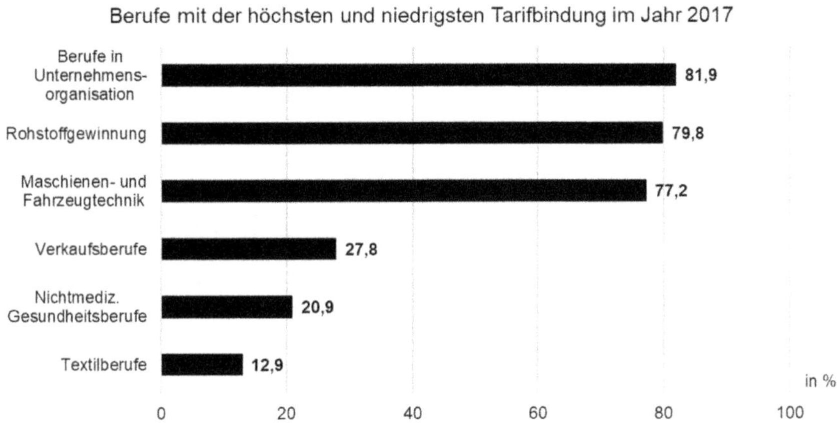

Abbildung 32: Tarifbindung nach Berufen für das Jahr 2017
Quelle: Eigene Berechnung auf Datengrundlage des LIAB7517, 2020

Im Gegensatz dazu sind nicht einmal 30 Prozent der Beschäftigten im Bereich der Verkaufsberufe tariflich angestellt. Im Bereich der nichtmedizinischen Gesundheitsberufe sind es sogar nur knapp 21 Prozent und die Beschäftigten in Textilberufen bilden mit einer Tarifbindung von lediglich 13 Prozent das Schlusslicht. Diese drei Berufsbereiche sind besonders geprägt durch atypische Beschäftigungsformen oder einer starken Präsenz von Subunternehmen, bei denen eine Tarifbindung nur selten vorkommt. Andere Untersuchungen, welche die Tarifbindung nach Berufsgruppen untersucht haben, konnten in einer Literaturrecherche nicht identifiziert werden.

Durch die deskriptiven Analysen konnte gezeigt werden, dass die Tarifbindung in den letzten 20 Jahren kontinuierlich abgenommen hat. Allerdings gibt es auf der Arbeitnehmer- bzw. Betriebsebene große Unterschiede hinsichtlich der Tarifabdeckung. Vor allem Beschäftigte mit Normalarbeitsverhältnissen oder aus mittleren und großen Betrieben sind tariflich angestellt. Eine geringe Tarifbindung kann hingegen bei atypisch Beschäftigten oder Beschäftigten mit einem geringen Qualifikationsniveau festgestellt werden. Hinsichtlich des Geschlechts können in dieser Analyse keine wesentlichen Unterschiede bezüglich der Tarifbindung gefunden werden. Weiterhin weisen Branchen, die durch starke Gewerkschaften vertreten werden, wie etwa die öffentliche Verwaltung, das produzierende Gewerbe oder der Energiesektor, eine sehr hohe Tarifbindung auf.

Die deskriptiven Auswertungen können jedoch lediglich Entwicklungen einzelner Variablen aufzeigen oder erste Hinweise dazu liefern, ob der technische Fortschritt und die Tarifbindung einen Einfluss auf die Lohnhöhe von Beschäftigten haben. Um diese Einflüsse genau zu quantifizieren, muss ein multivariates Analysemodell herangezogen werden, dessen Ergebnisse im Folgenden näher dargestellt werden.

5.3. Quantifizierung des Einflusses des technischen Fortschritts und der Tarifbindung auf die Entlohnung

Nachdem bereits aufgezeigt werden konnte, dass sich die Lohnungleichheit zwischen 1996 und 2017 in Deutschland erhöht hat, beschäftigen sich die folgenden Analysen mit dem konkreten Einfluss des technischen Fortschritts, der Tarifbindung und deren Interaktion auf die Lohnungleichheit. Hierfür muss zunächst der Einfluss der einzelnen Variablen auf den Lohn quantifiziert werden. Dies erfolgt anhand von Fixed-Effects-Modellen. Aus den oben aufgestellten theoretischen Überlegungen geht zudem hervor, dass die Regressionen getrennt nach Qualifikationsniveau berechnet werden, da sich die Effekte der zentralen unabhängigen Variablen auf den Lohn nach dem Qualifikationsniveau unterscheiden. Unter dem Qualifikationsniveau wird in diesem Zusammenhang nicht das schulische Ausbildungsniveau verstanden, sondern das Qualifikationsniveau der ausgeübten Tätigkeit. Hier kann zwischen Geringqualifizieren (Helfertätigkeiten), Mittelqualifizierten (Fachkräfte) und Hochqualifizierten (Spezialisten- und Expertentätigkeiten) unterschieden werden.

Die folgende Tabelle gibt einen Überblick über die aus der Theorie hergeleiteten Hypothesen, die mittels der Analysen empirisch überprüft werden sollen.

Die Hypothesen eins bis drei beziehen sich ausschließlich auf den Einfluss des technischen Fortschritts auf den Lohn. Hypothese vier fasst die Aussagen aus den Hypothesen eins bis drei zusammen und zeigt somit den Einfluss des technischen Fortschritts auf die Lohnverteilung auf. Die Hypothesen fünf bis sieben beziehen sich auf den Einfluss der Tarifbindung auf die Lohnhöhe. Hypothese acht fasst wiederum die Aussagen der drei vorangegangenen Hypothesen zusammen und trifft eine Aussage über den Einfluss der Tarifbindung auf die Lohnverteilung. Die Hypothesen neun bis elf zeigen auf, wie die beiden bisher einzeln betrachteten Einflussfaktoren technischer Fortschritt und Tarifbindung als Interaktion auf die Höhe der Löhne nach Qualifikationsniveau wirken. Hypothese zwölf zeigt abschließend auf, welchen Einfluss der Interaktionsterm auf die Lohnverteilung hat.

Tabelle 5: Übersicht der zu überprüfenden Hypothesen.

Nr.	Hypothese
H1	Je stärker ausgeprägt der technische Fortschritt, desto höher ist der Lohn von Geringqualifizierten.
H2	Je stärker ausgeprägt der technische Fortschritt, desto niedriger ist der Lohn von Mittelqualifizierten.
H3	Je stärker ausgeprägt der technische Fortschritt, desto höher ist der Lohn von Hochqualifizierten.
H4	Durch den Einfluss des technischen Fortschritts erhöhen sich die Löhne im oberen Bereich der Verteilung, was die Lohnungleichheit erhöht.
H5	Liegt Tarifbindung vor, hat dies einen positiven Einfluss auf die Lohnhöhe von Geringqualifizierten.
H6	Liegt Tarifbindung vor, hat dies einen positiven Einfluss auf die Lohnhöhe von Mittelqualifizierten.
H7	Liegt Tarifbindung vor, hat dies weder einen positiven noch einen negativen Einfluss auf die Lohnhöhe von Hochqualifizierten.
H8	Liegt Tarifbindung vor, steigen die Löhne im unteren und mittleren Bereich der Verteilung, was die Lohnungleichheit reduziert.
H9	Liegt sowohl eine Tarifbindung als auch ein ausgeprägter technischer Fortschritt vor, hat dies einen positiven Einfluss auf die Lohnhöhe von Geringqualifizierten.
H10	Liegt sowohl eine Tarifbindung als auch ein ausgeprägter technischer Fortschritt vor, hat dies weder einen positiven noch einen negativen Einfluss auf die Lohnhöhe von Mittelqualifizierten.
H11	Liegt sowohl eine Tarifbindung als auch ein ausgeprägter technischer Fortschritt vor, hat dies weder einen positiven noch einen negativen Einfluss auf die Lohnhöhe von Hochqualifizierten.
H12	Unter Berücksichtigung des technischen Fortschritts und der Tarifbindung steigen die Löhne am unteren Ende und in der Mitte der Verteilung, was die Lohnungleichheit reduziert.

Quelle: Eigene Darstellung, 2020

Bevor auf die einzelnen Regressionsmodelle eingegangen wird, zeigt Tabelle 6 die in den Regressionen berücksichtigten Variablen, deren Varianzen, Mittelwert, Minimum und Maximum auf. Da es sich bei der Analyse um längsschnittliche Fixed-Effects-Modelle handelt, kann sowohl eine Varianz zwischen den Individuen (between), eine Varianz innerhalb der Individuen (within) als auch eine gesamte Varianz (overall) ausgewiesen werden. Weiterhin gibt N die gesamte Zahl der in der Analyse berücksichtigten Beobachtungen an, wohingegen n die Zahl der berücksichtigten Individuen aufzeigt.

Das Tagesentgelt stellt die zentral zu untersuchende bzw. abhängige Variable der Analyse dar. Bei den Investitionen in IT und der Tarifbindung handelt es sich um die beiden zentralen erklärenden bzw. unabhängigen Variablen, deren Einfluss auf die abhängige Variable von zentralem Interesse für die Beantwortung der oben aufgestellten Fragestellung ist.

Tabelle 6: Übersicht der in der Regression verwendeten Variablen

Variable		Mean	Sd.	Min.	Max.	Observations
Log. Tagesentgelt	overall	4,7	0,52	-2,6	7,1	N = 6.655.416
	between		0,55			n = 977.254
	within		0,20			
Investitionen in IT	overall	0,8	0,39	0	1	N = 6.648.844
	between		0,35			n = 971.815
	within		0,27			
Tarifvertrag[26]	overall	0,85	0,35	0	1	N = 6.632.128
	between		0,37			n = 976.632
	within		0,14			
Alter	overall	43,2	10,7	19	65	N = 6.655.416
	between		11,6			n = 977.219
	within		3,9			
Geschlecht	overall	0,36	0,48	0	1	N = 6.655416
	between		0,49			n = 977.254
	within		0			
Nationalität	overall	0,94	0,22	0	1	N = 6.655.416
	between		0,25			n = 977.254
	within		0,05			
Abitur	overall	0,25	0,43	0	1	N = 5.865.402
	between		0,45			n = 895.399
	within		0,10			
Universitäts-abschluss	overall	0,14	0,43	0	1	N = 6.611.476
	between		0,45			n = 962.912
	within		0,10			

26 Hierbei handelt es sich um die tarifliche Deckungsrate der Beschäftigten. Die Analyse wurde ebenfalls mit der unabhängigen Variablen „Tarifliche Deckungsrate der Betriebe“ durchgeführt. Da sich die Ergebnisse nicht wesentlich voneinander unterscheiden, wurde aus Gründen der Übersichtlichkeit entschieden, nur die Ergebnisse mit der Tarifbindung der Beschäftigten zu zeigen.

Tabelle 6: Fortsetzung

Variable		Mean	Sd.	Min.	Max.	Observations
Beruf	overall	n,n	n,n	101	997	N = 6.465.909
	between		n,n			n = 961.368
	within		n.n			
Wirtschaftszweig	overall	n,n	n.n	111	960	N = 6.655.416
	between		n.n			n = 977.254
	within		n.n			
Arbeitsort	overall	0,75	0,43	0	1	N = 6.655.416
	between		0,43			n = 977.254
	within		0,01			
Betriebsgröße	overall	0,59	0,49	0	1	N = 6.655.416
	between		0,42			n = 977.254
	within		0,11			
Hoher Stand der Technik	overall	0,20	0,40	0	1	N = 6.360.124
	between		0,33			n = 972.772
	within		0,25			
Konjunktur	overall	7,15	1,59	4	10	N = 6.655.418
	between		0,78			n = 977.248
	within		1,52			

Quelle: Eigene Berechnung auf Datengrundlage des LIAB7517, 2020

Die weiter aufgeführten Variablen beziehen sich auf weitere Einflussfaktoren auf den Lohn, die vorrangig in Kapitel 2.1 vorgestellt wurden. Um die individuellen Einflussfaktoren in der Analyse zu berücksichtigten, gehen die Variablen Alter, Geschlecht, Nationalität, Schul- und Berufsabschluss in die Regression mit ein. Da es sich bei den Regressionsmodellen um Fixed-Effects-Modelle handelt, wird automatisch für zeitkonstante Variablen, also Variablen, die sich über die Zeit nicht verändern, kontrolliert. Hierzu zählt auch das Geschlecht. Dies hat zur Folge, dass diese Variablen in der Regressionsgleichung nicht berücksichtigt werden. Das Geschlecht dient in dieser Untersuchung lediglich als Kontrollvariable und der genaue Einfluss ist nicht von zentralem Interesse für die Beantwortung der Fragestellung. Um den Effekt des Geschlechts auf den Lohn zu spezifizieren, müssten getrennte Modelle für Männer und Frauen berechnet werden. Dies ist allerdings aufgrund der Datengrundlage nicht möglich.

Um branchen- und berufsspezifische Einflussfaktoren in der Analyse zu berücksichtigen, gehen die Variablen Beruf, Branche und Betriebsgröße in die Regressionen mit ein. Es werden für alle 144 Berufe und 272 Wirtschaftszweige

Dummy-Variablen erstellt. Da eine Ausgabe jeder Dummy-Variable das Volumen des Regressionsoutputs massiv ausdehnen würde, werden die Ergebnisse zusammengefasst ausgegeben. Dadurch können allerdings die Regressionskoeffizienten dieser Variablen nicht sinnvoll interpretiert werden. Dies stellt kein Problem dar, da die Variablen Beruf und Wirtschaftszweig lediglich als Kontrollvariablen in die Analyse eingehen und nur dazu dienen, den Effekt der zentralen unabhängigen Variablen um den Effekt des Berufes und des Wirtschaftszweiges zu bereinigen. Dies ist durch die Berücksichtigung der Variablen in der Analyse gegeben.

Um globale Einflussfaktoren zu berücksichtigen, wird der Arbeitsort der Beschäftigten in die Regression mit aufgenommen. Weiterhin wird eine Variable Konjunktur mit in der Analyse berücksichtigt. Die Variable Stand der Technik wird in der Analyse berücksichtigt, um den Effekt zu kontrollieren, dass Betriebe mit einem bereits hohen Stand der Technik weniger in Technik investieren.

Berechnungsergebnisse für Geringqualifizierte

Da sich die Einflüsse der beiden zentralen unabhängigen Variablen auf den Lohn nach dem Qualifikationsniveau unterscheiden, werden die Regressionsmodelle getrennt nach Qualifikationsgruppen berechnet. Zunächst werden die Ergebnisse für die Gruppe der Geringqualifizierten vorgestellt. Diese üben vor allem Helfertätigkeiten aus. Die Ergebnisse der Regressionen können Tabelle 7 entnommen werden. Es werden schrittweise aufgebaute Fixed-Effects-Modelle berechnet. Insgesamt sind in der Tabelle vier aufeinander aufbauende Modelle dargestellt. Diese Vorgehensweise ist notwendig, um aufzuzeigen, dass sich die einzelnen Effekte der jeweiligen zentralen unabhängigen Variablen verändern, sobald die jeweils andere zentrale unabhängige Variable berücksichtigt wird.

Modell 1 berücksichtigt die Variable Investitionen in IT und alle in Tabelle 6 ausgewiesenen Kontrollvariablen. Die Wahrscheinlichkeit einen F-Wert von 4.387 oder größer mit den Freiheitsgraden (12, 339.415) zu erhalten, liegt bei 0,000. Somit beinhaltet das Modell signifikante Variablen. Insgesamt werden 339.427 Beobachtungen für die Regression berücksichtigt, was 85.757 Individuen entspricht. Die Konstante liegt bei 3,5 und ist auf dem 99%-Niveau signifikant. Somit liegt der Lohn von Geringqualifizierten bei einem logarithmierten Tagesentgelt von 3,5, wenn alle anderen unabhängigen Variablen eine Ausprägung von 0 haben.

Der Regressionskoeffizient der unabhängigen Variable Investitionen in IT liegt bei 0,06 und ist auf dem 99%-Niveau signifikant. Bleiben alle weiteren berücksichtigten unabhängigen Variablen konstant, so verdienen Geringqualifizierte, die aus Betrieben stammen, die in IT investieren, sechs Prozent mehr als Geringqualifizierte, die aus Betrieben stammen, die nicht in IT investieren.

Tabelle 7: Regressionsoutput für die Gruppe der Geringqualifizierten mit den jeweiligen Regressionskoeffizienten; T-Werte in Klammer

	1	**2**	**3**	**4**
Investitionen in IT	0,06***	-	0,006***	0,008***
	(97,3)	-	(9.9)	(7,4)
Tarifvertrag	-	-0,005***	-0,004***	-0,002***
	-	(-4,2)	(-3,5)	(-2,9)
Investitionen* Tarifvertrag	-	-	-	-0,002**
				(-2,2)
Kontrollvariablen	✓	✓	✓	✓
Konstante	3,5***	3,5***	3,5***	3,5***
	(136,7)	(135,7)	(136,6)	(131,3)
N	339.427	339.427	339.427	339.427
Groups	85.757	85.757	85.757	85.757
R^2 overall	0,18	0,18	0,19	0,21
R^2 within	0,17	0,17	0,18	0,19

**p<0.1 **p<0.05 ***p<0.01*
Quelle: Eigene Berechnung auf Datengrundlage des LIAB7517, 2020

Das Ergebnis ist hochsignifikant. Somit scheint der technische Fortschritt einen positiven Einfluss auf den Lohn von Geringqualifizierten zu haben. Das R^2 für die erklärte Varianz innerhalb der Individuen liegt bei 0,17. Somit können etwa 17 Prozent der individuellen Lohnvarianz durch die berücksichtigten unabhängigen Variablen aus Modell 1 erklärt werden. Zu beobachten ist allerdings, dass Modell 1 noch nicht den Einfluss der Tarifbindung auf den Lohn beinhaltet.

Hierfür müssen die Koeffizienten aus Modell 2 betrachtet werden. In diesem wird der Einfluss der Tarifbindung und aller Kontrollvariablen auf den Lohn aufgezeigt. Die Investitionen in IT werden hier nicht berücksichtigt. Auch dieses Modell enthält signifikante Variablen, da die Wahrscheinlichkeit einen F-Wert von 4.046 oder größer mit Freiheitsgraden (12, 339.415) zu erhalten, bei 0,000 liegt. Die Konstante befindet sich wie in Modell 1 bei 3,5 und ist hoch signifikant. Der Regressionskoeffizient des Tarifvertrages liegt bei -0,005 und ist auf dem 99%-Niveau signifikant. Es kann impliziert werden, dass bei Konstanz aller anderen berücksichtigten unabhängigen Variablen, Geringqualifizierte mit einem Tarifvertrag 0,5 Prozent weniger verdienen als Geringqualifizierte ohne Tarifvertrag. Daher scheinen Tarifverträge einen sehr kleinen, aber signifikanten negativen Einfluss auf die Lohnhöhe von Geringqualifizierten zu haben. Das R^2 für die erklärte Varianz innerhalb der Individuen liegt wie bei Modell 1 bei 0,17.

Im dritten Modell werden alle Variablen aus den Modellen 1 und 2 berücksichtigt. Daher zeigt Modell 3 den Einfluss der Investitionen in IT und der Tarifbindung auf den Lohn von Geringqualifizierten unter Berücksichtigung der Kontrollvariablen auf. Auch dieses Modell enthält signifikante Variablen (*F(13,339.414)= 4.046; p<0,001*). Die Zahl der Beobachtungen und der berücksichtigten Individuen ist mit 339.427 bzw. 85.757 identisch zu den Modellen 1 und 2. Auch die Konstante liegt mit 3,5 auf dem gleichen Niveau wie in den vorangegangenen Modellen und ist ebenfalls hoch signifikant.

Nun lohnt sich ein Blick auf die Regressionskoeffizienten der beiden unabhängigen Variablen. Der Koeffizient der Variable Tarifvertrag ist ähnlich zu dem aus Modell 2 und liegt bei -0,004. Der Koeffizient ist auf dem 99%-Niveau signifikant. Wird neben den Kontrollvariablen aus Modell 1 auch der Einfluss der Investitionen in IT berücksichtigt, haben Tarifverträge immer noch einen kleinen negativen Einfluss auf die Lohnhöhe von Geringqualifizierten. Werden die Regressionskoeffizienten der Investitionen in IT aus Modell 3 mit dem Koeffizienten aus Modell 1 verglichen, wird deutlich, dass dieser nun viel kleiner ist. Wird neben den Kontrollvariablen auch der Einfluss der Tarifbindung berücksichtigt, liegt nur noch ein kleiner positiver Einfluss von 0,6 Prozent der Investitionen in IT auf die Lohnhöhe von Geringqualifizierten vor, der allerdings hoch signifikant ist. Es wird deutlich, dass der Regressionskoeffizient des technischen Fortschritts aus Modell 1 Effekte beinhaltet, die eigentlich durch die Tarifbindung verursacht werden. Somit scheint der Effekt der Tarifbindung den Effekt des technischen Fortschritts zu überlagern.

Die erklärte Varianz durch die im Modell berücksichtigten Variablen hat sich im Vergleich zu den beiden vorherigen Modellen um einen Prozentpunkt erhöht. Modell 3 spezifiziert den Einfluss der zwei zentralen unabhängigen Variablen auf den Lohn unter Berücksichtigung der Kontrollvariablen. Um allerdings den Einfluss auf den Lohn zu quantifizieren, der einen kombinierten Effekt beider Variablen berücksichtigt, muss ein zusätzliches Modell mit einem Interaktionsterm berechnet werden.

Die Ergebnisse für die Regression mit beiden zentralen unabhängigen Variablen und dem Interaktionsterm sind Modell 4 zu entnehmen. Durch das Hinzunehmen des Interaktionsterms haben sich die Regressionskoeffizienten der beiden zentralen unabhängigen Variablen im Vergleich zu Modell 3 nur unwesentlich verändert. Außerdem sind weiterhin beide Regressionskoeffizienten hoch signifikant auf dem 99%-Niveau. Der Regressionskoeffizient des Interaktionsterms liegt bei -0,002 und ist auf dem 95-%-Niveau signifikant. Dieser kann nun so interpretiert werden, dass für Beschäftigte, die in Betrieben arbeiten, die Investitionen in IT tätigen und eine Tarifbindung aufweisen, etwa 0,2 Prozent weniger verdienen als Beschäftigte, die in Betrieben arbeiten, die keine Investitionen in IT tätigen und bei denen keine Tarifbindung existiert. Somit scheint sich der leicht negative Einfluss der Tarifbindung auf den Lohn bei Geringqualifizierten im Interaktionsterm durchzusetzen. Die erklärte Gesamtvarianz durch die in Modell 4 berücksichtigten Variablen hat sich im Vergleich zu Modell 3 leicht erhöht und liegt bei 21 Prozent. Die Varianz innerhalb der Individuen hat sich ebenfalls erhöht und liegt bei 19 Prozent. Der Interaktionsterm scheint somit unabhängig von den beiden einzeln betrachteten Variablen einen Teil der Lohnvarianz erklären zu können.

In allen hier beschriebenen Modellen sind die Effekte nahezu aller Kontrollvariablen hoch signifikant. Eine Ausnahme bilden lediglich die Variablen Nationalität und Arbeitsort. Dass diese Variablen nicht signifikant sind, könnte dadurch erklärt werden, dass diese eine sehr geringe Varianz aufweisen, wenn nur die Geringqualifizierten betrachtet werden. Die Regressionskoeffizienten der Kontrollvariablen und deren T-Werten sind der Tabelle A5 im Anhang zu entnehmen und werden an dieser Stelle aus Gründen der Übersichtlichkeit nicht näher ausgeführt. Ziel der durchgeführten Regressionen ist es, die theoretisch abgeleiteten Hypothesen empirisch zu überprüfen. Die folgende Tabelle gibt einen Überblick über die aufgestellten Hypothesen bezüglich der Geringqualifizierten.

Tabelle 8: Überprüfung der Hypothesen für Geringqualifizierte.

Nr.	Hypothese	Emp. Evidenz
H1	Je stärker ausgeprägt der technische Fortschritt, desto höher ist der Lohn von Geringqualifizierten.	✓
H5	Liegt Tarifbindung vor, hat dies einen positiven Einfluss auf die Lohnhöhe von Geringqualifizierten.	✗
H9	Liegt sowohl eine Tarifbindung als auch ein ausgeprägter technischer Fortschritt vor, hat dies einen positiven Einfluss auf die Lohnhöhe von Geringqualifizierten.	✗

Quelle: Eigene Darstellung, 2020

Zusammenfassend kann gesagt werden, dass bei Konstanz aller Variablen Investitionen in IT einen leicht positiven, hochsignifikanten Einfluss auf die Lohnhöhe von Geringqualifizierten haben. Somit kann Hypothese 1, die besagt, dass, je ausgeprägter der technische Fortschritt ist, desto höher der Lohn von Geringqualifizierten, in ihrer Tendenz bestätigt werden. Es ist allerdings festzuhalten, dass es sich nur um einen sehr kleinen positiven Effekt von 0,8 Prozent handelt.

Weiterhin kann konstatiert werden, dass unter Konstanthaltung aller berücksichtigten Variablen die Tarifbindung einen sehr geringen negativen Einfluss auf die Lohnhöhe von Geringqualifizierten hat, der hoch signifikant ist. Somit kann Hypothese 5, die besagt, dass die Tarifbindung einen positiven Einfluss auf die Lohnhöhe von Geringqualifizierten hat, nicht bestätigt werden. Der sehr kleine Koeffizient macht deutlich, dass die Tarifbindung keinen wesentlichen Einfluss auf die Lohnhöhe von Geringqualifizierten zu haben scheint. Eine mögliche Erklärung hierfür wäre, dass sich Gewerkschaften eher auf ihre Kernbelegschaft konzentrieren und darauf achten, dass vor allem solche Beschäftigte gut ausgehandelte Tarifverträge erhalten. Eventuell werden dadurch eher wenige Tarifverträge für Geringqualifizierte abgeschlossen und wenn doch, scheinen die Lohnbedingungen sich nicht wesentlich von Geringqualifizierten zu unterscheiden, die nicht tariflich angestellt sind.

Bezüglich des Interaktionseffekts kann festgehalten werden, dass sich der leicht negative Effekt der Tarifbindung auch im Interaktionseffekt widerspiegelt. Liegen sowohl eine Tarifbindung als auch ein ausgeprägter technischer Fortschritt vor, hat dies einen leicht negativen, signifikanten Einfluss auf die Lohnhöhe von Geringqualifizierten. Daher kann Hypothese 9 nicht bestätigt werden.

Berechnungsergebnisse für Mittelqualifizierte

Nachfolgend werden Regressionsmodelle für die Mittelqualifizierten aufgezeigt. Wie bei den Geringqualifizierten werden auch hier vier aufeinander aufbauende Modelle berechnet. Der Regressionsoutput der vier Modelle ist Tabelle 9 zu entnehmen.

Modell 1 berücksichtigt den Einfluss der Investitionen in IT und die Kontrollvariablen, nicht jedoch den Einfluss der Tarifbindung auf den Lohn. Das Modell beinhaltet signifikante Variablen, da der F-Wert von 64.148 mit den Freiheitsgraden (12, 3.538.360) bei 0,000 liegt. Insgesamt werden 3.538.372 Beobachtungen in der Regression berücksichtigt, was 606.135 Individuen entspricht. Auch die weiteren Regressionsmodelle für Mittelqualifizierte berücksichtigen diese Anzahl an Beobachtungen und Individuen.

Die Konstante liegt bei 2,6 und ist auf dem 99%-Niveau signifikant. Somit liegt das logarithmierte Tagesentgelt von Mittelqualifizierten bei 2,6, wenn alle anderen Variablen den Wert 0 annehmen. Der Regressionskoeffizient der Variable Investitionen in IT liegt bei 0,007 und ist hoch signifikant. Werden alle Kontrollvariablen konstant gehalten, verdienen Mittelqualifizierte aus Betrieben, die Investitionen in IT tätigen, etwa 0,7 Prozent mehr als Mittelqualifizierte aus Betrieben, die nicht in IT investieren. Somit hat der technische Fortschritt einen kleinen, aber signifikanten positiven Einfluss auf die Lohnhöhe von Mittelqualifizierten. Allerdings wird hier noch nicht der Einfluss der Tarifbindung kontrolliert. Generell können durch das Modell etwa 22 Prozent der Lohnvarianz von Mittelqualifizierten erklärt werden. Bezieht man sich auf die individuelle Lohnvarianz, können durch die im Modell aufgenommenen Variablen etwa 21 Prozent dieser erklärt werden.

Tabelle 9: Regressionsoutput für die Gruppe der Mittelqualifizierten mit den jeweiligen Regressionskoeffizienten; T-Werte in Klammer

	1	**2**	**3**	**4**
Investitionen in IT	0,007***	-	0,007***	0,008***
	(22,53)	-	(22,4)	(12,1)
Tarifvertrag	-	0,116***	0,130***	0,151***
	-	(198,7)	(206,90)	(185,5)
Investitionen*	-	-	-	0,03***
Tarifvertrag				(36,3)
Kontrollvariablen	✓	✓	✓	✓
Konstante	2,6***	2,6***	2,6***	2,7***
	(328,5)	(324,4)	(325,42)	(329,8)
N	3.538.372	3.538.372	3.538.372	3.538.372
Groups	606.135	606.135	606.135	606.135
R^2 overall	0,22	0,23	0,24	0,25
R^2 within	0,21	0,20	0,22	0,23

**p<0.1 **p<0.05 ***p<0.01*
Quelle: Eigene Berechnung auf Datengrundlage des LIAB7517, 2020

In Modell 2 wird der Einfluss der Tarifbindung und der Kontrollvariablen auf den Lohn quantifiziert. Auch dieses Modell enthält signifikante Variablen (*F(12, 3.538.360)= 59.079; p<0,001*). Die Konstante ist auf dem 99%-Niveau signifikant und beträgt 2,6. Der Regressionskoeffizient der Tarifbindung für Mittelqualifizierte beträgt 0,116 und ist ebenfalls auf dem 99%-Niveau signifikant. Dies bedeutet, dass unter Konstanthaltung aller anderen Variablen Mittelqualifizierte mit Tarifbindung 11,6 Prozent mehr verdienen als Mittelqualifizierte ohne Tarifbindung. Somit hat die Tarifbindung einen positiven Einfluss auf die Lohnhöhe von Mittelqualifizierten. Etwa 20 Prozent der individuellen Lohnvarianz können durch die in Modell 2 integrierten Variablen erklärt werden.

Entscheidend für die Hypothesenüberprüfung sind allerdings die Koeffizienten aus Modell 3, das sowohl den Einfluss der Investitionen in IT als auch der Tarifbindung unter Berücksichtigung der Kontrollvariablen quantifiziert. Werden die Regressionskoeffizienten der beiden zentralen unabhängigen Variablen verglichen, zeigt sich, dass diese sich weder bezüglich der Wirkungsrichtung noch der Stärke wesentlich von den Koeffizienten aus Modell 1 und 2 unterscheiden. Somit findet bei den Mittelqualifizierten im Gegensatz zu den Geringqualifizierten keine Veränderungen der Koeffizienten statt, sobald beide zentralen unabhängigen Variablen im Modell berücksichtigt werden.

Unter Kontrolle des Einflusses der Tarifbindung und der Kontrollvariablen verdienen Mittelqualifizierte aus Betrieben, die Investitionen in IT tätigen, etwa 0,7 Prozent mehr als Mittelqualifizierte, die in Betrieben arbeiten, die keine Investitionen in IT tätigen. Hinsichtlich der Tarifbindung kann die Aussage getroffen werden, dass unter Kontrolle der Investitionen in IT und der Kontrollvariablen Mittelqualifizierte mit Tarifvertrag 13 Prozent mehr verdienen als Mittelqualifizierte ohne Tarifvertrag. Beide Regressionskoeffizienten sind auf dem 99%-Niveau signifikant. Durch die aufgenommenen Variablen aus Modell 3 können etwa 24 Prozent der gesamten Lohnvarianz erklärt werden und 22 Prozent der individuellen Lohnvarianz. Beide Werte liegen leicht über den R^2-Werten aus den Modellen für Geringqualifizierte. Die im Modell berücksichtigten Variablen können die Lohnvarianz von Mittelqualifizierten somit etwas besser erklären als die Lohnvarianz von Geringqualifizierten.

Wie auch bei den Geringqualifizierten muss noch ein weiteres Modell berechnet werden, um den Interaktionseffekt der beiden zentralen unabhängigen Variablen aufzuzeigen. Modell 4 zeigt hierzu die Regressionskoeffizienten auf. Unter Hinzunahme des Interaktionsterms bleiben die Regressionskoeffizienten der beiden zentralen unabhängigen Variablen hoch signifikant und ähnlich zu den Ergebnissen aus Modell 3. Die Investitionen in IT haben einen leicht positiven Einfluss von 0,8 Prozent auf die Lohnhöhe von Mittelqualifizierten. Für Mittelqualifizierte mit Tarifbindung liegt der Lohn etwa 15 Prozent über dem Lohn von Mittelqualifizierten ohne Tarifbindung. Der Regressionskoeffizient des Interaktionsterms liegt bei 0,03 und ist auf dem 99%-Niveau signifikant. Somit verdienen Mittelqualifizierte, die aus Betrieben stammen, die Investitionen in IT tätigen und eine Tarifbindung aufweisen etwa drei Prozent mehr als Mittelqualifizierte, die in Betrieben arbeiten, die keine Investitionen in IT tätigen und gleichzeitig keine Tarifbindung vorliegt. Die betrachteten Varianzen aus Modell 4 haben sich im Vergleich zu Modell 3 um jeweils einen Prozentpunkt erhöht. Daher bringt die Implementierung des Interaktionsterms in die Regression einen zusätzlichen erklärenden Mehrwert der Ergebnisse mit sich.

Für alle vier Modelle gilt, dass die meisten Kontrollvariablen auf dem 99%-Niveau signifikant sind. Nicht signifikant sind die Variablen Nationalität und

Schulische Ausbildung. Dies könnte damit zusammenhängen, dass beide Variablen nur eine geringe Varianz aufweisen, wenn nur die Mittelqualifizierten berücksichtigt werden. Die Regressionskoeffizienten der Kontrollvariablen und deren T-Werte sind der Tabelle A5 im Anhang zu entnehmen.

Die Ergebnisse aus den Regressionsmodellen können nun dafür verwendet werden, die aufgestellten Hypothesen empirisch zu evaluieren. Die folgende Tabelle zeigt diese auf.

Tabelle 10: Überprüfung der Hypothesen für Mittelqualifizierten.

Nr.	Hypothese	Emp. Evidenz
H2	Je stärker ausgeprägt der technische Fortschritt, desto niedriger ist der Lohn von Mittelqualifizierten.	✗
H6	Liegt Tarifbindung vor, hat dies einen positiven Einfluss auf die Lohnhöhe von Mittelqualifizierten.	✓
H10	Liegt sowohl eine Tarifbindung als auch ein ausgeprägter technischer Fortschritt vor, hat dies weder einen positiven noch einen negativen Einfluss auf die Lohnhöhe von Mittelqualifizierten.	✗

Quelle: Eigene Darstellung, 2020

Werden die Ergebnisse der Regressionsmodelle mit den aufgestellten Hypothesen über den Einfluss des technischen Fortschritts und der Tarifbindung auf die Löhne von Mittelqualifizierten verglichen, können diese teilweise bestätigt, andere allerdings verworfen werden. Hypothese 2 besagt, dass, je stärker ausgeprägt der technische Fortschritt ist, desto niedriger ist der Lohn von Mittelqualifizierten. Diese Hypothese muss verworfen werden, da die Ergebnisse zeigen, dass der technische Fortschritt einen zwar geringen, allerdings positiven Effekt auf den Lohn von Mittelqualifizierten hat.

Hypothese 6, die besagt, dass die Tarifbindung einen positiven Einfluss auf den Lohn von Mittelqualifizierten hat, kann hingegen bestätigt werden. Dass die Tarifbindung und ein ausgeprägter technischer Fortschritt weder einen positiven noch einen negativen Einfluss auf die Lohnhöhe von Mittelqualifizierten haben, kann ebenfalls nicht bestätigt werden. Somit muss Hypothese 10 verworfen werden. Die Ergebnisse zeigen, dass sich der starke positive Effekt der Tarifbindung gegen den nur geringen Effekt des technischen Fortschritts durchzusetzen scheint und somit der Interaktionsterm einen kleinen aber signifikanten und positiven Einfluss auf die Lohnhöhe von Mittelqualifizierten hat.

Berechnungsergebnisse für Hochqualifizierte

Im folgenden Abschnitt werden die bereits für Gering- und Mittelqualifizierte durchgeführten Regressionen für die Hochqualifizierten durchgeführt. Hierunter werden alle Beschäftigten verstanden, die entweder eine Spezialisten- oder eine Expertentätigkeit ausüben. Tabelle 11 fasst die Ergebnisse der vier durchgeführten Regressionen für Hochqualifizierte zusammen.

Tabelle 11: Regressionsoutput für die Gruppe der Hochqualifizierten mit den jeweiligen Regressionskoeffizienten; T-Werte in Klammer

	1	**2**	**3**	**4**
Investitionen in IT	0,05***	-	0,05***	0,07***
	(57,6)	-	(57,1)	(38,2)
Tarifvertrag	-	0,006*	0,004*	0,007
	-	(4,0)	(2,4)	(3,3)
Investitionen* Tarifvertrag	-	-	-	-0,002
				(-1,2)
Kontrollvariablen	✓	✓	✓	✓
Konstante	2,8***	2,8***	2,9***	2,9***
	(188,7)	(187,3)	(186,9)	(192,7)
N	1.468.208	1.468.208	1.468.208	1.468.208
Groups	243.242	243.242	243.242	243.242
R^2 overall	0,27	0,28	0,29	0,29
R^2 within	0,09	0,10	0,12	0,12

**p<0.1 **p<0.05 ***p<0.01*

Quelle: Eigene Berechnung auf Datengrundlage des LIAB7517, 2020

Insgesamt werden 1.468.208 Beobachtungen in der Regressionsanalyse berücksichtigt. Dies entspricht 243.242 Individuen. Die Zahl der Beobachtungen und der Individuen bleibt über alle vier Modelle identisch. Wie bei den oben bereits beschriebenen Regressionen für Gering- und Mittelqualifizierte, bestimmt Modell 1 die Regressionskoeffizienten für die Variable Investitionen in IT und die aus Tabelle 6 bekannten Kontrollvariablen. Die Wahrscheinlichkeit, einen F-Wert von 10.428 oder größer mit den Freiheitsgraden (12, 1.468.196) zu erhalten, liegt bei 0,000. Somit beinhaltet das Modell signifikante Variablen.

Die Konstante aus Modell 1 beträgt 2,8 und ist auf dem 99%-Niveau signifikant. Diese könnte so interpretiert werden, dass Hochqualifizierte ein logarithmiertes Tagesentgelt von 2,8 erhalten, sollten alle anderen im Modell enthaltenen Variablen den Wert 0 annehmen. Der Regressionskoeffizient für die Variable Investitionen in IT beträgt 0,05 und ist hoch signifikant. Unter Konstanthaltung aller im Modell berücksichtigten Variablen haben Beschäftigte aus Betrieben, die in IT investieren, einen um fünf Prozent höheren Lohn als Beschäftigte, die in Betrieben arbeiten, die nicht in IT investieren. Somit hat der technische Fortschritt einen positiven, signifikanten Einfluss auf die Lohnhöhe von Hochqualifizierten.

Das R^2 für die gesamte Varianz liegt bei 0,27. Dies bedeutet, dass etwa 27 Prozent der Lohnvarianz durch die im Modell berücksichtigten Variablen erklärt werden kann. Dieser Wert liegt deutlich über der erklärten Varianz, die sich aus den Regressionsmodellen der Geringqualifizierten ergibt (0,19) und auch noch leicht über dem Wert der Mittelqualifizierten (0,24). Ein deutlicher Unterschied ist allerdings für die durch das Modell erklärte Varianz der individuellen Lohnvarianz festzustellen. Bei den Hochqualifizierten können nur etwa neun Prozent der Lohnvarianz durch die im Modell berücksichtigten Variablen erklärt werden, bei Geringqualifizierten sind es 18 und bei den Mittelqualifizierten 21 Prozent. Es scheinen für Hochqualifizierte nochmals wesentlich andere Mechanismen auf die individuelle Lohnvarianz zu wirken, die nicht durch das Modell spezifiziert werden können. Eine mögliche Erklärung hierfür könnte sein, dass die Lohnverhandlungen von Hochqualifizierten häufig wesentlich individueller geführt werden als die von Mittel- oder Geringqualifizierten. Hierbei sind dann vor allem Verhandlungsgeschick oder die wirtschaftliche Lage des Unternehmens entscheidend. Diese Variablen werden in dieser Arbeit aufgrund des vorliegenden Datensatzes nicht berücksichtigt.

Bevor untersucht wird, ob sich der Regressionskoeffizient für die Investitionen in IT verändern, sobald die Tarifbindung hinzugenommen wird, wird diese zunächst separat betrachtet. Die Ergebnisse dieser Regression können Modell 2 entnommen werden. Auch dieses Modell beinhaltete signifikante Variablen, da $F\,(12,\ 1.468.196) = 9.568;\ p<0{,}001$ gilt. Die erklärte Varianz durch die im Modell berücksichtigten Variablen liegt ähnlich zu Modell 1 bei 28 bzw. 10 Prozent. Auch der Wert der Konstante hat sich im Vergleich zu Modell 1 nicht verändert und liegt bei 2,8. Diese ist auf dem 99%-Niveau signifikant. Der Regressionskoeffizient der Variablen Tarifbindung liegt bei 0,004, ist allerdings nur noch schwach signifikant auf dem 90%-Niveau. Es liegt somit ein sehr kleiner Effekt der Tarifbindung auf die Löhne von Hochqualifizierten vor, der nicht mehr so signifikant ist, wie die bisherigen Regressionskoeffizienten aus den vorangegangenen Modellen. Dies scheint ein Indiz dafür zu sein, dass die Tarifbindung keinen wesentlichen Einfluss auf die Höhe der Löhne von Hochqualifizierten hat.

In Modell 3 werden die beiden zentralen unabhängigen Variablen gemeinsam mit den Kontrollvariablen in einem Modell betrachtet. Wie auch bei den Mittelqualifizierten verändern sich die jeweiligen Koeffizienten der zentralen unabhängigen Variablen nur unwesentlich im Vergleich zu den vorangegangenen Modellen. Dies zeigt, dass kein Effekt der jeweiligen Variablen den anderen Effekt überlagert. Für die Variable des technischen Fortschritts kann gezeigt werden, dass unter Konstanthaltung aller im Modell berücksichtigten Variablen Beschäftigte aus Betrieben, die in IT investieren, einem um fünf Prozent höheren Lohn erzielen als Hochqualifizierte, die in Betrieben arbeiten, die keine Investitionen in IT tätigen. Der Koeffizient ist auf dem 99%-Niveau signifikant. Somit kann durch die Analyse bestätigt werden, dass der technische Fortschritt einen positiven Einfluss auf die Löhne von Hochqualifizierten hat. Im Gegensatz dazu scheint die Tarifbindung keinen wesentlichen Einfluss auf die Löhne von Hochqualifizierten zu haben. Der Regressionskoeffizient der Tarifbindung liegt bei 0,004. Dies bedeutet, dass Hochqualifizierte mit Tarifbindung einen um 0,4 Prozent höheren Lohn erzielen als Hochqualifizierte ohne Tarifbindung. Der Koeffizient ist allerdings nur noch auf dem 90%-Niveau signifikant und gilt daher nur noch als schwach signifikant. Die Kombination dieser beiden Zahlen ergibt die Schlussfolgerung, dass die Tarifbindung keinen wesentlichen Einfluss auf die Lohnhöhe von Hochqualifizierten hat.

Modell 4 berücksichtigt neben den beiden zentralen unabhängigen Variablen einen Interaktionsterm aus beiden. Der Regressionskoeffizient der Investitionen in IT verändert sich im Vergleich zu den Ergebnissen aus Modell 3 nur unwesentlich. Hier liegt weiterhin ein positiver, signifikanter Einfluss der Investitionen in IT auf die Lohnhöhe von Hochqualifizierten vor. Es zeigt sich allerdings, dass unter Hinzunahme des Interaktionsterms der Regressionskoeffizient der Tarifbindung im Vergleich zu den Ergebnissen aus Modell 3 insignifikant wird. Auch der Interaktionsterm ist nicht signifikant und somit nicht wesentlich von null zu unterscheiden. Somit wird in Modell 4 bestätigt, dass die Tarifbindung keinen wesentlichen Einfluss auf die Lohnhöhe von Hochqualifizierten hat. Weiterhin scheint dies auch für den Interaktionsterm zu gelten, der bei -0,002 liegt, jedoch insignifikant ist. Daher liegt weder ein positiver noch ein negativer Einfluss auf die Lohnhöhe von Hochqualifizierten vor, wenn sowohl eine Tarifbindung vorliegt als auch Investitionen in IT getätigt werden. Die in der Tabelle aufgezeigten Varianzen verändern sich durch die Hinzunahme des Interaktionsterms in die Regression nicht im Vergleich zu Modell 3. Daher hat die Hinzunahme des Interaktionsterms auch keinen zusätzlichen Erklärungsgehalt für die Analyse.

Im Gegensatz zu den vorangegangen Regressionsmodellen für Mittel- und Geringqualifizierte sind bei den Modellen der Hochqualifizierten alle berücksichtigten Kontrollvariablen signifikant. Nur bei dem Signifikanzniveau gibt es geringe Unterschiede. So sind alle Variablen außer der Nationalität auf dem

99%-Niveau signifikant. Die Variable Nationalität ist lediglich auf dem 90%-Niveau signifikant. Die Regressionskoeffizienten der Kontrollvariablen und deren T-Werte sind der Tabelle A5 im Anhang zu entnehmen.

Die Ergebnisse aus den Regressionsmodellen können nun dafür verwendet werden, die aufgestellten Hypothesen empirisch zu verifizieren. Hypothese 3, die besagt, dass je höher der technische Fortschritt ist, desto höher der Lohn von Hochqualifizierten, kann durch die empirische Analyse voll bestätigt werden. Hypothese 7 postuliert, dass die Tarifbindung weder einen positiven noch einen negativen Einfluss auf die Lohnhöhe von Hochqualifizierten hat. Auch diese Aussage kann durch die aufgestellten Regressionsmodelle bestätigt werden. Hypothese 11 beschäftigt sich mit dem Interaktionseffekt der beiden zentralen unabhängigen Variablen und sagt aus, dass, wenn sowohl eine Tarifbindung als auch ein ausgeprägter technischer Fortschritt vorliegen, dies weder einen positiven noch einen negativen Einfluss auf die Lohnhöhe von Hochqualifizierten hat. Auch diese Hypothese kann durch die durchgeführte Analyse bestätigt werden. Tabelle 12 fasst die aufgestellten Hypothesen bezüglich der Hochqualifizierten und deren Überprüfung zusammen.

Tabelle 12: Überprüfung der Hypothesen für Hochqualifizierten.

Nr.	Hypothese	Emp. Evidenz
H3	Je stärker ausgeprägt der technische Fortschritt, desto höher ist der Lohn von Hochqualifizierten.	✓
H7	Liegt Tarifbindung vor, hat dies weder einen positiven noch einen negativen Einfluss auf die Lohnhöhe von Hochqualifizierten.	✓
H11	Liegt sowohl eine Tarifbindung als auch ein ausgeprägter technischer Fortschritt vor, hat dies weder einen positiven noch einen negativen Einfluss auf die Lohnhöhe von Hochqualifizierten.	✓

Quelle: Eigene Darstellung, 2020

Die multivariaten Ergebnisse haben dazu beigetragen, den Einfluss des technischen Fortschritts und der Tarifbindung auf den Lohn zu quantifizieren. Hierbei hat sich herausgestellt, dass beide unabhängigen Variablen unterschiedlich nach Qualifikationsniveau auf den Lohn wirken. Dies hat zur Folge, dass die beiden betrachteten Variablen auch einen Einfluss auf die Verteilung der Löhne haben. Wie dieser Einfluss genau aussieht, wird im folgenden Abschnitt näher erläutert und die dazu aufgestellten Hypothesen somit empirisch überprüft.

5.4. Lohnverteilung ohne den Effekt des technischen Fortschritts und der Tarifbindung

Aufgrund der durchgeführten multivariaten Analysen konnte gezeigt werden, welchen Einfluss die Variablen technischer Fortschritt, Tarifbindung und deren Interaktion auf die Lohnhöhe, differenziert nach dem Qualifikationsniveau haben. Die Quantifizierung der empirischen Koeffizienten kann nun dazu verwendet werden, die einzelnen Effekte aus der abhängigen Variable Lohn herauszurechnen. Hierfür wird auf die oben aufgestellte Regressionsgleichung zurückgegriffen und nacheinander die jeweiligen Regressionsparameter (technischer Fortschritt, Tarifbindung, Interaktion zwischen technischem Fortschritt und Tarifbindung) auf null gesetzt. Somit kann der einzelne Effekt aus dem gesamten Lohneffekt extrahiert werden. Durch diese Vorgehensweise entstehen drei neue Lohnvariablen: eine Lohnvariable bereinigt um den Einfluss des technischen Fortschritts, eine Lohnvariable bereinigt um den Einfluss der Tarifbindung und eine Lohnvariable bereinigt um den Einfluss der Interaktion[27] zwischen dem technischen Fortschritt und der Tarifbindung. Die folgende Tabelle gibt nochmals einen Überblick über die Richtung und Stärke der in Kapitel 5.3 ermittelten Koeffizienten.

Tabelle 13: Übersicht über Richtung und Stärke der Koeffizienten.

Qualifikation	Technischer Fortschritt	Tarifbindung	Technischer Fortschritt*Tarif-bindung
Geringqualifizierte	+	-	-
Mittelqualifizierte	+	++	+
Hochqualifizierte	++	+/-	+/-

Quelle: Eigene Darstellung, 2020

Durch die oben durchgeführte Regressionsanalyse konnte ermittelt werden, dass der technische Fortschritt einen kleinen positiven Einfluss auf den Lohn von Geringqualifizierten hat. Ein ebenso kleiner positiver Effekt ist auch für

27 Bei der Bereinigung des Interaktionseffekts findet auch automatisch eine Bereinigung der beiden Einzeleffekte, also des technischen Fortschritts und der Tarifbindung, statt.

die Mittelqualifizierten zu finden. Einzig bei den Hochqualifizierten kann ein stärkerer positiver Einfluss des technischen Fortschritts auf den Lohn gefunden werden. Weiterhin konnte durch die Analyse gezeigt werden, dass die Tarifbindung einen kleinen negativen Einfluss auf den Lohn von Geringqualifizierten hat, allerdings einen starken positiven Einfluss auf die Lohnhöhe von Mittelqualifizierten. Auf den Lohn von Hochqualifizierten hat die Tarifbindung keinen Einfluss. Wird weiterhin die Interaktion dieser beiden Variablen in der Analyse berücksichtigt, wird deutlich, dass diese einen kleinen negativen Einfluss auf die Lohnhöhe von Geringqualifizierten haben, einen kleinen positiven Einfluss auf die Lohnhöhe von Mittelqualifizierten und keinen Einfluss auf den Lohn von Hochqualifizierten. Da die berücksichtigten Variablen unterschiedliche Wirkungsrichtungen nach dem Qualifikationsniveau aufweisen, liegt nahe, dass diese auch einen Einfluss auf die Lohnverteilung haben müssen. Dies wird im Folgenden näher untersucht.

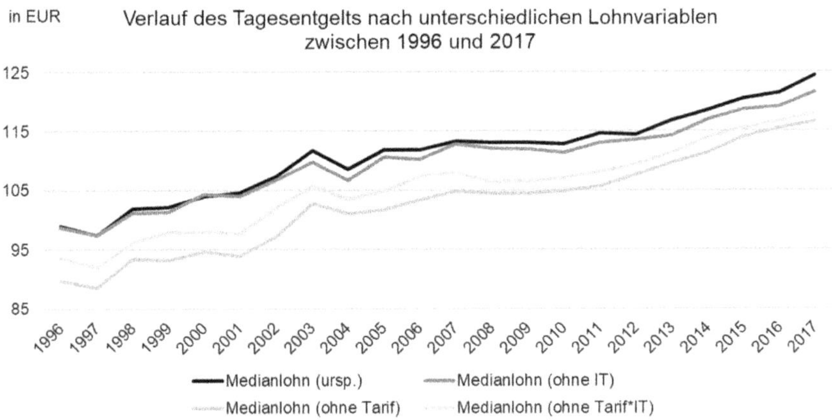

Abbildung 33: Verlauf des Medianlohns nach unterschiedlichen Lohnvariablen zwischen 1996 und 2017
Quelle: Eigene Berechnung auf Datengrundlage des LIAB7517, 2020

Für die drei berechneten fiktiven Lohnvariablen können die gleichen Ungleichheitsmaße aufgezeigt werden, wie sie bereits in Kapitel 5.1 dargestellt wurden. Diese Ungleichheitsmaße können gegenübergestellt und miteinander verglichen werden. Zunächst wird in Abbildung 33 der Medianlohn der vier unterschiedlichen Lohnvariablen aufgezeigt und vergleichen. Bei der schwarzen

Linie handelt es sich um den ursprünglichen Medianlohn[28], wie er im Datensatz berichtet wird. Die dunkelgraue Linie stellt den Medianlohn bereinigt um den Einflussfaktor des technischen Fortschritts dar, die mittelgraue Linie verdeutlicht den Medianlohn bereinigt um den Einfluss der Tarifbindung und die hellgraue Linie zeigt den Medianlohn bereinigt um die Interkation der beiden Variablen auf. Um die Unterschiede besser abbilden zu können, wurde ein Achsenausschnitt gewählt. Dies führt allerdings dazu, dass die Unterschiede größer wirken, als sie tatsächlich sind.

Generell ist festzustellen, dass keine gravierenden Veränderungen des Medianlohns sichtbar werden, wenn die einzelnen Einflussfaktoren unberücksichtigt bleiben. Dennoch lohnt sich ein detaillierter Blick auf die einzelnen Verläufe. Im Jahr 1996 liegt der ursprünglich im Datensatz berichtete Medianlohn bei 99 Euro. Der Medianlohn bereinigt um den Einfluss des technischen Fortschritts liegt bei 98,70 Euro. Dies bedeutet, dass, wenn kein technischer Fortschritt vorliegen würde, der Medianlohn etwa 30 Cent geringer wäre, als wenn technischer Fortschritt vorhanden ist. Somit führt der Einfluss des technischen Fortschritts dazu, dass der Medianlohn sich minimal erhöht. Dies kann damit erklärt werden, dass der technische Fortschritt einen positiven Einfluss auf alle drei Qualifikationsniveaus hat. Allerdings fallen diese positiven Effekte bei den Mittel- und Geringqualifizierten sehr gering aus. Lediglich bei den Hochqualifizierten kann ein moderater positiver Einfluss aufgezeigt werden. Dieser scheint sich allerdings bei der Kenngröße des Medianlohns nicht deutlich abzuzeichnen, da dieser für Veränderungen der Randgruppen nicht sonderlich anfällig reagiert. Wird der Mittelwert anstelle des Medians betrachtet, liegt der Mittelwert bereinigt um den Einfluss des technischen Fortschritts mit 103 Euro deutlich unter dem ursprünglich berichteten Mittelwert von 109 Euro.

Die Unterschiede hinsichtlich des Medianlohns mit bzw. ohne den Einfluss des technischen Fortschritts sind allerdings marginal. Dies ist ein Indiz dafür, dass es andere Einflussfaktoren gibt, die den Lohn stärker beeinflussen als der technische Fortschritt. Der Medianlohn bereinigt um die Tarifbindung liegt im Jahr 1996 bei knapp 90 Euro und somit fast zehn Euro unter dem ursprünglich berichteten Medianlohn. Dies zeigt, dass der Medianlohn ohne den Einfluss der Tarifbindung zehn Euro geringer ausfällt, als wenn der Einfluss der Tarifbindung auf den Medianlohn berücksichtigt wird. Dieser deutliche Unterschied kann durch den stark positiven Einfluss der Tarifbindung auf die Lohnhöhe von

28 Dieser beinhaltet alle Effekte der berücksichtigten Variablen, also auch den Effekt des technischen Fortschritts als auch den Effekt der Tarifbindung.

Mittelqualifizierten erklärt werden. Diese Qualifikationsgruppe hat aufgrund ihrer großen Fallzahl einen enormen Einfluss auf die Höhe des Medians.

Zusammengefasst führen sowohl die Tarifbindung als auch der technische Fortschritt dazu, dass der Medianlohn ansteigt. Allerdings ist dies auf unterschiedliche Mechanismen zurückzuführen, die auch einen ersten Eindruck über mögliche Einflüsse auf die Lohnungleichheit geben. Der leicht positive Einfluss des technischen Fortschritts auf den Medianlohn ist vor allem auf eine Lohnerhöhung der Hochqualifizierten zurückzuführen, wohingegen der positive Einfluss der Tarifbindung auf den Medianlohn vor allem durch eine Lohnerhöhung der Mittelqualifizierten getrieben wird. Dies könnte ein erstes Indiz dafür sein, dass sich der technische Fortschritt steigernd auf die Lohnungleichheit auswirkt, da nur die Randgruppe eine Lohnerhöhung erfährt. Die Tarifbindung erhöht vor allem den Lohn der Mittelqualifizierten und verstärkt somit nicht die Streuung der Löhne der gesamten Verteilung, was dazu führen könnte, dass die Tarifbindung die Lohnungleichheit nicht weiter verstärkt.

Bevor dies untersucht wird, wird der Einfluss des Interaktionsterms auf den Medianlohn betrachtet. Durch den Einfluss der Interaktion wird deutlich, dass sich beide Einzeleffekte etwas nivellieren, sich allerdings der Einfluss der Tarifbindung etwas mehr durchzusetzen scheint. Ohne die Interaktion aus technischem Fortschritt und der Tarifbindung liegt der Medianlohn bei etwa 94 Euro und somit über dem Medianlohn ohne den Einfluss der Tarifbindung, aber unter dem ursprünglich berichteten Wert (99 Euro) und dem Medianlohn ohne den Einfluss des technischen Fortschritts (98,7 Euro).

Der Medianlohn bereinigt um die Tarifbindung ist zu jedem Beobachtungszeitpunkt der geringste Medianlohn. Im Jahr 2017 liegt dieser bei etwa 117 Euro und somit noch sieben Euro unter dem ursprünglich berichteten Medianlohn. Der Abstand der beiden Medianlöhne hat sich im Vergleich zu dem Jahr 1996 etwas verkleinert. Dies könnte durch eine veränderte Zusammensetzung der Beschäftigten zwischen Gering-, Mittel-, und Hochqualifizierten liegen. Verringert sich der Anteil der Mittelqualifizierten, so verringert sich auch der Einfluss der Tarifbindung auf den Medianlohn, da die Tarifbindung nur bei diesem Qualifikationsniveau einen starken positiven Effekt aufweist. Der Medianlohn bereinigt um den technischen Fortschritt liegt im Jahr 2017 bei etwa 122 Euro und somit etwa zwei Euro unter dem ursprünglich berichteten Medianlohn. Dieser Abstand hat sich im Vergleich zu dem Jahr 1996 etwas vergrößert. Auch hier könnte die Ursache eine veränderte Beschäftigtenzusammensetzung nach dem Qualifikationsniveau sein. Erhöht sich der Anteil der Hochqualifizierten, verstärkt sich auch der positive Einfluss des technischen Fortschritts auf den Medianlohn.

Um einen Eindruck darüber zu gewinnen, warum sich die jeweiligen Medianlöhne über die Zeit verändert haben, können Lohndezile betrachtet werden. In der folgenden Abbildung wird jeweils das zweite und das achte Lohndezil für das Jahr 2017 dargestellt[29]. Der schwarze Balken verdeutlicht die Lohndezile des ursprünglich berichteten Medianlohns, der dunkelgraue Balken zeigt den Medianlohn bereinigt um den technischen Fortschritt auf, der mittelgraue Balken den Medianlohn bereinigt um die Tarifbindung und der hellgraue Balken den Medianlohn bereinigt um die Interaktion.

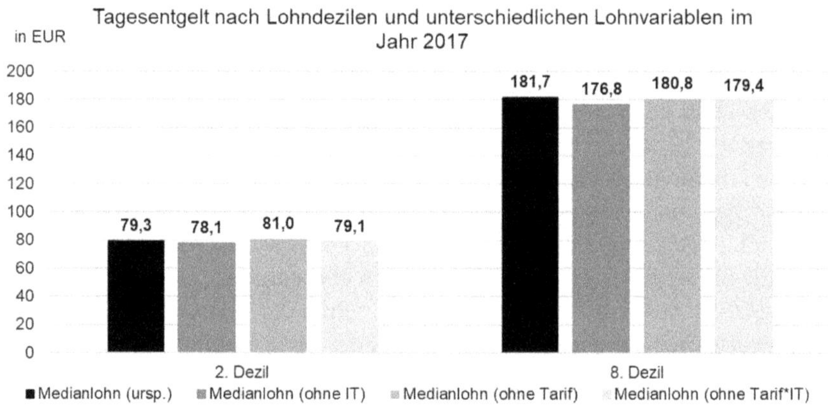

Abbildung 34: Tagesentgelt nach Lohndezilen und unterschiedlichen Lohnvariablen im Jahr 2017
Quelle: Eigene Berechnung auf Datengrundlage des LIAB7517, 2020

Als Referenz gilt wieder der ursprünglich berichtete Medianlohn. Für das zweite Dezil liegt dieser im Jahr 2017 bei etwa 79 Euro. Generell lässt sich beobachten, dass alle vier Balken bezüglich des zweiten Lohndeziles ähnlich hoch ausfallen. Der Medianlohn bereinigt um den Einfluss des technischen Fortschritts liegt bei etwa 78 Euro und somit einen Euro unter dem ursprünglich berichteten Wert. Dies lässt sich dadurch erklären, dass der technische Fortschritt einen kleinen, aber positiven Einfluss auf die Lohnhöhe von Niedrigqualifizierten hat. Wird dieser Effekt nicht berücksichtigt, so liegt der Lohn des zweiten Deziles

29 Auf das fünfte Lohndezil wird in dieser Abbildung verzichtet, da die Informationen bereits aus Abbildung 36 entnommen werden können und es so nicht zu einer Überfrachtung der Abbildung kommt.

ohne den Einfluss des technischen Fortschritts leicht unter dem Lohn, bei dem der Einfluss des technischen Fortschritts berücksichtigt wird.

Die Regressionsanalyse ergibt, dass die Tarifbindung einen kleinen, aber negativen Einfluss auf die Lohnhöhe von Niedrigqualifizierten hat. Extrahiert man diesen Effekt, so liegt der Medianlohn des zweiten Deziles bei 81 Euro und somit zwei Euro über dem Lohn, für den der Einfluss der Tarifbindung berücksichtigt wurde. Der Medianlohn, der den Interaktionseffekt unberücksichtigt lässt, liegt in etwa auf gleicher Höhe, wie der ursprünglich berichtete Medianlohn. Generell kann für die einzelnen Medianlöhne des zweiten Dezils gezeigt werden, dass es nur kleine Veränderungen gibt, wenn der Lohn um den Effekt des technischen Fortschritts bzw. der Tarifbindung bereinigt wird.

Analogien können bei den Medianlöhnen des achten Dezils beobachtet werden, wenngleich die absoluten Abstände teilweise etwas größer ausfallen. Der ursprünglich berichtete Medianlohn für das achte Dezil im Jahr 2017 liegt bei 182 Euro. Alle drei grauen Balken liegen unter diesem Wert. Die Regression ergibt, dass der technische Fortschritt einen moderaten positiven Einfluss auf die Lohnhöhe von Hochqualifizierten hat. Wird der Lohn um diesen Effekt bereinigt, so ergibt sich ein geringerer Medianlohn in Höhe von 177 Euro. Somit wäre der Medianlohn von Beschäftigten des achten Deziles um fünf Euro geringer, wenn es keinen Einfluss des technischen Fortschritts gäbe.

Weiterhin ergibt sich aus der Regressionsanalyse, dass die Tarifbindung und die Interaktion aus technischem Fortschritt und Tarifbindung keinen Einfluss auf die Lohnhöhe von Hochqualifizierten haben. Nichtsdestotrotz unterscheiden sich die Medianlöhne im achten Dezil von dem ursprünglich berichteten Wert. Der Medianlohn bereinigt um den Einfluss der Tarifbindung liegt bei etwa 181 Euro und somit einen Euro unter dem ursprünglich berichteten Medianlohn. Die Tarifbindung führt dazu, dass sich die Löhne von Mittelqualifizierten stark erhöhen. Durch diese Lohnerhöhung kommt es in einzelnen Fällen dazu, dass Mittelqualifizierte sich nicht mehr im mittleren Lohnbereich befinden, sondern in den hohen Lohnbereich aufsteigen. Somit kann erklärt werden, warum die Tarifbindung auch einen positiven Einfluss auf die Lohnhöhe des achten Dezils hat, obwohl durch die Regressionsanalyse gezeigt wird, dass kein Einfluss der Tarifbindung auf die Lohnhöhe von Hochqualifizierten vorliegt.

Der Medianlohn bereinigt um den Einfluss des Interaktionsterms liegt im Jahr 2017 bei 179 Euro und somit drei Euro unter dem ursprünglich berichteten Medianlohn des achten Dezils. Bei dem um den Interaktionseffekt bereinigten Medianlohn muss berücksichtigt werden, dass hierbei nicht nur um den Interaktionseffekt als solchen bereinigt wird, sondern ebenfalls um die Einzeleffekte des technischen Fortschritts und der Tarifbindung. Die Bereinigung des positiven

Effekts des technischen Fortschritts auf die Lohnhöhe von Hochqualifizierten kommt also auch bei dem Interaktionseffekt zum Tragen. Daher liegt der Medianlohn bereinigt um den Interaktionseffekt unter dem ursprünglich berichteten Wert.

Die bisherigen Abbildungen verdeutlichen, welchen Einfluss die betrachteten erklärenden Variablen auf einzelne Bereiche der Lohnverteilung haben. Um aufzuzeigen, welchen Einfluss die Variablen auf die Lohnungleichheit haben, muss eine Betrachtung von Ungleichheitsmaßen vorgenommen werden. In Abbildung 35 sind die Gini-Koeffizienten auf Grundlage der unterschiedlichen Lohnverteilungen über den Beobachtungszeitraum dargestellt. Wie in den bisherigen Abbildungen zeigt die schwarze Linie den Gini-Koeffizienten anhand der ursprünglich berichteten Lohnverteilung, die dunkelgraue Linie bezieht sich auf diesen bereinigt um den Einfluss des technischen Fortschritts, die mittelgraue Linie bezieht sich auf den Koeffizienten bereinigt um den Einfluss der Tarifbindung und die hellgraue Linie zeigt diesen bereinigt des Einflusses der Interaktion auf.

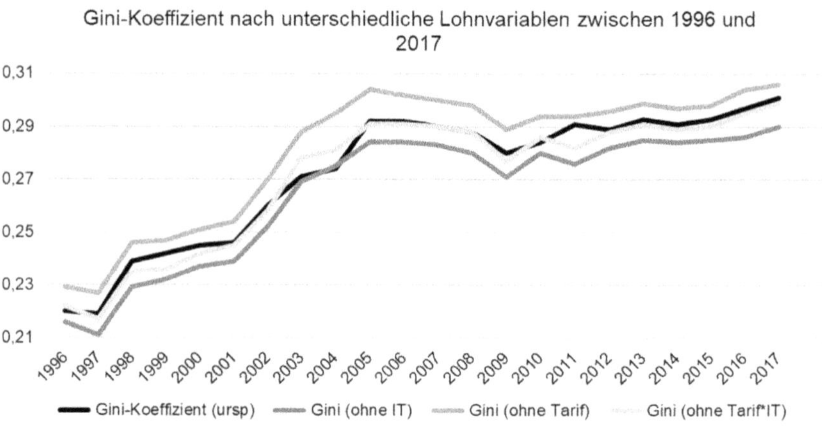

Abbildung 35: Gini-Koeffizient nach unterschiedlichen Lohnvariablen zwischen 1996 und 2017.
Quelle: Eigene Berechnung auf Datengrundlage des LIAB7517, 2020

Im Jahr 1996 liegt der Gini-Koeffizient auf Grundlage der ursprünglich berichteten Lohnverteilung bei 0,220. Bei 0,229 liegt der Gini-Koeffizient, der um den Einfluss der Tarifbindung bereinigt wurde. Wenn es keinen Einfluss der Tarifbindung auf die Lohnhöhe geben würde, wäre die Lohnungleichheit in Deutschland höher als mit einem Einfluss der Tarifbindung. Umgekehrt könnte gesagt werden, dass die Tarifbindung die Lohnungleichheit reduziert.

Im Gegensatz dazu liegt der Gini-Koeffizient, der um den Einfluss des technischen Fortschritts bereinigt wurde mit 0,216 unter dem ursprünglich berichteten Wert von 0,220. Ohne den Einfluss des technischen Fortschritts auf die Lohnverteilung in Deutschland würde somit die Lohnungleichheit geringer ausfallen. Somit wirkt sich der technische Fortschritt fördernd auf die Lohnungleichheit aus. Der Gini-Koeffizient ohne den Einfluss des technischen Fortschritts liegt fast den gesamten Beobachtungszeitraum unter dem ursprünglich berichteten Gini-Koeffizienten. Lediglich im Jahr 2004 liegen beide Koeffizienten in etwa auf dem gleichen Niveau. Der Gini-Koeffizient bereinigt um den Einfluss der Tarifbindung liegt hingegen den gesamten Beobachtungszeitraum über dem ursprünglich berichteten Gini-Koeffizienten. Der Gini-Koeffizient bereinigt um den Einfluss des Interaktionsterms berücksichtigt die Einflüsse beider Variablen und befindet sich etwa in der Mitte zwischen dem Gini-Koeffizienten ohne den Einfluss des technischen Fortschritts und dem Gini-Koeffizienten ohne den Einfluss der Tarifbindung. Somit liegt der Gini-Koeffizient bereinigt um den Interaktionsterm fast immer gleich auf mit dem ursprünglich berichteten Gini-Koeffizienten.

Im Jahr 2017 liegt der ursprünglich berichtete Gini-Koeffizient bei 0,301, der Gini-Koeffizient bereinigt um den Einfluss des technischen Fortschritts liegt bei 0,290. Ohne den Einfluss der Tarifbindung liegt der Gini-Koeffizient bei 0,306 und der Gini-Koeffizient des Interaktionsterms bei 0,299. Die teilweise unterschiedlichen Abstände zwischen den einzelnen Gini-Koeffizienten können durch eine unterschiedliche Zusammensetzung der Beschäftigtengruppen nach Qualifikationsniveau erklärt werden.

Auf Grundlage der Berechnungen anhand der multivariaten Regressionsanalyse soll in hier aufgezeigt werden, welchen Einfluss der technische Fortschritt, die Tarifbindung und dessen Interaktion auf die Lohnverteilung haben und wie sich dies auf die vorhandene Lohnungleichheit auswirkt. Zunächst kann bezüglich des technischen Fortschritts festgehalten werden, dass dieser einen sehr kleinen, aber positiven Einfluss auf die Lohnhöhe von Gering- und Mittelqualifizierten hat. Zudem kann ein moderater positiver Einfluss auf die Lohnhöhe von Hochqualifizierten gefunden werden. Diese Kombination der Einflüsse nach Qualifikationsniveau führt dazu, dass der technische Fortschritt die Lohnungleichheit in Deutschland verstärkt. Somit wird Hypothese 4, die besagt, dass sich durch den Einfluss des technischen Fortschritts die Löhne im oberen Bereich der Verteilung erhöhen und somit die Lohnungleichheit steigt, bestätigt.

In Bezug auf die Tarifbindung kann zusammenfassend gesagt werden, dass ein kleiner, negativer Einfluss auf die Lohnhöhe von Geringqualifizierten, aber ein starker, positiver Einfluss auf die Lohnhöhe von Mittelqualifizierten besteht. Auf die Lohnhöhe von Hochqualifizierten hat die Tarifbindung keinen Einfluss. Somit steigen durch die Tarifbindung die Löhne im unteren und mittleren Bereich der Verteilung, was zu einer Reduktion der Lohnungleichheit führt. Somit kann Hypothese 8, die besagt, dass die Tarifbindung zu einer Reduktion der Lohnungleichheit beiträgt, bestätigt werden, wenn auch angemerkt werden muss, dass dies ausschließlich auf die Erhöhung der Löhne von Mittelqualifizierten zurückzuführen ist und nicht auf die Erhöhung der Löhne von Geringqualifizierten.

Der Interaktionsterm wirkt leicht negativ auf die Lohnhöhe von Geringqualifizierten, leicht positiv auf die Lohnhöhe von Mittelqualifizierten und hat keinen signifikanten Einfluss auf die Lohnhöhe von Hochqualifizierten. Somit gehen die Löhne im unteren Bereich der Verteilung leicht zurück. Die Löhne im mittleren Bereich und die Löhne im oberen Bereich der Verteilung bleiben unverändert.

Tabelle 14: Überprüfung der Hypothesen bezüglich der Lohnverteilung.

Nr.	Hypothese	Emp. Evidenz
H4	Durch den Einfluss des technischen Fortschritts erhöhen sich die Löhne im oberen Bereich der Verteilung, was die Lohnungleichheit erhöht.	✓
H8	Liegt Tarifbindung vor, steigen die Löhne im unteren und mittleren Bereich der Verteilung, was die Lohnungleichheit reduziert.	✓
H12	Unter Berücksichtigung des technischen Fortschritts und der Tarifbindung steigen die Löhne am unteren Ende und in der Mitte der Verteilung, was die Lohnungleichheit reduziert.	✗

Quelle: Eigene Darstellung, 2020

Dies führt dazu, dass sich die vorhandene Lohnungleichheit durch den Interaktionsterm aus technischem Fortschritt und der Tarifbindung nicht wesentlich verändert. Implizit hat somit der Interaktionsterm keinen Einfluss auf die Lohnungleichheit. Hypothese 12 besagt, dass der Interaktionsterm dazu führt, dass sich die vorhandene Lohnungleichheit reduziert. Dies kann empirisch nicht belegt werden, wodurch Hypothese 12 nicht bestätigt werden kann. Tabelle 14 fasst die Überprüfung der aufgestellten Hypothesen nochmals grafisch zusammen.

5.5. Kritische Würdigung der Ergebnisse

Die hier durchgeführte Analyse leistet einen wesentlichen Beitrag zur Ungleichheitsforschung in Deutschland. Einige Forschungslücken können durch die

Analyse geschlossen werden. Zum einen konnte aufgezeigt werden, wie sich die Lohnungleichheit zwischen 1996 und 2017 entwickelt hat. Dabei konnten vor allem neue Erkenntnisse bezüglich der Entwicklung der Ungleichheit in den letzten Jahren geliefert werden. Nur wenige Studien, die sich mit der Lohnungleichheit beschäftigten, gehen über das Jahr 2010 hinaus. So konnte in dieser Studie erstmals auf die im vergangenen Oktober herausgegebene Welle 2017 des LIAB-Datensatzes zurückgegriffen werden.

Ein grundlegendes Argument für den Rückgriff auf den LIAB-Datensatz ist die Kombination von Individual- und Betriebsdaten. In keinem anderen Panel-Datensatz werden diese beiden Ebenen auf diese Weise miteinander verknüpft. Durch den Rückgriff auf den LIAB-Datensatz war es weiterhin möglich, die Lohnungleichheit auf individueller Ebene zu betrachten. Häufig wird in Bezug auf die Untersuchung der Lohnungleichheit auf das sozioökonomische Panel zurückgegriffen, in dem jedoch nur das Haushaltseinkommen abgefragt wird und somit nur schwer Rückschlüsse auf die Löhne der Individuen gezogen werden können. Durch die Individualbetrachtung ist es außerdem möglich, die Lohnungleichheit (zumindest deskriptiv) getrennt nach dem Geschlecht zu untersuchen.

Ebenfalls ist es durch die Nutzung des LIAB-Datensatzes möglich, den technischen Fortschritt in Form der Investitionen in IT direkt zu messen und somit auch zu operationalisieren. Die Variable liegt zu jedem Zeitpunkt des Datensatzes vor, was dazu führt, dass die Analyse einen besonders großen Untersuchungszeitraum aufweist. Durch die Berücksichtigung der Welle aus dem Jahr 2017 wurde es weiterhin möglich, den vorherrschenden technischen Fortschritt im Betrieb auch in den letzten Jahren zu erfassen.

Neben den datensatzbezogenen Neuerungen konnten in der Analyse auch methodische Lücken geschlossen werden. Zum einen wurde die Interaktion aus den beiden abhängigen Variablen technischer Fortschritt und Tarifbindung bislang in keiner weiteren Studie berücksichtigt. Beide Variablen wurden jeweils nur separat betrachtet. Durch die Berücksichtigung eines Interaktionsterms wird es möglich, eine kombinierte Wirkungsrichtung beider Variablen empirisch quantifizierbar zu machen. Zum anderen wurden die durch die Regressionsanalyse berechneten Koeffizienten dazu genutzt, den Effekt des technischen Fortschritts, der Tarifbindung und des Interaktionseffekts aus den Lohndaten herauszurechnen. Durch diese Vorgehensweise konnten fiktive Lohnverteilungen berechnet werden, die sich ohne den Einfluss der unabhängigen Variablen ergeben würden. Somit wird ein direkter Effekt der jeweiligen Variablen auf die Lohnverteilung und somit auch auf die Lohnungleichheit deutlich. Es kann also durch die gewählte methodische Vorgehensweise der Einfluss des technischen Fortschritts und der Tarifbindung auf die Lohnungleichheit quantifiziert werden. Durch die Berechnung von Fixed-Effects-Modellen konnten weiterhin zeitkonstante, unveränderliche Variablen kontrolliert werden. In Bezug auf die Analyse des Lohns kann somit für entscheidende Einflussfaktoren wie etwa Begabung oder Intelligenz kontrolliert werden. Somit wird das Problem der unbeobachteten Heterogenität minimiert und die berechneten Effekte sind valider.

Neben vielen Vorteilen, die der gewählte Datensatz und die angewandte Methode mit sich bringen, muss an dieser Stelle auch auf Limitationen der Analyse eingegangen werden. Vor allem auf Datenrestriktionen muss aufmerksam gemacht werden. Zunächst ist anzumerken, dass die Investitionen in EDV oder Informations- und Kommunikationsmittel lediglich als bivariate Variable vorliegen und nur gefragt wird, ob in einem Jahr Investitionen in IT getätigt wurden. Die absolute Höhe der Investitionen würde an dieser Stelle den Informations- und Aussagegehalt der Variable deutlich steigern. Aufgrund der langen Verfügbarkeit und der Neutralität der Abfrage wurde trotz allem entschieden, diese Variable aus der Datengrundlage für die Operationalisierung des technischen Fortschritts heranzuziehen.

Der Einfluss des technischen Fortschritts auf die Löhne wird mithilfe des tätigkeitsbasierten Ansatzes theoretisch aufgezeigt. Für die Überprüfung der Aussagen wäre daher ein Datensatz ideal, der eine Analyse auf Ebene von Tätigkeiten zulässt. Dies ist im LIAB7517 nur bedingt möglich. Im Datensatz liegen keine Informationen über die ausgeübte Tätigkeit vor. Es wurde eine Differenzierung nach Qualifikationsgruppen vorgenommen, da aus der Literatur bekannt ist, dass Tätigkeiten anhand der Qualifikation geclustert werden können. Allerdings gehen durch diese Clusterung einige Informationen verloren. Die Erwerbstätigenbefragung des BIBB und des BAUA enthalten detaillierte Informationen zu den ausgeübten Tätigkeiten. Allerdings liegt dieser Datensatz nur bis zum Jahr 2012 vor und enthält keine Lohninformationen. Eine neue Welle, die das Jahr 2018 enthält, soll im Laufe des Jahres 2020 erscheinen. Für weitere Analysen könnte versucht werden, die Tätigkeitsinformationen der Erwerbstätigenbefragung mit den individuellen und betrieblichen Informationen des LIAB zu matchen, um eine tiergehende Analyse vorzunehmen. Für die hier aufgestellte Frage waren Variablen wie der Lohn oder die Tarifbindung entscheidend, weswegen die Wahl auf den LIAB-Datensatz gefallen ist.

Da es sich bei der verwendeten Datengrundlage um vom Arbeitgeber berichtete Angaben handelt, fehlen weitere individuelle Merkmale, die für die Analyse der Einflussfaktoren auf den Lohn von Bedeutung gewesen wären. Hierunter fallen bspw. der Familienstand, die Zahl der Kinder oder auch arbeitsplatzrelevante Merkmale, wie die Zahl der geleisteten Arbeitsstunden. Um das Nichtvorhandensein der Arbeitsstunden teilweise zu kompensieren, wurde die Analyse ausschließlich für Vollzeitbeschäftigte durchgeführt. Allerdings liegt eine Vollzeitbeschäftigung bereits ab 30 Wochenarbeitsstunden vor und kann bis über 40 hinausgehen, was immer noch eine große Spanne an gearbeiteten Stunden ergibt.

Im Vergleich zu anderen Panel-Datensätzen weist der LIAB-Datensatz eine hohe Zahl an Beobachtungen auf. Nichtsdestotrotz war es aufgrund der Fallzahl nicht möglich, die Regressionsmodelle getrennt nach dem Geschlecht zu berechnen. Gerade die Gruppe der geringqualifizierten Frauen wäre zu klein gewesen, um valide Ergebnisse aufzeigen zu können. Dies könnte auch daran gelegen haben, dass nur Vollzeitbeschäftigte in der Analyse berücksichtigt wurden und daher möglicherweise ein Teil der befragten Frauen aus der Analyse ausgeschlossen wurde. Für zukünftige Auswertungen wäre es gegebenenfalls möglich, die Analyse getrennt nach dem Geschlecht für nur ein Jahr mit einer der aktuelleren Wellen durchzuführen. Zum einen weisen die neueren Wellen wesentlich höhere Fallzahlen auf als die frühen Wellen der Panel-Befragung und andererseits sind für eine Querschnittsbetrachtung nicht so viele Fälle zur Erzielung valider Ergebnisse nötig, wie bei einer Längsschnittbetrachtung. Der Datensatz bietet grundsätzlich eine gute Datengrundlage für Lohnanalysen nach dem Geschlecht und sollte in weiteren Analysen dieser Richtung in Betracht gezogen werden Weiterhin muss angemerkt werden, dass sich die Aussagekraft der Ergebnisse der Analyse auf sozialversicherungspflichtig Beschäftigte begrenzt. Da es sich bei der Datengrundlage um durch den Arbeitgeber gemeldete Daten handelt, liegen diese nicht für Selbstständige oder Beamte vor. Da von den etwa 45,3 Millionen Erwerbstätigen in Deutschland etwa 33,4 Millionen sozialversicherungspflichtig Beschäftigt sind, können die Ergebnisse auf einen großen Anteil der Beschäftigten angewendet werden (Statistisches Bundesamt 2020a).

Grundsätzlich wird der lange Beobachtungszeitraum des LIAB7517 als ein großer Vorteil dieser Datengrundlage angeführt. Allerdings kann bei diesem Datensatz, wie bei allen anderen Befragungsdaten, ein zeitlicher Versatz zum aktuellen Rand festgestellt werden. Generell muss mit einem Versatz von etwa zwei Jahren gerechnet werden. So konnte in dieser Analyse erstmalig auf die 2017er Welle des Datensatzes zurückgegriffen werden. Schöner wäre es, wenn die Analyse die Jahre 2018 und 2019 miteingeschlossen hätte. Eine Möglichkeit wäre, die Daten am aktuellen Rand aufgrund der vorangegangenen Werte ökonometrisch zu schätzen. Die Daten solcher Prognosen können allerdings fehlerbehaftet sein und sollten nur unter großer Vorsicht berücksichtigt werden. Eine andere Möglichkeit wäre, bestimmte Daten anhand von Webscraping-Verfahren selbst zu erheben. Diese Vorgehensweise hat allerdings den Nachteil, dass nur Daten zum aktuellen Rand verfügbar sind und daher kein großer Beobachtungszeitraum berücksichtigt werden kann.

Wie bei jeder Datengrundlage können sowohl Vor- als auch Nachteile bezüglich der Verwendung des LIAB7517 aufgezeigt werden. Einen idealen Datensatz mit allen notwendigen Variablen für einen möglichst großen Beobachtungszeitraum und einer hohen Fallzahl an Beobachtungen gibt es nicht. Allerdings wird kontinuierlich daran gearbeitet, die Datengrundlage weiter auszubauen und zu verbessern. Nach Abwägung aller Vor- und Nachteile bildet das LIAB7517 für die Beantwortung der Fragestellung die bestmögliche Datengrundlage, da sowohl Individual- als auch Betriebsinformationen miteinander kombiniert werden und bereits ein sehr langer Beobachtungszeitraum vorliegt, für den Analysen für Gesamtdeutschland durchgeführt werden können.

6. Fazit

Im Folgenden werden die Ergebnisse der empirischen Analysen zusammengefasst, um damit die übergeordnete Fragestellung zu beantworten. Anschließend wird ein möglicher weiterer Forschungsbedarf zu diesem Thema aufgezeigt. Im abschließenden Unterkapitel werden sozialpolitische Maßnahmen diskutiert, die dort ansetzen, wo auch die beiden betrachteten Einflussfaktoren, nämlich der technische Fortschritt und die Tarifbindung, auf die Lohnverteilung wirken.

6.1. Zusammenfassung und Ausblick

Ziel dieser Untersuchung ist es, empirisch aufzuzeigen, *welchen Einfluss der technische Fortschritt auf die Verteilung der Löhne in Deutschland hat, wenn die Tarifbindung berücksichtigt wird.* Somit findet eine Analyse der Lohnungleichheit in Deutschland statt. Dabei wird ein besonderer Fokus auf den technischen Fortschritt, die Tarifbindung und das Zusammenspiel der beiden Variablen gelegt. Die Löhne werden durch das Bruttotagesentgelt ausgewiesen. Als Datengrundlage dient der LIAB7517 für den Beobachtungszeitraum zwischen 1996 und 2017.

Zunächst kann in einer deskriptiven Analyse aufgezeigt werden, dass sich die Lohnungleichheit in Deutschland seit dem Jahr 1996 erhöht hat. Hierfür werden diverse Ungleichheitsmaße wie der Gini-Koeffizienten, der Theil-Index oder Decile Ratios ausgewiesen. Im Jahr 2005 kommt es zu einem ersten Höhepunkt der Lohnungleichheit, wobei diese vor allem zwischen den Jahren 2000 und 2005 stark angestiegen ist. Bis zum Jahr 2010 kann dann wieder ein leichter Rückgang der Lohnungleichheit festgestellt werden. Bis zum Jahr 2017 steigt diese allerdings wieder stetig an, was dazu führt, dass die gemessene Lohnungleichheit im Jahr 2017 noch über dem vorherigen Höchstwert des Betrachtungszeitraums aus dem Jahr 2005 liegt.

Der Anstieg der Lohnungleichheit ist vor allem auf die Entwicklung der Randverteilungen zurückzuführen, was durch die Darstellung von Decile Ratios deutlich wird. Löhne am unteren Ende der Verteilung weisen über den gesamten Beobachtungszeitraum nur mäßige Lohnsteigerungen oder teilweise auch Lohnverluste auf. Dagegen kann bei den Löhnen am oberen Ende der Lohnverteilung ein starker Anstieg aufgezeigt werden. Diese Entwicklungen führen dazu, dass sich die Streuung der Löhne mit der Zeit immer weiter erhöht, was sich in einer gestiegenen Lohnungleichheit widerspiegelt.

Diese Entwicklung gibt auch einen ersten Hinweis darauf, dass es in Deutschland zu keiner Polarisierung der Löhne kommt, wie es bspw. durch den tätigkeitsbasierten Ansatz postuliert und in einigen empirischen Studien gefunden wird. Es stellt sich hierbei die Frage, ob der technische Fortschritt tatsächlich keinen polarisierenden Einfluss auf die Löhne hat, oder ob es andere Faktoren gibt, die dem Einfluss des technischen Fortschritts entgegenwirken und somit der Einfluss des technischen Fortschritts auf die Verteilung der Löhne überdeckt wird. Um aufzuzeigen, welchen Einfluss der technische Fortschritt und die Tarifbindung auf die Verteilung der Löhne haben, werden in dieser Arbeit verschiedene Regressions-Modelle aufgestellt.

Da der Fokus auf zwei unabhängigen Variablen und deren Interaktion liegt, wird die empirische Analyse in drei Schritten vollzogen. Zunächst werden jeweils die einzelnen Effekte der unabhängigen Variablen aufgezeigt und im Anschluss daran der Effekt der Interaktion. In Bezug auf den technischen Fortschritt wurden zunächst die folgenden Unterfragen formuliert:

a) Beeinflusst der technische Fortschritt die Verteilung der Löhne in Deutschland?
b) Wirkt der technische Fortschritt unterschiedlich nach Qualifikationen auf die Höhe des Lohns?

Aus den theoretischen Ausführungen wurden Hypothesen abgeleitet, die anhand von Fixed-Effects-Modellen empirisch überprüft wurden. Die theoretischen Ausführungen anhand neoklassischer Modelle und dem tätigkeitsbasierten Ansatz machen deutlich, dass sich der Einfluss des technischen Fortschritts auf den Lohn nach dem Qualifikationsniveau unterscheidet. Daher werden die Hypothesen nach dem Qualifikationsniveau differenziert. Tabelle 15 gibt einen Überblick über die aufgestellten Hypothesen und das Ergebnis der empirischen Überprüfung.

Nach der theoretischen Argumentation sollte der technische Fortschritt einen polarisierenden Einfluss auf die Löhne haben. Dies bedeutet, dass der technische Fortschritt die Lohnhöhe von Hoch- und Geringqualifizierten erhöhen und den Lohn von Mittelqualifizierten reduzieren sollte. Dies kann durch die hier durchgeführte Analyse nicht bestätigt werden. Es können für alle drei Qualifikationsniveaus positive Einflüsse des technischen Fortschritts auf die Lohnhöhe aufgezeigt werden. Allerdings fallen diese für Mittel- und Geringqualifizierte sehr gering aus. Damit können die Hypothesen H1 und H3 bestätigt werden, Hypothese H2 muss allerdings verworfen werden, da kein signifikant negativer Einfluss des technischen Fortschritts auf die Lohnhöhe von Mittelqualifizierten gefunden werden konnte.

Tabelle 15: Hypothesen, die den Einfluss des technischen Fortschritts auf die Lohnverteilung aufzeigen.

Nr.	Hypothese	Emp. Evidenz
H1	Je stärker ausgeprägt der technische Fortschritt, desto höher ist der Lohn von Geringqualifizierten.	✓
H2	Je stärker ausgeprägt der technische Fortschritt, desto niedriger ist der Lohn von Mittelqualifizierten.	✗
H3	Je stärker ausgeprägt der technische Fortschritt, desto höher ist der Lohn von Hochqualifizierten.	✓
H4	Durch den Einfluss des technischen Fortschritts erhöhen sich die Löhne im oberen Bereich der Verteilung, was die Lohnungleichheit erhöht.	✓

Quelle: Eigene Darstellung, 2020

Da der technische Fortschritt einen moderaten positiven Einfluss auf die Lohnhöhe von Hochqualifizierten hat, aber nur einen kleinen positiven Einfluss auf die Lohnhöhe der restlichen Qualifikationsgruppen, erhöht sich die Streuung der Löhne, was zu einer Erhöhung der Lohnungleichheit führt. Daher kann auch Hypothese H4 bestätigt werden.

Durch die empirischen Analysen konnte somit gezeigt werden, dass der technische Fortschritt einen signifikanten Einfluss auf die Verteilung der Löhne hat, da dieser unterschiedlich auf die Lohnhöhe nach dem Qualifikationsniveau wirkt. Der technische Fortschritt führt somit dazu, dass sich die Lohnungleichheit erhöht.

Nachdem der Einfluss des technischen Fortschritts auf die Lohnverteilung untersucht wurde, folgt die Abschätzung des Effekts der Tarifbindung auf die Lohnverteilung. Hierfür wurden folgende Unterfragen aufgestellt:

c) *Welche Rolle spielt die Tarifbindung bei der Erklärung der Entwicklung der Lohnverteilung?*
d) *Wirkt die Tarifbindung unterschiedlich nach Qualifikationen auf die Höhe des Lohns?*

Mithilfe der Insider-Outsider-Theorie kann theoretisch erklärt werden, welchen Einfluss die Tarifbindung auf die Verteilung der Löhne hat. Auch hier wurden empirisch überprüfbare Hypothesen abgeleitet, die der folgenden Tabelle zu entnehmen sind.

Tabelle 16: Hypothesen, die den Einfluss der Tarifbindung auf die Lohnverteilung aufzeigen.

Nr.	Hypothese	Emp. Evidenz
H5	Liegt Tarifbindung vor, hat dies einen positiven Einfluss auf die Lohnhöhe von Geringqualifizierten.	✗
H6	Liegt Tarifbindung vor, hat dies einen positiven Einfluss auf die Lohnhöhe von Mittelqualifizierten.	✓
H7	Liegt Tarifbindung vor, hat dies weder einen positiven noch einen negativen Einfluss auf die Lohnhöhe von Hochqualifizierten.	✓
H8	Liegt Tarifbindung vor, steigen die Löhne im unteren und mittleren Bereich der Verteilung, was die Lohnungleichheit reduziert.	✓

Quelle: Eigene Darstellung, 2020

Wie auch der technische Fortschritt sollte die Tarifbindung je nach Qualifikationsniveau einen unterschiedlichen Einfluss auf die Lohnhöhe haben. Vor allem Gering- und Mittelqualifizierte sollten durch eine Tarifbindung höhere Löhne erzielen. Auf die Lohnhöhe von Hochqualifizierten sollte die Tarifbindung keinen Einfluss haben. Auch hier können durch die Analyse teilweise abweichende Ergebnisse gefunden werden. Den Berechnungen zufolge hat die Tarifbindung einen starken, positiven Einfluss auf die Lohnhöhe von Mittelqualifizierten. Somit kann Hypothese H6 bestätigt werden. Es findet sich allerdings auch ein kleiner, aber signifikanter negativer Einfluss der Tarifbindung auf die Lohnhöhe von Niedrigqualifizierten. Somit muss Hypothese H5 verworfen werden. Dagegen konnte die Analyse zeigen, dass die Tarifbindung tatsächlich keinen signifikanten Einfluss auf die Lohnhöhe von Hochqualifizierten hat, wodurch Hypothese H7 bestätigt werden kann.

Die unterschiedlichen Einflüsse der Tarifbindung auf die Lohnhöhe differenziert nach dem Qualifikationsniveau verändern außerdem die Lohnverteilung. Obwohl die Tarifbindung einen kleinen negativen Einfluss auf die Lohnhöhe von Geringqualifizierten hat, zeigt die Analyse, dass sich die Tarifbindung reduzierend auf die Lohnungleichheit auswirkt. Dies kann dadurch erklärt werden, dass die Gruppe der Mittelqualifizierten eine recht starke Lohnerhöhung durch die Tarifbindung erfährt und diese die am stärksten besetzte Gruppe darstellt. Im Schnitt erhöht somit die Tarifbindung den Medianlohn, was auch dazu führt, dass sich die Lohnungleichheit verringert, da der Großteil der Beschäftigten durch die Tarifbindung profitiert. Somit kann auch Hypothese H8 bestätigt werden.

Um abschließend beurteilen zu können, welchen Einfluss eine Interaktion aus den beiden bisher einzeln betrachteten Variablen auf die Lohnverteilung hat, wird noch folgende Unterfrage formuliert:

e) *Verstärkt, reduziert oder ergänzt die Tarifbindung den Einfluss des technischen Fortschritts auf die Verteilung der Löhne?*

Die empirisch überprüfbaren Hypothesen wurden wie die bisher formulierten Hypothesen aus der Theorie abgeleitet und können der folgenden Tabelle entnommen werden.

Tabelle 17: Hypothesen, die den Einfluss der Interaktion auf die Lohnverteilung aufzeigen.

Nr.	Hypothese	Emp. Evidenz
H9	Liegt sowohl eine Tarifbindung als auch ein ausgeprägter technischer Fortschritt vor, hat dies einen positiven Einfluss auf die Lohnhöhe von Geringqualifizierten.	✗
H10	Liegt sowohl eine Tarifbindung als auch ein ausgeprägter technischer Fortschritt vor, hat dies weder einen positiven noch einen negativen Einfluss auf die Lohnhöhe von Mittelqualifizierten.	✗
H11	Liegt sowohl eine Tarifbindung als auch ein ausgeprägter technischer Fortschritt vor, hat dies weder einen positiven noch einen negativen Einfluss auf die Lohnhöhe von Hochqualifizierten.	✓
H12	Unter Berücksichtigung des technischen Fortschritts und der Tarifbindung steigen die Löhne am unteren Ende der Verteilung, was die Lohnungleichheit reduziert.	✗

Quelle: Eigene Darstellung, 2020

In Bezug auf den Einfluss der Interaktion auf die Lohnverteilung konnte durch die Analysen gezeigt werden, dass nur Hypothese H11, die den Einfluss der Interaktion auf die Lohnhöhe von Hochqualifizierten spezifiziert, empirisch bestätigt werden kann. Einzeln betrachtet hat der technische Fortschritt einen positiven Einfluss auf die Lohnhöhe von Hochqualifizierten und die Tarifbindung keinen signifikanten Einfluss. Bei dem Interaktionsterm scheint sich der Einfluss der Tarifbindung durchzusetzen, da kein wesentlicher Einfluss des Interaktionsterms auf die Lohnhöhe von Hochqualifizierten gefunden werden konnte. Auf die Lohnhöhe von Geringqualifizierten hat der Interaktionsterm einen kleinen negativen Einfluss, weswegen Hypothese H9 verworfen werden muss. Auch hier scheint sich der Einfluss der Tarifbindung stärker durchgesetzt zu haben als der des technischen Fortschritts. H10 besagt, dass der Interaktionsterm aus technischem Fortschritt und der Tarifbindung weder einen positiven noch einen negativen Einfluss auf die Lohnhöhe von Mittelqualifizierten haben sollte. Da jedoch bereits die Betrachtung der beiden Variablen im Einzelnen gezeigt hat, dass diese jeweils einen positiven Einfluss auf die Lohnhöhe haben, wird durch die empirische Analyse deutlich, dass auch der Interaktionsterm einen positiven Einfluss auf die Lohnhöhe von Mittelqualifizierten hat. Somit muss Hypothese H10 ebenfalls verworfen werden. Alle berechneten Regressionskoeffizienten bezüglich des Interaktionsterms sind sehr klein, was auch dazu führt, dass der Interaktionsterm keinen wesentlichen Einfluss auf die Lohnverteilung hat und somit auch die Lohnungleichheit weder negativ noch positiv beeinflusst. Daher muss auch Hypothese H12, die besagt, dass der Interaktionsterm die vorhandene Lohnungleichheit reduziert, verworfen werden.

Generell kann durch die durchgeführte empirische Analyse gezeigt werden, dass sowohl der technische Fortschritt als auch die Tarifbindung die Verteilung der Löhne beeinflussen. Da der technische Fortschritt die Löhne von Hochqualifizierten erhöht, aber nur einen kleinen Einfluss auf die Lohnhöhe von Mittel- und Geringqualifizierten hat, erhöht der technische Fortschritt die Lohnungleichheit. Im Gegensatz dazu führt der starke positive Effekt der Tarifbindung auf die Lohnhöhe von Mittelqualifizierten dazu, dass sich die Lohnungleichheit durch die Tarifbindung reduziert. Es konnte weiterhin gezeigt werden, dass es durch den technischen Fortschritt in Deutschland nicht zu einer Polarisierung der Löhne kommt.

Die Höhe der jeweiligen Regressionskoeffizienten macht allerdings auch deutlich, dass generell die Tarifbindung deutlich stärker auf die Löhne wirkt als der technische Fortschritt. Dies sollte bei generellen Debatten über mögliche Auswirkungen des technischen Fortschritts auf die Arbeitswelt berücksichtigt werden. Denn über die Veränderungen der Arbeitswelt durch noch ungeahnte technische Erneuerungen berichten Autoren über weitverbreitete Spekulationen (Eichhorst u. a. 2016:17). Diese sind auf ein hohes Maß an Ungewissheit zurückzuführen, die sich hinsichtlich möglicher Anpassungsmechanismen auf die Wirtschaft und die Gesellschaft ergeben. Die Digitalisierung als Bestandteil des technischen Fortschritts gilt für viele als unkontrollierte technische Entwicklung, der alle ausgeliefert sind und die zu Massenarbeitslosigkeit und sozialer Ungleichheit führen kann. Gleichzeitig werden allerdings auch hohe Erwartungen formuliert, wonach der technische Fortschritt neue Arbeitsbereiche schafft und den Wohlstand der Gesellschaft erhöht (Eichhorst u. a. 2016:18). Untersuchungen wie diese können dazu beitragen, die Debatte über den Einfluss des technischen Fortschritts auf die Arbeitswelt zu entemotionalisieren und empirisch valide Daten als Argumentationsgrundlage zu liefern. Es besteht weiterhin großer Forschungsbedarf, der an die hier vorgestellten Ergebnisse anknüpfen könnte.

So könnte bspw. angemerkt werden, dass die isolierte Betrachtung der Ungleichheit unter Beschäftigten zu kurz greift (Peichl und Stöckli 2018:18). Durch den Rückgang der Arbeitslosigkeit seit dem Jahr 2005 hat sich zwar die Bruttolohnungleichheit innerhalb der Beschäftigten erhöht, die Ungleichheit der Gesamtbevölkerung hat sich allerdings reduziert (Peichl und Stöckli 2018:18). Daher könnte mithilfe eines anderen Datensatzes (wie etwa dem SOEP) die gleiche Analyse wie in dieser Arbeit durchgeführt werden, allerdings unter Miteinbeziehung von nichterwerbstätigen Personen. Diese Ergebnisse könnten anschließend miteinander verglichen werden, um aufzuzeigen, wie sich der technische Fortschritt auf die Ungleichheit der gesamten Bevölkerung auswirkt. Der technische Fortschritt, aber vor allem auch die Tarifbindung setzen direkt bei den Löhnen der Beschäftigten an. Daher war es sinnvoll, ja sogar notwendig, erste Analysen bezüglich des Einflusses des technischen Fortschritts und der Tarifbindung auf die Lohnverteilung anhand von Beschäftigtendaten durchzuführen.

Weiterhin wurden Bruttolöhne in der Analyse herangezogen. Diese spiegeln mögliche Umverteilungsmechanismen des Staates nicht wider (Peichl und Stöckli 2018:19). Die gleiche Analyse könnte somit anstelle von Bruttolöhnen mit Nettolöhnen durchgeführt werden. Auch diese Ergebnisse könnten wiederum einander gegenüberstellt werden. Dennoch gilt anzumerken, dass sowohl der technische Fortschritt als auch die Tarifbindung direkt an den Markteinkommen ansetzen, was eine vorrangige Analyse der Bruttolöhne rechtfertigt. Es wird deutlich, dass noch einige Fragen offenbleiben und daher weiterer Forschungsbedarf besteht.

Die Ergebnisse dieser Arbeit geben einen Einblick in die wesentlichen Mechanismen, die auf die Ungleichheit wirken. Nur wenn die Mechanismen auf die Ungleichheit klar sind, können politische und gesellschaftliche Maßnahmen gegen eine Vergrößerung der Ungleichheit ergriffen werden. Auf diese soll im folgenden Abschnitt näher eingegangen werden.

6.2. Sozialpolitische Maßnahmen

Die hier durchgeführte Analyse hat gezeigt, dass die Lohnungleichheit in den letzten 20 Jahren kontinuierlich zugenommen hat. Die Zunahme der Lohnungleichheit ist vor allem auf die Entwicklung der Löhne an den Rändern der Verteilung zurückzuführen. Der stetig voranschreitende technische Fortschritt führt dazu, dass sich vor allem die Löhne im oberen Bereich der Verteilung erhöhen, was die Lohnungleichheit erhöht. Weiterhin sorgt der Rückgang der Tarifbindung dafür, dass vor allem Mittelqualifizierte weniger starke Lohnsteigerungen erfahren. So könnte die plakative Behauptung aufgestellt werden, dass sich durch eine Reduzierung des technischen Fortschritts und die Ausweitung der Tarifbindung die Lohnungleichheit wieder reduzieren könnte. Bei der Tarifbindung sollte dies sogar praktisch umsetzbar sein. Da der technische Fortschritt allerdings unabdingbar für den wirtschaftlichen Erfolg ist, stellt dessen Eindämmung keine Option dar. Vielmehr müssen durch die Sozialpartner und die Politik Maßnahmen ergriffen werden, die vor allem jenen förderlich sind, die nicht durch den technischen Fortschritt profitieren. Ausgewählte Maßnahmen[30] werden im Folgenden näher diskutiert.

Der Verteilungseffekt, der durch den technischen Fortschritt und die Tarifbindung entsteht, setzt bei den Markteinkommen an (Südekum 2018:21). Daher wurden alle Analysen bezüglich der Lohnungleichheit anhand des Bruttogehaltes durchgeführt. Der Fokus einer möglichen Umverteilung sollte vorrangig nicht auf den Steuer- und Sozialabgaben liegen, sondern auf der Primärverteilung der Markteinkommen. Daher werden im Folgenden nur Maßnahmen beschrieben, die direkt auf die Bruttolöhne wirken.

Eindämmung des Niedriglohnsektors und der atypischen Beschäftigung

Durch die empirische Analyse konnte gezeigt werden, dass vor allem Beschäftigte mit geringen Löhnen in den vergangenen 20 Jahren unterdurchschnittlich hohe Lohnsteigerungen erfahren haben. Hier gilt es in erster Linie die Löhne des Niedriglohnsektors zu stärken. Dies könnte bspw. durch eine überproportionale Erhöhung des Mindestlohns erreicht werden.

Ein flächendeckender Mindestlohn gilt in Deutschland seit dem 01. Januar 2015 mit einigen Übergangsregeln für gewisse Branchen bis zum Ende des Jahres 2017 (Horn u. a. 2017:22). Bei seiner Einführung lag der Mindestlohn bei 8,50 Euro. Aktuell liegt dieser bei 9,35 Euro (Bundesministerium für Arbeit und Soziales (BMAS) 2020). Wird der Medianlohn aller Vollzeitbeschäftigten zum Mindestlohn ins Verhältnis gesetzt, wird deutlich, dass der Mindestlohn in Deutschland im europäischen Durchschnitt eher gering ausfällt. Für das Jahr

---

30 In der Literatur werden hierzu einige politische Maßnahmen diskutiert, die dieser Entwicklung entgegenwirken sollen. Im Folgenden werden nur jene Maßnahmen herausgegriffen, die in direktem Bezug zu den beiden unabhängigen Variablen technischer Fortschritt und Tarifbindung stehen und dazu beitragen sollen, vor allem niedrige und mittlere Löhne zu stabilisieren bzw. zu erhöhen und hohe Löhne nicht weiter zu stärken bzw. auszubauen.

2017 liegt der Mindestlohn in Deutschland bei etwa 48 Prozent des Medianlohns. Damit liegt Deutschland im unteren Drittel des europäischen Vergleiches (Schulten und Lübker 2019:7).

Der Mindestlohn ermöglicht einer alleinstehenden Person ohne Kinder einen Nettolohn, der etwa dem Existenzminimum entspricht und der auch für den steuerlichen Grundfreibetrag Anwendung findet. Die gesetzliche Rente, die sich aus diesem Lohn ergibt, liegt allerdings unter dem Existenzminimum. Somit ist eine Person, die über ihre gesamte Erwerbskarriere den Mindestlohn bezieht, im Alter auf die Grundsicherung angewiesen (Horn u. a. 2017:23). Auch die ab 2021 geltende Grundrente wird an dieser Tatsache nur unwesentlich etwas ändern (Fechter u. a. 2019:847). Leben zusätzlich Kinder im Haushalt, wird die existenzsichernde Schwelle durch den Mindestlohn nicht erreicht (Horn u. a. 2017:23).

Um die aktuell vorhandene Lohnungleichheit zu reduzieren, wäre es sinnvoll, über einen gewissen Zeitraum Niedriglöhne stärker ansteigen zu lassen als die restlichen Löhne. Eignen würde sich dafür eine Anpassung des Mindestlohns, die alle zwei Jahre durch die Mindestlohnkommission erarbeitet wird. Diese orientiert sich aktuell an der Entwicklung eines Tarifindex. Über diesen könnte die Kommission einige Jahre hinausgehen und eine zusätzliche Erhöhung des Mindestlohns beschließen (Jürgens, Hoffmann, und Schildmann 2017:58). Weiterhin ist bekannt, dass vor allem atypisch Beschäftigte niedrigere Löhne als Beschäftigte mit einem Normalarbeitsverhältnis aufweisen. Ein besonderes Merkmal der atypischen Beschäftigung ist das Lohnrisiko. Die Entlohnung je Stunde ist bei dieser Beschäftigungsform zumeist wesentlich geringer als bei einem Normalarbeitsverhältnis. Weiterhin ist die Verhandlungsposition von atypisch Beschäftigten häufig sehr schlecht. All dies verursacht bei atypisch Beschäftigten ein geringeres Lohnwachstum als bei regulär Beschäftigten (Horn u. a. 2017:23).

Um atypische Beschäftigungsformen wie geringfügige Beschäftigung oder Leiharbeit zu reduzieren, sollten finanzielle Anreize für Arbeitgeber vermieden werden, sich für diese Beschäftigungsform zu entscheiden. Somit könnte erreicht werden, dass diese Beschäftigungsformen nicht mehr aufgrund des Lohnsatzes einem Normalarbeitsverhältnis vorgezogen werden, sondern nur noch aus Gründen der betrieblichen oder persönlichen Flexibilität (Horn u. a. 2017:23). Es wird zudem verhindert, dass die atypische Beschäftigung als Instrument für eine dämpfende Lohnentwicklung herangezogen wird. Weiterhin könnten Änderungen hinsichtlich der atypischen Beschäftigung dazu dienen, die Tarifautonomie dieser Beschäftigungsgruppe zu stärken. Dies könnte dem Ergebnis dieser Arbeit, dass Niedrigqualifizierte nicht durch eine Tarifbindung profitieren, entgegenwirken.

Es ist zum einen Aufgabe der Sozialpartner, atypische Beschäftigung zu reduzieren. Auch Arbeitgeber haben ein Interesse an tarifvertraglichen Regelungen, um sich von Lohndumping-Konkurrenten abzugrenzen. Weiterhin könnten sich Arbeitgeber dazu verpflichten, atypische Beschäftigungsformen nur noch aus Gründen der betrieblichen Flexibilität einzusetzen oder wenn es dem ausdrücklichen Wunsch des Beschäftigten entspricht. Zum anderen könnte die Bundesregierung unterstützend wirken, indem sie z.B. ein Verbot der sachgrundlosen Befristung beschließen würde (Horn u. a. 2017:24). Ein erster Schritt in diese Richtung wurde durch ein Urteil des Bundesarbeitsgerichtes unternommen, das im August 2019 entschied, dass Arbeitgeber die Vorbeschäftigung von Mitarbeitern künftig noch stärker berücksichtigen müssen. Somit ist eine sachgrundlose Befristung eines Mitarbeiters, der bereits seit acht Jahren im Unternehmen beschäftigt ist, unzulässig (Bundesarbeitsgericht 2019).

Sowohl die Anhebung des Mindestlohns als auch die Reduktion von atypischen Beschäftigungsformen können dazu beitragen, die Löhne am unteren Ende der Verteilung anzuheben und somit die Streuung der Löhne zu verringern und auch die Lohngleichheit zu reduzieren.

Stärkung der Tarifbindung

Tarifverträge stärken besonders die Lohnentwicklung von mittleren und geringen Löhnen, wobei die Analysen dieser Arbeit zeigen konnten, dass eher die Mittelqualifizierten durch Tarifverträge profitieren und weniger die Geringqualifizierten (Horn u. a. 2017:19). Auf der Basis von Tarifverträgen lassen sich spürbare Lohnsteigerungen für mittlere Löhne erzielen. Zudem verringern Tarifverträge die Kapitaleinkommen, wodurch sich die Spreizung der Löhne reduziert und die Lohnungleichheit weiter verringert wird (Horn u. a. 2017:19).

Die Tarifbindung und dessen Entwicklung hängt im Wesentlichen vom Organisationsgrad der Sozialpartner ab. Studien konnten zeigen, dass ein hoher gewerkschaftlicher Organisationsgrad mit einer geringeren Lohnungleichheit einhergeht (Jaumotte und Buitron 2015:11). Für Deutschland ist zu erkennen, dass der Organisationsgrad der Sozialpartner immer weiter abnimmt und sowohl Arbeitnehmer- als auch Arbeitgeberverbände rückläufige Mitgliederzahlen aufweisen (Horn u. a. 2017:19).

Das Tarifsystem könnte bspw. dadurch gestärkt werden, indem die Regelungen für die Allgemeinverbindlichkeitserklärung (AVE) nach dem Tarifvertragsgesetz erleichtert werden. Bisher dürfen Tarifverträge nur für allgemeinverbindlich erklärt werden, wenn beide Tarifparteien einen gemeinsamen Antrag einreichen (Horn u. a. 2017:19). Weiterhin muss ein paritätisch besetzter Tarifausschuss aus jeweils drei Arbeitgeberverbands- und Gewerkschaftsvertretern mehrheitlich für den Antrag stimmen. Außerdem muss ein öffentliches Interesse bestehen. Dies hat zur Folge, dass Arbeitgeber im Tarifausschuss ein Vetorecht haben, mit dem sie eine AVE blockieren können (Horn u. a. 2017:19). Eine AVE würde wahrscheinlich eher beschlossen werden, wenn ein einvernehmlicher Antrag vom Tarifausschuss nicht mit Mehrheit beschlossen, sondern nur mit Mehrheit abgelehnt werden könnte. Zusätzlich sollte von politischer Seite der Begriff des „öffentlichen Interesses" so präzisiert werden, dass das 50%-Kriterium nicht länger als Voraussetzungskriterium gilt (Horn u. a. 2017:19). Durch eine erhöhte Zahl an AVEs wären mehr Beschäftigte von einem Tarifvertrag betroffen. Diese könnten somit eine größere Wirkung erzielen und verstärkt gegen eine erhöhte Lohnungleichheit wirken.

Da die hier durchgeführte Analyse zeigen konnte, dass Niedrigqualifizierte nicht durch eine Tarifbindung profitieren, sollten Gewerkschaften überdenken, für welche Beschäftigungsgruppen Tarifverträge und vor allem zu welchen Konditionen verhandelt werden. Dabei sollten Gewerkschaftsvertreter nicht nur darauf achten, die Stammbelegschaft mit Tarifverträgen zu versorgen, sondern für alle Beschäftigungsgruppen Tarifverträge auszuhandeln. Somit könnten die Gewerkschaften ihre soziale Verantwortung gegenüber den Beschäftigten ausweiten. Denn nur wenn auch Beschäftigte aus dem Niedriglohnbereich von einer Tarifbindung profitieren, kann die bestehende Lohnungleichheit weiter reduziert werden.

Kapitalbeteiligungen

Generell liegen Unternehmensanteile nur bei wenigen Personen. Durch u.a. den voranschreitenden technischen Fortschritt steigt der Unternehmensgewinn und somit auch der Wert der Unternehmen (Südekum 2018:26). Diese Gewinnerhöhung schlägt sich jedoch häufig nicht in Lohnsteigerungen aller Beschäftigten nieder. In einigen Fällen profitieren auch nur wenige, häufig hoch qualifizierte Beschäftigte anhand von gewinnbezogenen Bonuszahlungen. Entscheidend für den Verteilungseffekt des technischen Fortschritts ist daher, wem die residualen Gewinneinkommen zufließen (Südekum 2018:27).

Durch Mitarbeiterbeteiligungen könnten diese residualen Gewinne an alle Beschäftigten eines Betriebes weitergegeben werden. Diese könnten bspw. so umgesetzt werden, dass Lohnbestandteile schrittweise durch Aktien ersetzt werden. Diese sollten allerdings mit Zuschüssen oder Förderungen einhergehen. So könnte den Mitarbeitern bspw. Zugang zu Vorzugsaktien am eigenen Unternehmen gewährt werden, oder es könnten Käufe von Marktportfolios zu vergünstigten Konditionen angeboten werden (Südekum 2018:27). Die neuen Mitarbeiter-Kapitalbeteiligungen könnten auch anhand von

Altersvorsorgemodellen konzipiert werden. Es sollte allerdings darauf geachtet werden, dass solche Modelle flächendeckend jedem Mitarbeiter eines Betriebes bereitgestellt werden. Erstrebenswert erscheint dieser Vorschlag vor allem hinsichtlich einer bereits langanhaltenden Phase ausbleibender Renditen klassischer Anlageformen (Eichhorst u. a. 2016:17).

Durch diese Art der Mitarbeiterbeteiligung wäre jeder Beschäftigte auch automatisch ein Teil der Miteigentümerschaft und hätte somit auch ein gesteigertes Interesse daran, den Gewinn des Unternehmens weiter auszubauen. Dies könnte somit dazu beitragen, die Produktivität der Mitarbeiter noch weiter zu steigern (Jürgens u. a. 2017:75). Die bisher zu diesem Thema diskutieren Beiträge lassen allerdings offen, was passieren soll, wenn die Unternehmensgewinne nicht kontinuierlich stiegen. An dieser Stelle besteht weiterer Diskussionsbedarf.

Generell könnten Kapitalbeteiligungen von Mitarbeitern dazu beitragen, dass alle Beschäftigten am Unternehmensgewinn beteiligt werden und nicht nur eine bestimmte Qualifikationsgruppe, was die Streuung der Löhne innerhalb des Betriebs reduzieren und somit die vorhandene Lohnungleichheit verringern könnte.

Förderung der Aufwärtsmobilität

Hinsichtlich der Einkommensmobilität ist keine positive Entwicklung der Aufstiegschancen zu erkennen. Dabei wäre die Situation auf dem Arbeitsmarkt mit einem Höchststand der Beschäftigung und einer immer weiter steigenden Zahl an offenen Stellen sehr günstig für eine steigende Aufwärtsmobilität (Klös und Niehues 2018:360). Um eine steigende Aufstiegs- und Einkommensmobilität zu erreichen, könnten Maßnahmen in der Bildungspolitik ergriffen werden. Es hat sich gezeigt, dass vor allem mittlere und hohe Bildungsabschlüsse vor einem Abstieg aus der Mittelschicht schützen (Klös und Niehues 2018:361).

Diese Abschlüsse können allerdings nur erreicht werden, wenn die richtigen Weichen im Elementar-, Primar- und Sekundarbereich gestellt werden. Um vor allem eine Verbesserung des unteren Lohnbereiches zu erzielen, sollte eine Stärkung der Ausbildungsreife vorangetrieben werden. Dies bedeutet auch, dass die Zahl der Schulabgänger ohne Schulabschluss minimiert werden sollte (Klös und Niehues 2018:631). Außerdem konnten Studien zeigen, dass vor allem der Schulerfolg abhängig vom sozioökonomischen Hintergrund der Kinder ist (Peichl und Stöckli 2018:21).

Die daraus resultierende Bildungsungleichheit hat auch Auswirkungen auf eine spätere Lohnungleichheit, da das Bildungsniveau eine entscheidende Einflussgröße auf den Lohn darstellt. Ein Augenmerk sollte daher auch auf die frühkindliche Bildung gelegt werden (Klös und Niehues 2018:361). Hierbei erscheint es vor allem entscheidend, das bestehende Betreuungsangebot qualitativ zu verbessern. Hierbei könnte es helfen, eine Definition eines verbindlichen und bundesweit geltenden Bildungsauftrags für Kindergarteneinrichtungen zu erarbeiten und umzusetzen. Weiterhin könnte der Ausbau von Ganztagesschulen vor allem hilfreich für den Schulerfolg von Kindern aus bildungsfernen Schichten und mit Migrationshintergrund sein (Klös und Niehues 2018:361).

Durch die hier aufgezeigten Maßnahmen im Bereich der Bildungspolitik könnte möglichen Bildungsungleichheiten entgegengewirkt werden, was auch einen Einfluss auf die spätere Lohnungleichheit hätte. Weiterhin würden Schulabgänger häufiger einen mittleren Schulabschluss erreichen, was eine Anstellung im Niedriglohnbereich minimieren würde.

Ausweitung der Aus- und Weiterbildung

Direkt verbunden mit den bildungspolitischen Maßnahmen im Primar- und frühkindlichen Bereich können Maßnahmen im Bereich der Aus- und Weiterbildung getroffen werden. Lehrpläne sollten so gestaltet werden, dass Schüler Kompetenzen in Bereichen erwerben, in denen Menschen einen komparativen Vorteil gegenüber Maschinen oder Computern haben (Südekum 2018:24). Hierzu zählen weniger Inhalte wie das Auswendiglernen, sondern mehr die Förderung der Kreativität oder die Ausweitung sozialer Interaktionen. Hierbei sollten sowohl die Überarbeitung der Lehrpläne der Schulen als auch der Ausbildungsinhalte von Berufsausbildungen in den Blick genommen werden. Zudem gilt aus ökonomischer Sicht, dass Investitionen im Schulbereich als besonders effektiv gelten, denn Investitionen in das Humankapital haben umso höhere Renditen, je früher diese getätigt werden (Südekum 2018:24).

Hinsichtlich der Berufsausbildung kann eine Höherqualifizierung der Berufsbilder dafür sorgen, dass diese insgesamt wissensintensiver werden. Wissensintensive Tätigkeiten werden durch den immer weiter voranschreitenden technischen Fortschritt zunehmend wichtiger und daher auch stärker auf dem Arbeitsmarkt nachgefragt (Eichhorst u. a. 2015:75). Beschäftigte mit einem mittleren Qualifikationsniveau sind häufig in Berufen tätig, die durch den technischen Fortschritt ersetzt werden. Im Extremfall droht solchen Beschäftigten ein Jobverlust. Ein Wiedereinstieg scheint zwar an anderer Stelle möglich, allerdings können diese Wechsel ggf. mit einer geringeren Bezahlung einhergehen (Südekum 2018:24).

Durch gezielte Weiterbildungsmaßnahmen können sowohl Mismatch-Probleme reduziert werden als auch eine Höherqualifizierung erreicht werden, was vor allem Beschäftigten aus dem mittleren Qualifikationsbereich helfen kann, eine Aufwertung ihrer Berufe zu ermöglichen und die Ersetzbarkeit durch Maschinen zu reduzieren (Eichhorst u. a. 2015:75). So sollten in Weiterbildungsmaßnahmen vor allem Fertigkeiten vermittelt werden, die im Zuge eines voranschreitenden technischen Fortschritts vorrangig benötigt werden.[31] Die Weiterbildungsmaßnahmen sollten im Idealfall frühzeitig getätigt werden, um mögliche Jobverluste zu vermeiden (Südekum 2018:24). Generell kann eine Umstrukturierung und Ausweitung von Aus- und Weiterbildungsmaßnahmen dazu beitragen, vor allem Löhne im mittleren Qualifikationsniveau zu sichern bzw. zu erhöhen, um somit einer steigenden Lohnungleichheit entgegenzuwirken.

Weiterhin könnte eine Reform von einer Arbeitslosenversicherung hin zu einer Arbeitsversicherung helfen, Weiterbildungsangebote im Lebensverlauf zu fördern. Hierbei sollen durch finanzielle Anreizstrukturen verstärkt Weiterbildungsmöglichkeiten für Erwerbspersonen geschaffen werden. Dadurch könnten langfristig die Elemente der aktivierenden Arbeitsmarktpolitik gestärkt werden. Eine solche Form der Arbeitsversicherung könnte dazu beitragen, dass Weiterbildungshemmnisse wie finanzielle Restriktionen bzw. eine zu hoch empfundene berufliche Belastung abgebaut werden können. Eine Untersuchung von Hans und anderen (2017) konnte zeigen, dass durch die Einführung einer solchen Versicherung, die Weiterbildungsbeteiligung um etwa 22 Prozent ansteigen würde (Hans, Hofmann, und Yollu-Tok 2017:31).

Die aufgezeigten sozialpolitischen Maßnahmen können dazu beitragen, die vorhandene Lohnungleichheit in Deutschland zu reduzieren. Es wird deutlich, dass an unterschiedlichsten Stellen angesetzt werden kann, um die Löhne nach Pikettys Worten „gerecht“ zu verteilen. Nach den Erkenntnissen aus dieser Studie ist es vor allem wichtig, die unteren und mittleren Löhne zu stärken, damit Beschäftigte aus diesen Bereichen ähnliche Wachstumsraten erreichen wie Beschäftigte am oberen Ende der Verteilung. Um nochmals auf das Eingangs formulierte Zitat zurückzukommen, hängt es von den Kräfteverhältnissen der ökonomischen, politischen und sozialen Akteure ab, welche Maßnahmen letztendlich umgesetzt werden.

---

31 Welche Fertigkeiten das im Einzelnen sind, wird an dieser Stelle nicht weiter ausgeführt. Eine Analyse der aktuell benötigten Fertigkeiten auf dem Arbeitsmarkt ist Stohr 2019 zu entnehmen.

Literatur

Acemoglu, Daron. 2002. „Technical Change, Inequality, and the Labor Market". *Journal of Economic Literature* 40(1):7–72.

Acemoglu, Daron, und David Autor. 2011. *Skills, Tasks and Technologies: Implications for Employment and Earnings. Working Paper*. 16082. National Bureau of Economic Research.

Acemoglu, Daron, und Pascual Restrepo. 2017. „Secular Stagnation? The Effect of Aging on Economic Growth in the Age of Automation". *American Economic Review* 107(5):174–79.

Addison, John T., Paulino Teixeira, und Thomas Zwick. 2006. *Works Councils and the Anatomy of Wages*. 06–086. Mannheim: ZEW.

Aghion, Philippe, Ufuk Akcigit, Antonin Bergeaud, Richard Blundell, und David Hemous. 2015. „Innovation and Top Income Inequality".

Albig, Hanne, Marius Clemens, Ferdinand Fichtner, Stefan Gebauer, Simon Junker, und Konstantin Kholodilin. 2016. „Zunehmende Ungleichheit verringert langfristig Wachstum". *gute Gesellschaft - soziale demokratie*.

Allmendinger, J., und A. Podsiadlowski. 2001. „Segregation in Organisationen und Arbeitsgruppen". S. 276–304 in *Geschlechtersoziologie, Kölner Zeitschrift für Soziologie und Sozialpsychologie*. Opladen: Westdeutscher Verlag.

Allmendinger, Jutta, Kathrin Leuze, und Jonna M. Blanck. 2008. *50 Jahre Geschlechtergerechtigkeit und Arbeitsmarkt*. 24–25.

Altonji, Joseph G., Lisa B. Kahn, und Jamin D. Speer. 2014. „Trends in Earnings Differentials across College Majors and the Changing Task Composition of Jobs". *American Economic Review* 104(5):387–93.

Antonczyk, Dirk, Thomas DeLeire, und Bernd Fitzenberger. 2010. „Polarization and Rising Wage Inequality: Comparing the U.S. and Germany". *IZA Discussion Paper* (4842).

Arbeitskreis Armutsforschung. 2017. *Erklärung zum Armutsbegriff*. 66(4).

Arntz, Melanie, Terry Gregory, Florian Lehmer, Britta Matthes, und Ulrich Zierahn. 2016. *Arbeitswelt 4.0 - Stand der Digitalisierung in Deutschland: Dienstleister haben die Nase vorn*. 22/2016. Nürnberg: Institut für Arbeitsmarkt- und Berufsforschung (IAB).

Arntz, Melanie, Terry Gregory, und Ulrich Zierahn. 2016. *The Risk of Automation for Jobs in OECD Countries: A Comparative Analysis. OECD Social, Employment and Migration Working Papers*. 189.

Arntz, Melanie, Terry Gregory, Ulrich Zierahn, Florian Lehmer, und Britta Matthes. 2018. *Digitalisierung und die Zukunft der Arbeit: Makroökonomische Auswirkungen auf Beschäftigung, Arbeitslosigkeit und Löhne von morgen. Research Report*. ZEW-Gutachten und Forschungsberichte.

Arrow, Kenneth J. 1971. *Theo Theorie of Discrimination*. 30A. Princeton: Industrial Relations Section Princeton University.

Astrov, Vasily, Mario Holzner, Sebastian Leitner, Isilda Mara, Leon Podkaminer, und Armon Rezai. 2018. *Die Lohnentwicklung in den mittel- und osteuropäischen Mitgliedsländern der EU*. 12. Wien: Wiener Institut für Internationale Wirtschaftsvergleiche.

Autor, David H. 2013. „The "Task Approach" to Labor Markets: An Overview". *Journal for Labour Market Research* 46(3):185–99.

Autor, David H., und David Dorn. 2013. „The Growth of Low-Skill Service Jobs and the Polarization of the US Labor Market". *American Economic Review* 103(5):1553–97.

Autor, David H., Lawrence F. Katz, und Melissa S. Kearney. 2008. „Trends in U.S. Wage Inequality: Revising the Revisionists". *The Review of Economics and Statistics* 90(2):300–323.

Autor, David H., Lawrence F. Katz, und Alan B. Krueger. 1998. „Computing Inequality: Have Computers Changed the Labor Market?" *The Quarterly Journal of Economics* 113(4):1169–1213.

Autor, David H., Frank Levy, und Richard J. Murnane. 2003. „The Skill Content of Recent Technological Change: An Empirical Exploration". *The Quarterly Journal of Economics* 118(4):1279–1333.

Baldwin, Richard. 1996. *The Economics of Technological Progress and Endogenous Growth in Open Economies*. Baden-Baden: Koopmann, G./ Scharrer, H.-E. (eds.).

Bartels, Charlotte. 2020. „Steigende Polarisierung der Markteinkommen". *ifo Schnelldienst* (2):9–12.

Baßeler, Ulrich, und Jürgen Heinrich. 2001. *Grundlagen und Probleme der Volkswirtschaft*. Stuttgart: Schäffer-Poeschel Verlag.

Baumgarten, Daniel. 2013. „Exporters and the rise in wage inequality: Evidence from German linked employer–employee data". *Journal of International Economics* 90(1):201–17.

Baumgarten, Daniel, Gabriel Felbermayr, und Sybille Lehwald. 2018. *Dissecting Between-Plant and Within-Plant Wage Dispersion - Evidence From Germany*. 125. München und Berlin: Ludwig-Maximilians-Universität München und Humboldt-Universität zu Berlin, Collaborative Research Center Transregio 190 - Rationality and Competition.

Baumol, William J. 1967. „Macroeconomics of Unbalanced Growth: The Anatomy of Urban Crisis". *The American Economic Review* 57(3):415–26.

Beaudry, Paul, David A. Green, und Benjamin M. Sand. 2013. *The Great Reversal in the Demand for Skill and Cognitive Tasks. Working Paper.* 18901. National Bureau of Economic Research.

Beaudry, Paul, David A. Green, und Benjamin M. Sand. 2014. „The Declining Fortunes of the Young since 2000". *American Economic Review* 104(5):381–86.

Bechmann, Sebastian, Vera Dahms, Agnes Fischer, Marek Frei, Ute Leber, und Iris Möller. 2011. *Beschäftigung, Arbeit und Unternehmertum in deutschen Kleinbetrieben: Ergebnisse aus dem IABBetriebspanel 2010.* 07. Nürnberg: Institut für Arbeitsmarkt- und Berufsforschung (IAB).

Becker, Gary S. 1964. *Human Capital: A Theoretical and Empirical Analysis, with Special Reference to Education.* New York: Columbia University Press.

Becker, Gary S. 1971. *The Economics of Discrimination.* 2. Aufl. Chicago und London: The University of Chicago Press.

Behringer, Jan, Thomas Theobald, und Till van Treeck. 2016. „Ungleichheit und makroökonomische Instabilität". *gute Gesellschaft - soziale demokratie* 40.

Ben-Porath, Yoram. 1967. „The Production of Human Capital and the Life Cycle of Earnings". *Journal of Political Economy* 75.

Berger, Marius, Josefine Diekhof, Thorsten Doherr, Sandra Gottschalk, Martin Hud, Mila Köhler, Christian Rammer, Henning Kroll, Peter Neuhäusler, Patricia Helmich, Jan-Philipp Kramer, Friedmann Kroll, Adriana Cruz, Janosch Nellen, Moritz Schrapers, und Caroline Winkelmann. 2019. *Analysen zum Innovationsstandort Sachsen.* Dresden: Staatsministerium für Wirtschaft, Arbeit und Verkehr des Freistaates Sachsen (SMWA).

Berthold, Norbert, und Eric Thode. 1998. „Globalisierung - Drohendes Unheil oder schöpferische Kraft für den Sozialstaat?" S. 319–60 in *Ökonomische Theorie der Sozialpolitik: Bernhard Külp zum 65. Geburtstag*, herausgegeben von E. Knappe und N. Berthold. Heidelberg: Physica-Verlag HD.

Beznoska, Martin, Ralph Henger, Tobias Hentze, Hans-Peter Klös, Hagen Lesch, Judith Niehues, Jochen Pimpertz, Axel Plünnecke, Holger Schäfer, Jörg Schmidt, Christoph Schröder, Michael Voigtländer, und Dirk Werner. 2016. „Faktencheck Gerechtigkeit und Verteilung: eine empirische Überprüfung wichtiger Stereotype". *IW-Report* 29:1–61.

Biewen, Martin, und Matthias Seckler. 2019. „Unions, Internationalization, Tasks, Firms, and Worker Characteristics: A Detailed Decomposition Analysis of Rising Wage Inequality in Germany". *The Journal of Economic Inequality* 17(4):461–98.

Binder, Jan, und Barbara Schwengler. 2006. *Korrekturverfahren zur Berechnung der Einkommen über der Beitragsbemessungsgrenze. IAB Discussion Paper*. Nürnberg: IAB.

Bispinck, Reinhard. 2007. *Löhne, Tarifverhandlungen und Tarifsystem in Deutschland 1995 - 2005*. 150. Düsseldorf: Hans-Böckler-Stiftung.

Blanchard, Olivier, und Gerhard Illing. 2004. *Makroökonomie*. 3. Auflage. München: Pearson Studium.

Blechinger, Doris, Alfred Kleinknecht, Georg Licht, und Friedhelm Pfeiffer. 1998. *The Impact of Innovation on Employment in Europe: An Analysis Using CIS Data. Research Report*. 98–02. ZEW-Dokumentation.

Blechinger, Doris, und Friedhelm Pfeiffer. 1998. *Qualifikation, Beschäftigung und technischer Fortschritt - Weitere empirische Evidenz mit den Daten des Mannheimer Innovationspanels. Working Paper*. 98–04. ZEW Discussion Papers.

Blossfeld, Hans-Peter, Sandra Buchholz, Dirk Hofäcker, Heather Hofmeister, Karin Kurz, und Melinda Mills. 2007. „Globalisierung und die Veränderung sozialer Ungleichheiten in modernen Gesellschaften". *KZfSS Kölner Zeitschrift für Soziologie und Sozialpsychologie* 59(4):667–91.

Boeri, Tito, und Jan van Ours. 2013. *The Economics of Imperfect Labor Markets: Second Edition*. REV-Revised, 2. Princeton University Press.

Bogai, Dieter. 1996. „Wachstum, Beschäftigung und haushaltsbezogene Dienstleistungen". *Mitteilungen aus der Arbeitsmarkt- und Berufsforschung* 2:12.

Boll, Christina, Malte Jahn, Andreas Lagemann, und Johannes Puckelwald. 2016. „Dauerhaft ungleich – berufsspezifische Lebenserwerbseinkommen von Frauen und Männern in Deutschland". *HWWI Policy Paper* 158.

Bonin, Holger, Terry Gregory, und Ulrich Zierahn. 2015. *Übertragung der Studie von Frey/Osborne (2013) auf Deutschland*. 57. Mannheim: ZEW.

Börsch-Supan, Axel, Tabea Bucher-Koenen, und Michael Ziegelmeyer. 2009. *Deutsche Privathaushalte in der Finanz- und Wirtschaftskrise - Betroffenheit und Reaktionen*. 10. Mannheim: Mannheim Research Institute for the Economics of Aging.

Bosch, Gerhard. 2008. „Auflösung des deutschen Tarifsystems". *Wirtschaftsdienst* 16–20.

Bosch, Gerhard, und Claudia Weinkopf. 2012. „Mindestlöhne, Tariflöhne und Lohnungleichheit". S. 221–38 in *Sozialpolitik und Sozialstaat: Festschrift für Gerhard Bäcker*.

Bossler, Mario, Bernd Fitzenberger, und Arnim Seidlitz. 2020. „Neues zur Lohnungleichheit in Deutschland". *ifo Schnelldienst* (2):12–16.

Bossler, Mario, und Thorsten Schank. 2020. *Wage Inequality in Germany after the Minimum Wage Introduction*. 13003. Nürnberg: Institute of Labor Economics.

Bothfeld, Silke, Werner Sesselmeier, und Claudia Bogedan, Hrsg. 2012. *Arbeitsmarktpolitik in der sozialen Marktwirtschaft: Vom Arbeitsförderungsgesetz zum Sozialgesetzbuch II und III*. 2. Aufl. VS Verlag für Sozialwissenschaften.

Brandl, Bernd. 2010. „Die positiven Auswirkungen der Tarifbindung". *WISO* 33(4):80–91.

Breau, Sébastien, Dieter F. Kogler, und Kenyon C. Bolton. 2014. „On the Relationship between Innovation and Wage Inequality: New Evidence from Canadian Cities". *Economic Geography* 90(4):351–73.

Brüderl, Josef. 2010. „Kausalanalyse mit Paneldaten". S. 963–94 in *Handbuch der sozialwissenschaftlichen Datenanalyse*, herausgegeben von C. Wolf und H. Best. Wiesbaden: VS Verlag für Sozialwissenschaften.

Brynjolfsson, Erik, und Andrew McAfee. 2015. *The second machine age: wie die nächste digitale Revolution unser aller Leben verändern wird*. 2. Auflage. Kulmbach: Börsenmedien AG.

Bundesagentur für Arbeit. 2011. *Klassifikation der Berufe 2010. Band 1: Systematischer und alphabetischer Teil mit Erklärungen*. Nürnberg.

Bundesarbeitsgericht. 2019. „BAG – 7 AZR 452/17 (Urteil zur sachgrundlosen Befristung)". Abgerufen 15. Mai 2020 (https://www.bag-urteil.com/21-08-2019-7-azr-452-17/).

Bundesfinanzministerium. 2019. „Übersicht zu Euro-Umrechnung". *Bundesministerium der Finanzen*. Abgerufen 25. November 2019 (https://www.bundesfinanzministerium.de/Content/DE/Downloads/Europa/uebersicht-euro-umrechnung.html?_blob=publicationFile&v=3).

Bundesministerium für Arbeit und Soziales (BMAS). 2020. „Mindestlohn". Abgerufen 25. Februar 2020 (https://www.bmas.de/DE/Themen/Arbeitsrecht/Mindestlohn/mindestlohn.html).

Bundesministerium für Justiz und Verbraucherschutz. o. J. „TVG - Tarifvertragsgesetz". Abgerufen 10. Januar 2020 (https://www.gesetze-im-internet.de/tvg/BJNR700550949.html).

Bundesministerium für Wirtschaft und Energie (BMWi). 2018. *Monitoring-Report Wirtschaft DIGITAL 2018 – Wirtschaftsindex DIGITAL*. Berlin.

Bundesverfassungsgericht, 1 Senat. 2019. „Bundesverfassungsgericht - Entscheidungen - Sanktionen zur Durchsetzung von Mitwirkungspflichten bei Bezug von Arbeitslosengeld II teilweise verfassungswidrig". Abgerufen 20. November 2019 (https://www.bundesverfassungsgericht.de/SharedDocs/Entscheidungen/DE/2019/11/ls20191105_1bvl000716.html).

Burauel, Patrick, Markus Grabka, Carsten Schröder, Marco Caliendo, Cosima Obst, und Malte Preuss. 2018. *Auswirkungen des gesetzlichen Mindestlohns auf die Lohnstruktur*. Berlin: Mindestlohnkommission.

Burzan, Nicole. 2011. *Soziale Ungleichheit: Eine Einführung in Die Zentralen Theorien*. 4. Aufl. VS Verlag für Sozialwissenschaften.

Card, David, Jörg Heining, und Patrick Kline. 2013. „Workplace Heterogeneity and the Rise of West German Wage Inequality". *The Quarterly Journal of Economics* 128(3):967–1015.

Corsten, Hans, und Ralf Gössinger. 2009. *Produktionswirtschaft: Einführung in das industrielle Produktionsmanagement*. Oldenbourg.

Dauth, Wolfgang. 2014. *Job polarization on local labor markets. IAB Discussion Paper*. 201418. Institut für Arbeitsmarkt- und Berufsforschung (IAB).

Dauth, Wolfgang, Sebastian Findeisen, Jens Suedekum, und Nicole Woessner. 2017. „German Robots – The Impact of Industrial Robots on Workers". *IAB-Discussion Paper* (30):64.

Dauth, Wolfgang, Sebastian Findeisen, Jens Suedekum, und Nicole Woessner. 2018. „Adjusting to Robots: Worker-Level Evidence".

David, Paul. 1990. „The Dynamo and the Computer: An Historical Perspective on the Modern Productivity Paradox". *American Economic Review* 80(2):355–61.

Dengler, Katharina, und Britta Matthes. 2015. *Folgen der Digitalisierung für die Arbeitswelt: Substituierbarkeitspotenziale von Berufen in Deutschland*. Nürnberg: Institut für Arbeitsmarkt- und Berufsforschung (IAB).

Dengler, Katharina, und Britta Matthes. 2018. „Substituierbarkeitspotenziale von Berufen: Wenige Berufsbilder halten mit der Digitalisierung Schritt". *IAB-Kurzbericht* (04/2018).

Diekmann, Andreas, Henriette Engelhardt, und Peter Hartmann. 1993. „Einkommensungleichheit in der Bundesrepublik Deutschland: Diskriminierung von Frauen und Ausländern?" *Mitteilungen aus der Arbeitsmarkt- und Berufsforschung* 26.

DiNardo, John E., und Jorn-Steffen Pischke. 1997. „The Returns to Computer Use Revisited: Have Pencils Changed the Wage Structure Too?" *The Quarterly Journal of Economics* 112(1):291–303.

Dingeldey, Irene, Tim Schröder, und Till Kathmann. 2015. „Zum Zusammenhang von prekären Beschäftigungsbedingungen und Interessenvertretung im Dienstleistungssektor". *Industrielle Beziehungen. Zeitschrift für Arbeit, Organisation und Management* 22(3/4).

Dustmann, Christian, Johannes Ludsteck, und Uta Schönberg. 2009. „Revisiting the German Wage Structure". *The Quarterly Journal of Economics* 124(2):843–81.

Eichhorst, Werner, Patrick Arni, Florian Buhlmann, Ingo Isphording, und Verena Tobsch. 2015. „Wandel der Beschäftigung: Polarisierungstendenzen auf dem deutschen Arbeitsmarkt". IZA Research Report No. 68:86.

Eichhorst, Werner, Holger Hinte, Ulf Rinne, und Verena Tobsch. 2016. „Digitalisierung und Arbeitsmarkt: Aktuelle Entwicklungen und sozialpolitische Herausforderungen". *Zeitschrift für Sozialreform* 62(4).

Eichhorst, Werner, Paul Marx, und Eric Thode. 2009. *Arbeitsmarkt und Beschäftigung in Deutschland 2000–2009*. 22. Gütersloh: Bertelsmann Stiftung.

Eichhorst, Werner, Paul Marx, und Eric Thode. 2010. *Atypische Beschäftigung und Niedriglohnarbeit. Benchmarking Deutschland: Befristete und geringfügige Tätigkeiten, Zeitarbeit und Niedriglohnbeschäftigung*. 1. Auflage. Gütersloh: Bertelsmann Stiftung.

Ellguth, Peter, und Susanne Kohaut. 2016. *Tarifbindung und betriebliche Interessenvertretung: Ergebnisse aus dem IAB-Betriebspanel 2015*. 04. Düsseldorf: Hans-Böckler-Stiftung.

Ellguth, Peter, und Susanne Kohaut. 2019. „Tarifbindung und betriebliche Interessenvertretung: Ergebnisse aus dem IAB-Betriebspanel 2018". *WSI-Mitteilungen* 290–97.

Erdmann, G. 1993. *Elemente einer evolutorischen Innovationstheorie*. Tübingen: J.C.B. Morh.

Esser, Josef. 2003. „Funktion und Funktionswandel der Gewerkschaften in Deutschland". S. 65–85 in *Die Gewerkschaften in Politik und Gesellschaft der Bundesrepublik Deutschland*, herausgegeben von W. Schroeder und B. Weßels. Wiesbaden: VS Verlag für Sozialwissenschaften.

Faber, Malte, und John L. R. Proops. 1993. *Evolution, Time, Production and the Environment*. 2. Aufl. Berlin Heidelberg: Springer-Verlag.

Fechter, Charlotte, Marlene Haupt, Sandra Hofmann, Andrea Laukhuf, Werner Sesselmeier, Sabrina Spies, und Aysel Yollu-Tok. 2019. „Kompromiss zur Grundrente: Wer profitiert? - Wirtschaftsdienst". *Zeitschrift für Wirtschaftspolitik* 99(12):843–48.

Felbermayr, Gabriel, Michele Battisti, und Sybille Lehwald. 2016. *Einkommensungleichheit in Deutschland, Teil 1: Gibt es eine Trendumkehr?* 69(13). München.

Felbermayr, Gabriel, Daniel Baumgarten, und Sybille Lehwald. 2014. *Wachsende Lohnungleichheit in Deutschland. Welche Rolle spielt der internationale Handel?* Gütersloh: Bertelsmann Stiftung.

Felbermayr, Gabriel, und Sybille Lehwald. 2015. „Tarifbindung im Einzelhandel: Trends und Lohneffekte". *ifo Schnelldienst* 68(11):33–40.

Feld, Lars, und Christoph Schmidt. 2016. „Jenseits der schrillen Töne". *Perspektiven der Wirtschaftspolitik* 17(2):188–205.

Fernández-Macías, Enrique, und John Hurley. 2014. *European Jobs Monitor 2014: Drivers of Recent Job Polarisation and Upgrading in Europe.*

Ferschli, Benjamin, Miriam Rehm, Matthias Schnetzer, und Stella Zilian. 2019. *Marktmacht, Finanzialisierung, Ungleichheit. Wie die Digitalisierung die deutsche Wirtschaft verändert.* Bonn: Friedrich-Ebert-Stiftung.

Firpo, Sergio, Nicole M. Fortin, und Thomas Lemieux. 2009. „Unconditional Quantile Regressions". *Econometrica* 77(3):953–73.

Fischer, Gabriele, Florian Janik, Dana Müller, und Alexandra Schmucker. 2008. „The IAB Establishment Panel – from Sample to Survey to Projection". (01):38.

Fitzenberger, Bernd. 1997. „Außenhandel, technischer Fortschritt und Arbeitsmarkt in Westdeutschland von 1975 bis 1990". *Mitteilungen aus der Arbeitsmarkt- und Berufsforschung* 12.

Fitzenberger, Bernd. 2012. „Expertise zur Entwicklung der Lohnungleichheit in Deutschland". *Arbeitspapier des statistischen Bundesamtes* (4):77.

Fitzenberger, Bernd, und Karsten Kohn. 2005. „Gleicher Lohn für gleiche Arbeit?" (06).

Fitzenberger, Bernd, und Gaby Wunderlich. 2000. *Gender Wage Differences in West Germany: A Cohort Analysis*. 00–48. Mannheim.

Franz, Wolfgang, und Friedhelm Pfeiffer. 2001. *Tarifbindung und die ökonomische Rationalität von Lohnrigiditäten*. 01. Mannheim: Zentrum für europäische Wirtschaftsforschung.

Fratzscher, Marcel. 2016. *Verteilungskampf: Warum Deutschland immer ungleicher wird*. München: Carl Hanser Verlag GmbH & Co. KG.

Freeman, Christopher, und Carlota Perez. 1988. „Structural Crisis of Adjustment, Business Cycles and Investment Behaviour". S. 38–66 in *Technical Change and Economic Theory*. London, New York: Pinter Publishers.

Freeman, Richard B. 1982. „Union Wage Practices and Wage Dispersion within Establishments". *Industrial and Labor Relations Review* 36(1):3–21.

Frey, Carl Benedikt, und Michael A. Osborne. 2017. „The future of employment: How susceptible are jobs to computerisation?" *Technological Forecasting and Social Change* 114:254–80.

Friedman, Milton. 2017. *Price Theory*. Routledge.

Fritsch, Nina-Sophie, Roland Teitzer, und Roland Verwiebe. 2014. „Arbeitsmarktflexibilisierung und wachsende Niedriglohnbeschäftigung in Österreich: Eine

Analyse von Risikogruppen und zeitlichen Veränderungen". *Österreichische Zeitschrift für Soziologie* 39(2):91–110.

Fuest, Clemens, Florian Neumeier, und Daniel Stöhlker. 2018. *Ungleichheit und Wirtschaftswachstum: Warum OECD und IWF falsch liegen*. 10. München.

Gabler Wirtschaftslexikon. o. J. „technischer Fortschritt • Definition". Abgerufen 7. Februar 2019 (https://wirtschaftslexikon.gabler.de/definition/technischer-fortschritt-50317).

Gartner, Hermann. 2004. „Die Imputation von Löhnen oberhalb der Beitragsbemessungsgrenze in der IAB-Beschäftigten-Stichprobe". *Methodenreport* 4.

Giesecke, Johannes, und Roland Verwiebe. 2008. „Die Zunahme der Lohnungleichheit in der Bundesrepublik". *Zeitschrift für Soziologie* 37(5):403–422.

Giesecke, Johannes, und Roland Verwiebe. 2009. „The Changing Wage Distribution in Germany between 1985 and 2006". *Schmollers Jahrbuch: Journal of Applied Social Science Studies / Zeitschrift Für Wirtschafts- Und Sozialwissenschaften* 129(2):191–201.

Goebel, Jan, und Peter Krause. 2007. „Gestiegene Einkommensungleichheit in Deutschland". *Wirtschaftsdienst* 87(12):824–32.

Goos, Maarten, Alan Manning, und Anna Salomons. 2009. „Job Polarization in Europe". *American Economic Review* 99(2):58–63.

Goos, Maarten, Alan Manning, und Anna Salomons. 2014. „Explaining Job Polarization: Routine-Biased Technological Change and Offshoring". *American Economic Review* 104(8):2509–26.

Gordon, Robert J. 2012. *Is U.S. Economic Growth Over? Faltering Innovation Confronts the Six Headwinds. Working Paper*. 18315. National Bureau of Economic Research.

Gordon, Robert J. 2016. *The Rise and Fall of American Growth*. Princeton und Oxford: Princeton University Press.

Gottschall, Karin. 2013. *Soziale Ungleichheit und Geschlecht: Kontinuitäten und Brüche, Sackgassen und Erkenntnispotentiale im deutschen soziologischen Diskurs*. Wiesbaden: Springer-Verlag.

Grabka, Markus M., Jan Goebel, und Stefan Liebig. 2019. *Wiederanstieg der Einkommensungleichheit – aber auch deutlich steigende Realeinkommen. Text*. 19. Berlin.

Gries, Stefan Th. 2012. „Statistische Modellierung". *Zeitschrift für germanistische Linguistik* 40(1):38–67.

Gundlach, Erich. 1993. *Die Dienstleistungsnachfrage als Determinante des wirtschaftlichen Strukturwandels*. Tübingen: J.C.B. Mohr (P. Siebeck).

Gundlach, Erich. 2002. „Robert M. Solow (*1924): Wachstumstheorie und Entwicklung". *Entwicklung und Zusammenarbeit* 43(5):152–55.

Guthardt, Helmut. 1987. „Auswirkungen moderner Informations- und Kommunikationstechnologien auf die Entwicklung und die Struktur der Beschaftigung im deutschen Bankgewerbe". S. 400–411 in *Technologie, Wachstum und Beschäftigung*. Berlin, Heidelberg: Springer.

Hadler, Markus. 2005. „Determinanten des Individualeinkommens abhängig Erwerbstätiger in Österreich. Ein Vergleich von 1986, 1993 und 2004". 17.

Hall, Bronwyn H., Christian Helmers, Mark Rogers, und Vania Sena. 2013. *The Importance (or not) of Patents to UK Firms. Working Paper*. 19089. National Bureau of Economic Research.

Hans, Jan Phillip, Sandra Hofmann, Werner Sesselmeier und Aysel Yollu-Tok. 2017. *Arbeitsversicherung – Ausgangssituation und Reformbedarf*. Bonn: Friedrich-Ebert-Stiftung.

Hassel, Anke, und Christof Schiller. 2010a. *Der Fall Hartz IV: Wie es zur Agenda 2010 kam und wie es weitergeht*. Campus Verlag.

Hassel, Anke, und Christof Schiller. 2010b. *Die politische Dynamik von Arbeitsmarktreformen in Deutschland am Beispiel der Hartz IV-Reform. Abschlussbericht*. Düsseldorf: Hans-Böckler-Stiftung.

Haupt, Andreas. 2014. *Steigende Lohnungleichheit in Deutschland. Eine berufsspezifische Perspektive*. Institut für Soziologie-, Medien- und Kulturwissenschaft (ISMK).

Hegelich, Simon, David Knollmann, und Johanna Kuhlmann. 2011. *Agenda 2010*. herausgegeben von S. Hegelich, D. Knollmann, und J. Kuhlmann. Wiesbaden: VS Verlag für Sozialwissenschaften.

Heger, Diana. 2008. „Konjunkturbedingte Schwankungen bei Innovationsaktivitäten?" *ZEW Wachstums- und Konjunkturanalysen* 11(2):8–9.

Henderson, Hubert, D. 1937. „Angebot und Nachfrage". *Zeitschrift für Nationalökonomie* 8(2).

Herrlinger, Dagmar, und Holger Alda. 2005. *LIAB-Datenhandbuch*. 7. Nürnberg.

Herzog-Stein, Alexander, Birgit Friedrich, Werner Sesselmeier, und Ulrike Stein. 2017. *Wachstum und Produktivität im Gegenwind: Eine Analyse der Argumente Robert Gordons im Spiegel der deutschen Produktivitätsschwäche. Research Report*. 124. IMK Report.

Hildmann, Gabriele. 1997. „Makroökonomische Ex-ante-Analyse: Der Gütermarkt". S. 46–79 in *Makroökonomie: Intensivtraining, MLP Repetitorium: Repetitorium Wirtschaftswissenschaften*, herausgegeben von G. Hildmann. Wiesbaden: Gabler Verlag.

Horn, Gustav A., Jan Behringer, Sebastian Gechert, Katja Rietzler, und Ulrike Stein. 2017. *Was tun gegen die Ungleichheit?* 12. Düsseldorf: IMK.

Horn, Gustav A., und Camille Logeay. 2008. „Gibt es eine Reformdividende? Eine vorläufige Bilanz der Arbeitsmarktreformen". *Wirtschaftsdienst* 88(3):160–65.

Hradil, Stefan, und Jürgen Schiener. 2001. *Soziale Ungleichheit in Deutschland*. Springer-Verlag.

Hubert, Tobias, und Christof Wolf. 2007. *Determinanten Und Einkommenseffekte Beruflicher Weiterbildung. Eine Analyse Mit Daten Des Mikrozensus 1993, 1998 Und 2003. SSRN Scholarly Paper*. ID 1466780. Rochester, NY: Social Science Research Network.

Janisch, Wolfgang. 2019. „Hartz IV: Das Urteil ist ein Aufrag zur Reform". *Süddeutsche.de*. Abgerufen 20. November 2019 (https://www.sueddeutsche.de/wirtschaft/hartz-iv-hartz-4-urteil-bundesverfassungsgericht-1.4668601).

Jann, Ben. 2005. *Einführung in die Statistik*. 2. Auflage. Oldenbourg: Oldenbourg Wissenschaftsverlag.

Jannsen, Nils, und Galina Potjagailo. 2016. *Die Wirkung von Unsicherheit in den Abnehmerländern auf die deutschen Ausfuhren*. 2016.6. Kiel: Institut für Weltwirtschaft (IfW).

Jaumotte, Florence, und Carolina Osorio Buitron. 2015. „Inequality and Labor Market Institutions". *IMF Staff Discussion Note* (15/14):31.

Jürgens, Kerstin, Reiner Hoffmann, und Christina Schildmann. 2017. *Arbeit transformieren: Denkanstöße der Kommission »Arbeit der Zukunft«*. Bielefeld: transcript Verlag.

Kalter, Frank, und Nadia Granato. 2001. „Die Persistenz ethnischer Ungleichheit auf dem deutschen Arbeitsmarkt: Diskriminierung oder Unterinvestition in Humankapital?" *Kölner Zeitschrift für Soziologie und Sozialpsychologie* 53:497–520.

Katz, Lawrence F., und Kevin M. Murphy. 1992. „Changes in Relative Wages, 1963–1987: Supply and Demand Factors". *The Quarterly Journal of Economics* 107(1):35–78.

Klauder, Wolfgang. 1986. „Technischer Fortschritt Und Beschäftigung: Zum Zusammenhang von Technik, Strukturwandel, Wachstum Und Beschäftigung". *Mitteilungen aus der Arbeitsmarkt- und Berufsforschung* 19(1):1–19.

Kleinert, Jörn, Axel Schimmelpfennig, Klaus Schrader, und Jürgen Stehn. 2000. *Globalisierung, Strukturwandel und Beschäftigung*. 308. Tübingen.

Klös, Hans-Peter, und Judith Niehues. 2018. „Soziale Ungleichheit in Deutschland: Befunde und wichtigste Handlungsfelder". *Sozialer Fortschritt* 67(5):349–67.

Knuth, Matthias, und Petra Kaps. 2014. *Arbeitsmarktreformen und „Beschäftigungswunder“ in Deutschland.* 3. Düsseldorf.

Kohaut, Susanne. 2008. *Branchentarifvertrag - Neu gegründete Betriebe sind seltener tarifgebunden.* 16. Nürnberg: Institut für Arbeitsmarkt- und Berufsforschung (IAB).

Kohaut, Susanne. 2018. „Tarifbindung – der Abwärtstrend hält an“. *IAB-Forum.* Abgerufen 5. Februar 2020 (https://www.iab-forum.de/tarifbindung-der-abwaertstrend-haelt-an/).

Köhler, Christoph, Werner Sesselmeier, und Olaf Struck. 2015. „Der Einfluss industrieller Beziehungen auf die Arbeitsmarktstruktur. Ein Essay“. *Industrielle Beziehungen. Zeitschrift für Arbeit, Organisation und Management* 22(3/4).

Koschel, Henrike, und Tobias F. N. Schmidt. 1997. „Technologischer Wandel in AGE-Modellen: Stand der Forschung, Entwicklungsstand und -potential des GEM-E3-Modells“. *ZEW-Dokumentation.* Abgerufen 5. April 2019 (https://ub-madoc.bib.uni-mannheim.de/43728).

Krämer, Hagen. 2017. *Digitalisierung, Monopolbildung und wirtschaftliche Ungleichheit.* Leibniz-Informationszentrum Wirtschaft.

Kreckel, Reinhard. 1983. *Soziale Ungleichheiten.* Bd. Sonderband 2. Göttingen: Otto Schwartz.

Kritikos, Alexander S., Marian Hafenstein, und Alexander Schiersch. 2017. *Auch kleinste Betriebe stoßen erfolgreich Innovationen an, sie tun es nur seltener.* 32. Berlin: Deutsches Institut für Wirtschaftsforschung.

Krueger, Alan B. 1993. „How Computers Have Changed the Wage Structure: Evidence from Microdata, 1984–1989“. *The Quarterly Journal of Economics* 108(1):33–60.

Krusell, Per, Lee E. Ohanian, José-Víctor Ríos-Rull, und Giovanni L. Violante. 2000. „Capital-Skill Complementarity and Inequality: A Macroeconomic Analysis“. *Econometrica* 68(5):1029–53.

Kügler, Alice, Uta Schönberg, und Ragnhild Schreiner. 2018. *Productivity Growth, Wage Growth and Unions.* Sintra: European Central Bank.

Kurz, Heinz D. 2017. „Auf der Schwelle zur ‚Vierten Industriellen Revolution‘“. *Wirtschaftsdienst* 97(11):785–92.

Lachenmaier, Stefan, und Horst Rottmann. 2011. „Effects of innovation on employment: A dynamic panel analysis“. *International Journal of Industrial Organization* 29(2):210–20.

Leber, Ute. 2000. „Finanzierung der betrieblichen Weiterbildung und die Absicherung ihrer Erträge. Eine theoretische und empirische Analyse mit den

Daten des IAB-Betriebspanels 1999“. *Mitteilungen aus der Arbeitsmarkt- und Berufsforschung* 33(2):229–41.

Liebeskind, Uta. 2004. „Arbeitsmarktsegregation und Einkommen“. *KZfSS Kölner Zeitschrift für Soziologie und Sozialpsychologie* 56(4):630–52.

Lindbeck, Assar, und Dennis J. Snower. 1989. *The Insider-Outsider Theory of Employment and Unemployment*. Cambridge: MIT Press.

Lindbeck, Assar, und Dennis J. Snower. 2001. „Insiders versus Outsiders“. *The Journal of Economic Perspectives* 15(1):165–88.

Lindbeck, Assar, und Dennis J. Snower. 2002. *The Insider-Outsider Theory: A Survey*. 534.

Logeay, Camille, und Rudolf Zwiener. 2008. *Deutliche Realeinkommensverluste für Arbeitnehmer: Die neue Dimension eines Aufschwungs*. 8. Düsseldorf.

Lösche, Peter. 1995. „Gewerkschaften“. S. 220–27 in *Wörterbuch Staat und Politik*. Bonn: Bundeszentrale für politische Bildung.

Lucas, Robert E. 1988. „On the mechanics of economic development“. *Journal of Monetary Economics* 22(1):3–42.

Machin, Stephen, und John Van Reenen. 1998. „Technology and Changes in Skill Structure: Evidence from Seven OECD Countries“. *The Quarterly Journal of Economics* 113(4):1215–44.

Mankiw, Gregory N. 2014. *Principles of Macroeconomics*. Cengage Learning.

Matthes, Jürgen. 2007. *Weltkrieg um Wohlstand und pathologischer Exportboom? warum Deutschland auch weiterhin von der Globalisierung profitiert*. Köln: Dt. Inst.-Verl.

Matthes, Jürgen, Christina Langhorst, und Bodo Herzog. 2008. *Deutschland in der Globalisierung: Auswirkungen und Handlungsansätze für eine bessere Balance zwischen Gewinnern und Verlierern*. Sankt Augustin; Berlin: KAS.

Meier, Carsten-Patrick. 2009. *Zum Einfluss der „Agenda 2010“ auf das Lohnsetzungsverhalten*. Kiel: Kiel Economics Research & Forecasting.

Mincer, Jacob. 1974. *Schooling, Experience, and Earnings*. New York: Columbia University Press.

Ministerium für Arbeit, Gesundheit und Soziales des Landes Nordrhein-Westfalen. 2020. „Arten der Tarifverträge | Tarifregister NRW“. Abgerufen 5. März 2020 (http://www.tarifregister.nrw.de/tarifsystem/arten/index.php#-firmen).

Möller, Joachim. 2016. „Lohnungleichheit – Gibt es eine Trendwende?“ *Wirtschaftsdienst* 96(S1):38–44.

Möller, Ulrich, und Elfriede Sonntag. 2004. *Arbeitsmarkt 2004 und 2005*. 5. Nürnberg: Institut für Arbeitsmarkt- und Berufsforschung (IAB).

Müller, Steffen, Eva Dettmann, Daniel Fackler, Georg Neuschäffer, Viktor Slavtchev, Ute Leber, und Barbara Schwengler. 2017. *Produktivitätsunterschiede zwischen West- und Ostdeutschland und mögliche Erklärungsfaktoren Ergebnisse aus dem IAB-Betriebspanel 2016*. 16. Nürnberg: Institut für Arbeitsmarkt- und Berufsforschung (IAB).

Nollmann, Gerd. 2006. „Erhöht Globalisierung die Ungleichheit der Einkommen?" *KZfSS Kölner Zeitschrift für Soziologie und Sozialpsychologie* 58(4):638–59.

North, Douglass. 1990. *Institutions, Institutional Change and Economic Performance*. Cambridge: Cambrdige University Press.

Peichl, Andreas, und Marc Stöckli. 2018. „Ungleichheit und Umverteilung in Deutschland: Trends und Handlungsoptionen". *ifo Schnelldienst* 71(15):18–22.

Pestel, Nico, und Eric Sommer. 2016. *Analyse der Verteilung von Einkommen und Vermögen in Deutschland. Projektbericht an das Bundesministerium für Arbeit und Soziales*. 73. Bonn: Institut zur Zukunft der Arbeit (IZA).

Petersen, Thieß. 2015. „Globalisierung, Digitalisierung und Einkommensungleichheit". *Zukunft Soziale Marktwirtschaft*.

Pfeiffer, Sabine, und Anne Suphan. 2015. „Der AV-Index. Lebendiges Arbeitsvermögen und Erfahrung als Ressourcen auf dem Weg zu Industrie 4.0".

Picot, Arnold, Ralf Reichwald, und Rolf T. Wigand. 2001. „Potentiale der Informations- und Kommunikationstechnik für die Unternehmensentwicklung im Markt". S. 141–226 in *Die grenzenlose Unternehmung*. Wiesbaden: Gabler Verlag.

Piketty, Thomas. 2016a. *Das Kapital im 21. Jahrhundert*. 8. Aufl. München: C.H. Beck.

Piketty, Thomas. 2016b. *Ökonomie der Ungleichheit: Eine Einführung*. München: C.H.Beck.

Piketty, Thomas, und Emmanuel Saez. 2003. „Income Inequality in the United States, 1913–1998". *The Quarterly Journal of Economics* 118(1):1–41.

Pikos, Anna Katharina, und Stephan Thomsen. 2016. *Rising Work Complexity but Decreasing Returns. IZA Discussion Paper*. 9878. Institute for the Study of Labor (IZA).

Pikos, Anna Katharina, und Stephan L. Thomsen. 2015. „Tasks, Employment and Wages: An Analysis of the German Labor Market from 1979 to 2012". *Working Paper* 40.

Polanyi, Karl. 1944. *The Great Transformation*. Boston: Beacon Press.

Ponattu, Dominik, Andreas Sachs, Heidrun Weinelt, und Alexander Sieling. 2018. *Unternehmenskonzentration und Lohnquote in Deutschland. Eine Analyse auf Branchenebene zwischen 2008 und 2016*. Gütersloh.

Rebien, Martina, und Anja Kettner. 2011. „Die Konzessionsbereitschaft von Bewerbern und Beschäftigten nach den Hartz-Reformen". *WSI-Mitteilungen* 64(5):218–25.

Reinhold, Mario, und Stephan Thomsen. 2017. „The Changing Situation of Labor Market Entrants in Germany". *Journal for Labour Market Research* 50(1):161–74.

Ricardo, David. 2015. *On the Principles of Political Economy, and Taxation*. Cambridge: Cambridge University Press.

Riphahn, Regina, und Daniel Schnitzlein. 2011. *Wage Mobility in East and West Germany. IZA Discussion Paper*. 6246. Institute for the Study of Labor (IZA).

Rodenhäuser, Dorothee, Benjamin Held, und Hans Diefenbacher. 2019. „Der Nationale Wohlfahrtsindex - Weiterentwicklung der Komponenten Einkommensverteilung und Staatsausgaben". *Studie im Auftrag der Hans-Böckler-Stiftung* (64).

Rudnicka, Janine. 2019. *Gehalt, Einkommen, Verdienst*. statista.

Ruppe, Kathi, und Gesine Stephan. 2009. *Förderung mit Eingliederungszuschüssen: Länger im Betrieb und gleicher Lohn*. 25. Nürnberg: Institut für Arbeitsmarkt- und Berufsforschung (IAB).

Sachverständigenrat zur Begutachtung der Gesamtwirtschaftlichen Entwicklung. 2018. *Jahresgutachten 2017/18: Für eine zukunftsorientierte Wirtschaftspolitik*. Wiesbaden.

Schmid, Günther. 1989. „Die neue institutionelle Ökonomie: Königsweg oder Holzweg zu einer Institutionstheorie des Arbeitsmarktes?" *Leviathan - Berliner Zeitschrift für Sozialwissenschaft* 17(3):386–408.

Schmid, Josef. 2007. „Arbeitsmarkt- und Beschäftigungspolitik — große Reform mit kleiner Wirkung?" S. 271–94 in *Ende des rot-grünen Projektes: Eine Bilanz der Regierung Schröder 2002 – 2005*, herausgegeben von C. Egle und R. Zohlnhöfer. Wiesbaden: VS Verlag für Sozialwissenschaften.

Schmidtlein, Lisa, Stefan Seth, und Matthias Umkehrer. 2019. „Linked-Employer-Employee-Daten des IAB: LIAB-Längsschnittmodell (LIAB LM) 1975-2017". FDZ-Datenreport, 05/2019 (de), Nürnberg. DOI: 10.5164/IAB.FDZD.1905.de.v1

Schnabel, Claus. 2005. „Gewerkschaften und Arbeitgeberverbände: Organisationsgrade, Tarifbindung und Einflüsse auf Löhne und Beschäftigung". *Zeitschrift für ArbeitsmarktForschung - Journal for Labour Market Research* 38(2/3):181–96.

Schneider, Helena, und Sandra Vogel. 2018. *Tarifbindung der Beschäftigten in Deutschland. Eine Auswertung des Sozioökonomischen Panels*. 15/2018. Köln: Institut der deutschen Wirtschaft Köln.

Schulten, Thorsten. 2018. *Statistisches Taschenbuch Tarifpolitik*. Düsseldorf: WSI.

Schulten, Thorsten, und Malte Lübker. 2019. „Zeit für kräftige Lohnzuwächse und eine europäische Mindestlohnpolitik". *WSI-Mitteilungen* 46.

Schumpeter, Joseph. 1934. *Theorie der wirtschaftlichen Entwicklung.: Eine Untersuchung über Unternehmergewinn, Kapital, Kredit, Zins und den Konjunkturzyklus*. 9. Aufl. Berlin: Duncker & Humblot.

Schumpeter, Joseph. 2003. „Theorie Der Wirtschaftlichen Entwicklung". S. 5–59 in *Joseph Alois Schumpeter: Entrepreneurship, Style and Vision, The European Heritage in Economics and the Social Sciences*, herausgegeben von J. Backhaus. Boston, MA: Springer US.

Schumpeter, Joseph A. 2005. *Kapitalismus, Sozialismus und Demokratie*. 8. Tübingen und Basel: UTB, Stuttgart.

Schwedler, Thomas. 1991. „Abbau Institutioneller Machtfaktoren Auf Arbeitsmärkten Als Mittel Gegen Die Arbeitslosigkeit?" *Wirtschaft Und Gesellschaft* (28):199–227.

Sell, Stefan. 1998. *Entwicklung und Reform des Arbeitsförderungsgesetzes als Anpassung des Sozialrechts an flexible Erwerbsformen? Zur Zumutbarkeit von Arbeit und Eigenverantwortung von Arbeitnehmern*. 31. Nürnberg: Institut für Arbeitsmarkt- und Berufsforschung (IAB).

Sesselmeier, Werner. 2004. „Deregulierung und Reregulierung der Arbeitsmärkte im Lichte der Insider-Outsider-Theorie". *WSI-Mitteilungen* 57:125–31.

Sesselmeier, Werner. 2007. „(De)Stabilisierung der Arbeitsmarktsegmentation? Überlegungen zur Theorie atypischer Beschäftigung". S. 68–81 in *Atypische Beschäftigung - Flexibilisierung und soziale Risiken*. Berlin: Nomos Verlagsgesellschaft mbH & Co. KG.

Sick, Nathalie. 2014. „Hypothesen und Modellentwicklung". S. 91–107 in *Diffusion Erneuerbarer Energietechnologien: Eine empirische Analyse unter besonderer Berücksichtigung von Rohstoffpreisen, Betriebswirtschaftliche Studien in forschungsintensiven Industrien*, herausgegeben von N. Sick. Wiesbaden: Springer Fachmedien.

Smith, Adam. 1776. „An Inquiry into the Nature and Causes of the Wealth of Nations: Volume One". London: printed for W. Strahan; and T. Cadell, 1776.

Solow, Robert M. 1956. „A Contribution to the Theory of Economic Growth". *The Quarterly Journal of Economics* 70(1):65–94.

Solow, Robert M. 1987. „We'd Better Watch Out". *New York Times* New York Times Book Review.

Spannagel, Dorothee, und Katharina Molitor. 2019. „Einkommen immer ungleicher verteilt". *WSI Report* 53:1–19.

Spitz-Oener, Alexandra. 2006. „Technical Change, Job Tasks, and Rising Educational Demands: Looking outside the Wage Structure". *Journal of Labor Economics* 24(2):235–70.

Spitz-Oener, Alexandra. 2008. „The Returns to Pencil Use Revisited". *ILR Review* 61(4):502–17.

Statistisches Bundesamt. 2008. *Klassifikation der Wirtschaftszweige. Mit Erläuterungen*. Wiesbaden.

Statistisches Bundesamt. 2018. *Statistisches Jahrbuch 2018*.

Statistisches Bundesamt. 2020a. *4. Quartal 2019: 0,7 % mehr Erwerbstätige als im Vorjahresquartal*. 49. Wiesbaden.

Statistisches Bundesamt. 2020b. „Verbraucherpreisindex (inkl. Veränderungsraten): Deutschland, Jahre". Abgerufen 15. Mai 2020 (https://www-genesis.destatis.de/genesis/online?operation=statistic&levelindex=0&levelid=1589535458082&-code=61111).

Statistisches Bundesamt (Destatis). 2016. „Tarifbindung". *Tarifverdienste, Tarifbindung*. Abgerufen 5. Februar 2020 (https://www.destatis.de/DE/Themen/Arbeit/Verdienste/Tarifverdienste-Tarifbindung/Tabellen/tarifbindung-arbeitnehmer-leistungsgruppe.html).

Statistisches Bundesamt (Destatis). 2019. „Verdienstunterschied zwischen Frauen und Männern". *Statistisches Bundesamt*. Abgerufen 6. Februar 2020 (https://www.destatis.de/DE/Presse/Pressemitteilungen/2019/03/PD19_098_621.html).

Statistisches Bundesamt (Destatis). 2020. „VGR des Bundes - Bruttowertschöpfung, Bruttoinlandsprodukt (nominal/preisbereinigt): Deutschland, Jahre". Abgerufen 29. Januar 2020 (https://www-genesis.destatis.de/genesis/online/data?operation=previous&levelindex=3&step=3&titel=Ergebnis&levelid=1580292383914&acceptscookies=false).

Stein, Petra, und Dawid Bekalarczyk. 2010. *Analyse von Paneldaten - Ein Abriss ausgewählter Verfahren*. Universität Duisburg-Essen.

Stein, Petra, und Dawid Bekalarczyk. 2017. *Modelle mit variablen Regressionskonstanten Random- und Fixed-Effects-Modelle*. Duisburg, Essen: Universität Duisburg-Essen.

Stein, Ulrike. 2018. „Ungleichheit unter der Lupe: Eine Dekomposition der Erwerbseinkommen". *Sozialer Fortschritt* 67:369–88.

Stohr, Daniel Christoph. 2019. „Die beruflichen Anforderungen der Digitalisierung hinsichtlich formaler, physischer und kompetenzspezifischer Aspekte". Peter Lang Verlag, Koblenz-Landau, Berlin.

Südekum, Jens. 2018. „Digitalisierung und die Zukunft der Arbeit". *IZA Standpunkte* (90):33.

Südekum, Jens, Wolfgang Dauth, und Sebastian Findeisen. 2017. „Verlierer(-regionen) der Globalisierung in Deutschland: Wer? Warum? Was tun?“ *Wirtschaftsdienst* 97(1):24–31.

Teschner, Tatjana. 2009. *Der Einfluss der Tarifbindung auf Lohnhöhe und Lohnverteilung. Working Paper*. 431. Diskussionsbeitrag.

Thomsen, Stephan L. 2018. „Die Rolle der Computerisierung und Digitalisierung für Beschäftigung und Einkommen“.

Tinbergen, Jan. 1942. „Professor Douglas' Production Function“. *Revue de l'Institut International de Statistique / Review of the International Statistical Institute* 10(1/2):37–48.

Treeck, Till van, und Simon Sturn. 2010. „Arbeitsmarktreformen in Deutschland: Hohe soziale Kosten ohne gesamtwirtschaftlichen Nutzen“. *WSI-Mitteilungen* 63(11):592–600.

Weinkopf, Claudia. 2014. *Professionalisierung haushaltsnaher Dienstleistungen aus arbeitsmarktpolitischer Perspektive*.

Weitzman, Martin L. 1998. „Recombinant Growth“. *The Quarterly Journal of Economics* 113(2):331–60.

Winker, Gabriele, und Nina Degele. 2015. *Intersektionalität: Zur Analyse sozialer Ungleichheiten*. Bielefeld: transcript Verlag.

Wolter, Stefanie, Lutz Bellmann, Daniel Arnold, und Susanne Steffes. 2017. „Digitalisierung am Arbeitsplatz Technologischer Wandel birgt für die Beschäftigten Chancen und Risiken“. *IAB-Forum* 8.

Wrohlich, Katharina. 2017. *Gender Pay Gap innerhalb von Berufen variiert erheblich. Text*. 84/43. Berlin: Deutsches Institut für Wirtschaftsforschung (DIW).

WSI GenderDatenPortal. 2020. „Erwerbstätigenquoten und Erwerbsquoten 1991–2018“. Abgerufen 5. März 2020 (https://www.boeckler.de/53509.htm#).

Zilian, Stella Sophie, Maximilian Unger, Timon Scheuer, Wolfgang Polt, und Wilfried Altzinger. 2016. „Technologischer Wandel und Ungleichheit: Zum Stand der empirischen Forschung“. *Wirtschaft und Gesellschaft* 42:591–615.

Zilian, Stella, Maximilian Unger, Wilfried Altzinger, Timon Scheuer, Michaela Dvorzak, und Karim Bekhtiar. 2017. *Technologischer Wandel & Ungleichheit - Endbericht*. Wien: WU Wien.

Anhang

A1: Beitragsbemessungsgrenzen für das Lohnimputationsverfahren

Jahr	West	Ost	Währung	Umrechung	West_neu	Ost_neu	Tageswerte_West	Tageswerte_Ost
1993	86.400	63.600	DM	0,511292	44.176	32.518	121,0	89,1
1994	91.200	70.800	DM	0,511292	46.630	36.199	127,8	99,2
1995	93.600	76.800	DM	0,511292	47.857	39.267	131,1	107,6
1996	96.000	81.600	DM	0,511292	49.084	41.721	134,5	114,3
1997	98.400	85.200	DM	0,511292	50.311	43.562	137,8	119,3
1998	100.800	84.000	DM	0,511292	51.538	42.949	141,2	117,7
1999	102.000	86.400	DM	0,511292	52.152	44.176	142,9	121,0
2000	103.200	85.200	DM	0,511292	52.765	43.562	144,6	119,3
2001	104.400	87.600	DM	0,511292	53.379	44.789	146,2	122,7
2002	54.000	45.000	EUR	1	54.000	45.000	147,9	123,3
2003	61.200	51.000	EUR	1	61.200	51.000	167,7	139,7
2004	61.800	52.200	EUR	1	61.800	52.200	169,3	143,0
2005	62.400	52.800	EUR	1	62.400	52.800	171,0	144,7
2006	63.000	52.800	EUR	1	63.000	52.800	172,6	144,7
2007	63.000	54.600	EUR	1	63.000	54.600	172,6	149,6
2008	63.600	54.000	EUR	1	63.600	54.000	174,2	147,9
2009	64.800	54.600	EUR	1	64.800	54.600	177,5	149,6
2010	66.000	55.800	EUR	1	66.000	55.800	180,8	152,9
2011	66.000	55.800	EUR	1	66.000	55.800	180,8	152,9
2012	67.200	57.600	EUR	1	67.200	57.600	184,1	157,8
2013	69.600	58.800	EUR	1	69.600	58.800	190,7	161,1
2014	71.400	60.000	EUR	1	71.400	60.000	195,6	164,4
2015	72.600	62.400	EUR	1	72.600	62.400	198,9	171,0
2016	74.400	64.800	EUR	1	74.400	64.800	203,8	177,5
2017	76.200	68.400	EUR	1	76.200	68.400	208,8	187,4

A2: Bruttoinlandsprodukt 1996 bis 2017 mit preisbereinigten Wachstumsraten

Gegenstand der Nachweisung	Einheit	1996	1997	1998	1999	2000	2001	2002
in jeweiligen Preisen (Mrd. EUR)								
Bruttowertschöpfung	jew. ME	1741,658	1779,073	1825,86	1856,619	1901,809	1962,576	1987,125
Bruttoinlandsprodukt	jew. ME	1921,38	1961,15	2014,42	2059,48	2109,09	2172,54	2198,12
nachr.: Bruttoinlandsprodukt (Veränderung in %)	Prozent	1,4	2,1	2,7	2,2	2,4	3	1,2
preisbereinigt	Prozent	0,8	1,8	2	1,9	2,9	1,7	-0,2
Index		6	7	7	7	8	7	5

Gegenstand der Nachweisung	Einheit	2003	2004	2005	2006	2007	2008	2009
in jeweiligen Preisen (Mrd. EUR)								
Bruttowertschöpfung	jew. ME	1996,524	2049,674	2069,658	2156,957	2247,83	2289,553	2192,834
Bruttoinlandsprodukt	jew. ME	2211,57	2262,52	2288,31	2385,08	2499,55	2546,49	2445,73
nachr.: Bruttoinlandsprodukt (Veränderung in %)	Prozent	0,6	2,3	1,1	4,2	4,8	1,9	-4
preisbereinigt	Prozent	-0,7	1,2	0,7	3,8	3	1	-5,7
Index		4	6	6	9	8	6	10

Gegenstand der Nachweisung	Einheit	2010	2011	2012	2013	2014	2015	2016	2017
in jeweiligen Preisen (Mrd. EUR)									
Bruttowertschöpfung	jew. ME	2305,684	2418,099	2465,8	2527,883	2635,393	2725,924	2821,803	2922,328
Bruttoinlandsprodukt	jew. ME	2564,4	2693,56	2745,31	2811,35	2927,43	3030,07	3134,1	3244,99
nachr.: Bruttoinlandsprodukt (Veränderung in %)	Prozent	4,9	5	1,9	2,4	4,1	3,5	3,4	3,5
preisbereinigt	Prozent	4,2	3,9	0,4	0,4	2,2	1,7	2,2	2,5
Index		9	9	5	5	7	7	7	8

A3: Wachstumsrate der Verbraucherpreise in Deutschland zwischen 1996 und 2017

Jahr	Wachstumsrate
1996	1.3316
1997	1.9711
1998	0.9021
1999	0.6386
2000	1.3959
2001	2.0025
2002	1.3497
2003	1.0896
2004	1.6766
2005	1.5312
2006	1.6241
2007	2.2831
2008	2.567
2009	0.3264
2010	1.0846
2011	2.1459
2012	1.9958
2013	1.4418
2014	1.0152
2015	0.5025
2016	0.5
2017	1.4925

A4: Korrelationsmatrix der verwendeten Variablen

	Invest. IT	**Tarif**	**Alter**	**Geschlecht**	**Natio-nalität**	**Beruf**	**WZ**	**Abi-tur**	**Uni-abschluss**	**Arbeits-ort**	**Betriebs-größe**	**Stand Tech-nik**
Invest. IT	1											
Tarif	0,173	1										
Alter	-0,018	0,010	1									
Geschlecht	-0,029	-0,014	-0,042	1								
Nationalität	-0,003	0,002	0,055	0,012	1							
Beruf	0,008	0,069	0,058	0,316	0,020	1						
WZ	-0,070	0,063	0,040	0,336	0,018	0,503	1					
Abitur.	-0,033	-0,042	0,146	-0,131	-0,030	-0,344	-0,208	1				
Uni-abschluss	0,023	0,006	0,150	-0,050	0,105	0,039	-0,011	-0,073	1			
Arbeits-ort	0,125	0,222	-0,076	-0,076	-0,088	0,075	-0,043	0,055	-0,084	1		
Betriebs-größe	0,368	0,456	-0,038	-0,068	-0,018	0,007	-0,111	-0,050	0,010	0,264	1	
Stand Technik	-0,155	-0,075	0,057	0,097	0,000	0,047	0,158	-0,024	-0,0026	-0,100	-0,218	1

A5: Regressionsoutput mit allen Variablen für Gering-, Mittel- und Hochqualifizierte mit den jeweiligen Regressionskoeffizienten und den T-Werten

	Geringqualifizierte	Mittelqualifizierte	Hochqualifizierte
Investitionen in IT	0,008***	0,008***	0,07***
	(7,4)	(12,1)	(38,2)
Tarifvertrag	-0,002***	0,151***	0,007
	(-2,9)	(185,5)	(3,3)
Investitionen* Tarifvertrag	-0,002**	0,03***	-0,002
	(-2,2)	(36,3)	(-1,2)
Alter	0,04***	0,077***	0,079***
	(99,8)	(617,3)	(206,7)
Alter²	-0,002***	-0,001***	-0,001***
	(-67,0)	(-500,3)	(-164,4)
Nationalität	-0,004	-0,017	0,013*
	(-1,3)	(-9,3)	(2.3)
Abitur	0,045***	0,001	0,022***
	(8,2)	(0,8)	(11,3)
Universitäts-abschluss	0,071***	0,083***	0,009***
	(7,8)	(51,1)	(6,3)
Beruf	-0,000***	0,000***	0,000***
	(-10,7)	(43,1)	(-7,6)
Wirtschaftszweig	-0,000***	-0,000***	0,000***
	(-8,1)	(-27,1)	(-16,3)
Arbeitsort	-0,034	0,208***	0,232***
	(-1,0)	(22,9)	(18,3)
Betriebsgröße	0,017***	0,019***	-0,007***
	(7,9)	(23,2)	(-3.6)
Stand der Technik	0,004***	0,007***	0,006***
	(6,4)	(20,6)	(7,5)
Konjunktur	0,01***	0,02***	0,02***
	(88,3)	(38,8)	(108,8)
Konstante	3,5***	2,7***	2,9***
	(131,3)	(325,4)	(192,7)
N	339.427	3.538.372	1.468.208
Groups	85.757	606.135	243.242
R^2 overall	0,21	0,25	0,29
R^2 within	0,19	0,23	0,12

**p<0.1 **p<0.05 ***p<0.01*

SOZIALÖKONOMISCHE SCHRIFTEN

Herausgegeben von Professor Dr. Dr. h.c. Bert Rürup und
Professor Dr. Werner Sesselmeier

Band 1 Marietta Jass: Erfolgskontrolle des Abwasserabgabengesetzes. Ein Konzept zur Erfassung der Gesetzeswirkungen verbunden mit einer empirischen Untersuchung in der Papierindustrie. 1990.

Band 2 Frank Schulz-Nieswandt: Stationäre Altenpflege und "Pflegenotstand" in der Bundesrepublik Deutschland. 1990.

Band 3 Helmut Böhme, Alois Peressin (Hrsg.): Sozialraum Europa. Die soziale Dimension des Europäischen Binnenmarktes. 1990.

Band 4 Stephan Ruß: Telekommunikation als Standortfaktor für Klein- und Mittelbetriebe. Telekommunikative Entwicklungstendenzen und regionale Wirtschaftspolitik am Beispiel Hessen. 1991.

Band 5 Reinhard Grünewald: Tertiärisierungsdefizite im Industrieland Bundesrepublik Deutschland. Nachweis und politische Konsequenzen. 1992.

Band 6 Bert Rürup, Uwe H. Schneider (Hrsg.): Umwelt und Technik in den Europäischen Gemeinschaften. Teil I: Die grenzüberschreitende Entsorgung von Abfällen. Bearbeitet von: Thomas Kemmler, Thomas Steinbacher. 1993.

Band 7 Mihai Nedelea: Erfordernisse und Möglichkeiten einer wachstumsorientierten Steuerpolitik in Rumänien. Dargestellt am Beispiel der Textil- und Bekleidungsindustrie. 1995.

Band 8 Andreas Schade: Ganzjährige Beschäftigung in der Bauwirtschaft – Eine Wirkungsanalyse. Analyse und Ansätze für eine Reform der Winterbauförderung. 1995.

Band 9 Frank Schulz-Nieswandt: Ökonomik der Transformation als wirtschafts- und gesellschaftspolitisches Problem. Eine Einführung aus wirtschaftsanthropologischer Sicht. 1996.

Band 10 Werner Sesselmeier, Roland Klopfleisch, Martin Setzer: Mehr Beschäftigung durch eine Negative Einkommensteuer. Zur beschäftigungspolitischen Effektivität und Effizienz eines integrierten Steuer- und Transfersystems. 1996.

Band 11 Sylvia Liebler: Der Einfluß der Unabhängigkeit von Notenbanken auf die Stabilität des Geldwertes. 1996.

Band 12 Werner Sesselmeier: Einkommenstransfers als Instrumente der Beschäftigungspolitik. Negative Einkommensteuer und Lohnsubventionen im Lichte moderner Arbeitsmarkttheorien und der Neuen Institutionenökonomik. 1997.

Band 13 Stefan Lorenz: Der Zusammenhang von Arbeitsgestaltung und Erwerbsleben unter besonderer Berücksichtigung der Erwerbstätigkeiten von Frauen und Älteren. 1997.

Band 14 Volker Ehrlich: Arbeitslosigkeit und zweiter Arbeitsmarkt. Theoretische Grundlagen, Probleme und Erfahrungen. 1997.

Band 15 Philipp Hartmann: Grenzen der Versicherbarkeit. Private Arbeitslosenversicherung. 1998.

Band 16 Martin Setzer, Roland Klopfleisch, Werner Sesselmeier: Langzeitarbeitslose und Erster Arbeitsmarkt. Eine kombinierte Strategie zur Erhöhung der Wiederbeschäftigungschancen. 1999.

Band 17 Dorothea Wenzel: Finanzierung des Gesundheitswesens und Interpersonelle Umverteilung. Mikrosimulationsuntersuchung der Einkommenswirkung von Reformvorschlägen zur GKV-Finanzierung. 1999.

Band 18 Ingo Schroeter: Analyse und Bewertung der intergenerativen Verteilungswirkungen einer Substitution des Umlage- durch das Kapitalstocksverfahren zur Rentenfinanzierung. 1999.

Band 19 Roland Klopfleisch: Fiskalische Konsequenzen der Europäischen Währungsunion. Die Veränderung des Seigniorage und dessen Bedeutung für die nationalen EWU-11 Haushalte. 2000.

Band 20 Klaus Heubeck, Bert Rürup: Finanzierung der Altersversorgung des öffentlichen Dienstes. Probleme und Optionen. 2000.

Band 21 Manon Pigeau: Der Einfluß der Arbeitszeit auf die Erwerbsbeteiligung von Frauen. Empirische Befunde, mikroökonomische Modellierung und politische Konsequenzen. 2002.

Band 22 Carsten Müller: Existenzgründungshilfen als Instrument der Struktur- und Beschäftigungspolitik. 2002.

Band 23 Stefan Lewe: Wachstumseffiziente Unternehmensbesteuerung. 2003.

Band 24 Erscheinen unbestimmt.

Band 25 Alexander Meindel: Intergenerative Verteilungswirkung beim Übergang zu einer nachgelagerten Rentenbesteuerung. 2004.

Band 26 Jochen Gunnar Jagob: Das Äquivalenzprinzip in der Alterssicherung. 2004.

Band 27 Tobias Fehr: Recht des außerbörslichen Aktienhandels vor dem Hintergrund des Rechts des börslichen Aktienhandels. Das Kapitalmarktszenario für kapitalmarktaktive Aktiengesellschaften, deren Unternehmensführungen und aktuelle und potentielle Aktionäre und für Wertpapierdienstleister. 2006.

Band 28 Stefan Fetzer: Zur nachhaltigen Finanzierung des gesetzlichen Gesundheitssystems. 2006.

Band 29 Oliver Ehrentraut: Alterung und Altersvorsorge. Das deutsche Drei-Säulen-System der Alterssicherung vor dem Hintergrund des demografischen Wandels. 2006.

Band 30 Martin Debus: Arbeitsmarkteffekte des demografischen Wandels. 2007.

Band 31 Jens Hujer: Regionalökonomische Effekte von Flughäfen. 2008.

Band 32 Zulia Gubaydullina: Nicht-monetäre Inflationsursachen in Russland. Eine empirische Analyse. 2008.

Band 33 Jasmin Häcker: Die Soziale Pflegeversicherung: Eine Generationenbilanz. 2008.

Band 34 Christina Benita Wilke: German Pension Reform. On Road Towards a Sustainable Multi-Pillar System. 2009.

Band 35 Stefan Pfaffenbach: Nachhaltigkeit in der Gesetzlichen Rentenversicherung – Was leistet die kinderzahlabhängige Rente. 2009.

Band 36 Anabell Kohlmeier: Die Ausweitung des Versichertenkreises der Gesetzlichen Rentenversicherung. Bestimmungsgründe und Verteilungswirkungen. 2009.

Band 37 Matthias Heidler: Reformen der gesetzlichen Rentenversicherung: Politisches Risiko und intergenerative Umverteilung. 2009.

Band 38 Anna Rosinus: Vermögensdekonzentration und Mitarbeiterkapitalbeteiligungsgesetz. 2009.

Band 39 Gabriele Somaggio: Start mit Hindernissen. Eine theoretische und empirische Analyse der Ursachen von Arbeitslosigkeit nach der dualen Berufsausbildung. 2009.

Band 40 Johannes Kalusche: Ausmaß und Stärke der automatischen Stabilisatoren in Deutschland vor dem Hintergrund der jüngsten Steuer- und Sozialreformen. 2010.

Band 41 Nicolas Gatzke: Public Private Partnerships und öffentliche Verschuldung. PPP-Modelle im Licht deutscher und europäischer Verschuldungsregeln und ihre Transparenz in den öffentlichen Haushalten. 2010.

Band 42 Olaf Weddige: Measuring Public Pension Liabilities in the European Union. 2011.

Band 43 Christina Boll: Lohneinbußen von Frauen durch geburtsbedingte Erwerbsunterbrechungen. Der Schattenpreis von Kindern und dessen mögliche Auswirkungen auf weibliche Spezialisierungsentscheidungen im Haushaltszusammenhang. Eine quantitative Analyse auf Basis von SOEP-Daten. 2011.

Band 44 Jörg Schoder: Theorie und Empirie der Alterssicherung in Deutschland. Eine Bestandsaufnahme zu den Versorgungswegen des Drei-Schichten-Modells unter Berücksichtigung regionaler Aspekte. 2011.

Band 45 Robert Arnold / Angelika Oelschläger / Jeanine Staber: Sozialversicherungsbeiträge und Steuern von Selbständigen und Arbeitnehmern im Vergleich. Bestandsaufnahme und Reformvorschläge. 2012.

Band 46 Sebastian Hesse: Input und Output der Gesundheitswirtschaft. Eine Stabilitätsanalyse der Gesundheitswirtschaft in Bezug auf die gesamtwirtschaftliche Bedeutung in den Jahren der Finanz- und Wirtschaftskrise. 2013.

Band 47 Dirk Heeger: Quantitative Analyse der ökonomischen Bedeutung eines Unternehmens. Vor dem Hintergrund neuer Herausforderungen der Industriepolitik. 2013.

Band 48 Tobias Ehrhard: Personalbedarfsprognose im Gesundheits- und Pflegewesen. Eine berufs-, einrichtungs- und regionalspezifische Betrachtung für Deutschland. 2014.

Band 49 Tobias Benz: Ausgabenprojektion, Reformszenarien und Rücklagenbildung der Beamtenversorgung in der Bundesrepublik Deutschland. 2015.

Band 50 Sandra Hofmann: Einfluss nicht-marktlicher Tätigkeiten auf den materiellen Wohlstand und die Einkommensverteilung in Deutschland. 2015.

Band 51 Tanja Leicht: Veränderung und Innovativität in der deutschen Kreditwirtschaft. Eine institutionenökonomische Analyse im Kontext der Vereinbarkeit von Beruf und Familie. 2016.

Band 52 Susanne Schneider: HR Policies and Maternal Labor Supply. The Example of Employer-Supported Childcare. 2017.

Band 53 Daniel Christoph Stohr: Die beruflichen Anforderungen der Digitalisierung hinsichtlich formaler, physischer und kompetenzspezifischer Aspekte. Eine Analyse von Stellenanzeigen mittels Methoden des Text Minings und Machine Learnings. 2019.

Band 54 Marco Weber: Mehrfachbeschäftigung in Deutschland - Ein Phänomen relativer Armut? Eine empirische Untersuchung der Determinanten zur Aufnahme einer Zweitbeschäftigung. 2019.

Band 55 Jan Philipp Hans: Berufliche Mobilitätsentscheidungen von Erwerbspersonen im sozial- und arbeitsmarktpolitischen Spannungsfeld. Eine suchtheoretische Modellierung. 2020.

Band 56 Sabrina Monika Spies: Empirische Untersuchung über den Einfluss des technischen Fortschritts auf die Verteilung der Löhne in Deutschland unter Berücksichtigung der Tarifbindung. Eine Analyse der Lohnungleichheit in Deutschland zwischen 1996 und 2017. 2021.

www.peterlang.com

www.ingramcontent.com/pod-product-compliance
Ingram Content Group UK Ltd.
Pitfield, Milton Keynes, MK11 3LW, UK
UKHW022100051026
15623UKWH00003B/590

9 783631 840207